Schriftenreihe
der Gesellschaft für öffentliche Wirtschaft

Heft 54

Herausgeber: Dietrich Budäus
im Auftrag des Wissenschaftlichen Beirats
der Gesellschaft für öffentliche Wirtschaft

Kooperationsformen zwischen Staat und Markt

Theoretische Grundlagen und praktische Ausprägungen
von Public Private Partnership

mit Beiträgen von:

Dietrich Budäus
Tim Eberhardt
Peter Eichhorn
Jens Harms
Thomas Lenk
Holger Mühlenkamp
Karl Oettle

Birgit Ortlieb
Andreas Pfnür
Günter Püttner
Christoph Reichard
Detlef Sack
Hans-Peter Schwintowski
Martin Weber

Die Gesellschaft für öffentliche Wirtschaft dankt der Leipziger Verkehrsbetriebe (LVB) GmbH, der Stadtwerke Köln GmbH, dem Finanz- und Wirtschaftsrat beim Verband kommunaler Unternehmen e.V. sowie PricewaterhouseCoopers/Wibera AG für die finanzielle Förderung dieser Publikation.

Die Deutsche Bibliothek – CIP-Einheitsaufnahme

Die Deutsche Bibliothek verzeichnet diese Publikation in der Deutschen Nationalbibliografie; detaillierte bibliografische Daten sind im Internet über http://dnb.ddb.de abrufbar.

ISBN 3-8329-1722-5

1. Auflage 2006
© Nomos Verlagsgesellschaft, Baden-Baden 2006. Printed in Germany. Alle Rechte, auch die des Nachdrucks von Auszügen, der fotomechanischen Wiedergabe und der Übersetzung, vorbehalten. Gedruckt auf alterungsbeständigem Papier.

Inhaltsverzeichnis

Dietrich Budäus
Vorwort   7

I. Grundlagen von PPP

Dietrich Budäus
Public Private Partnership – Kooperationsbedarfe,
Grundkategorien und Entwicklungsperspektiven   11

Holger Mühlenkamp
Public Private Partnership aus der Sicht der Transaktionskostenökonomik und der Neuen Politischen Ökonomie   29

II. Verbreitung von PPP in Deutschland

Detlef Sack
Eine Bestandsaufnahme der Verbreitung, Regelungen
und Kooperationspfade vertraglicher PPP in Deutschland –
Effizienz, Kooperation und relationaler Vertrag   51

Christoph Reichard
Organisations-PPP – Typologie und praktische Ausprägungen   77

III. Handlungsrahmen und Kontrolle von PPP

Günter Püttner
Chancen und Risiken von PPP aus juristischer Sicht   97

Peter Eichhorn
Merkmale guter Public Private Partnership   107

Jens Harms
Organisations-PPP: Kontrolle, Controlling und Governance   115

Karl Oettle
PPP-Vertragsgestaltung und -Kooperationspartner — 131

IV. Wirtschaftlichkeits- und Risikoanalyse von PPP

Martin Weber
Die Wirtschaftlichkeitsuntersuchung bei PPP-Projekten — 139

Andreas Pfnür und Tim Eberhardt
Allokation und Bewertung von Risiken in immobilienwirtschaftlichen Public Private Partnerships — 159

V. PPP auf EU-Ebene

Hans-Peter Schwintowski und Birgit Ortlieb
PPP zwischen Markt und Regulierung – ein Diskussionsbeitrag zum Grünbuch der Europäischen Kommission — 189

VI. Cross Border Leasing als Variante einer Finanzierungs-PPP

Thomas Lenk
Cross Border Leasing: Finanzwissenschaftliche Analyse eines kommunalen Finanzierungskonzepts unter besonderer Berücksichtigung der Auswirkungen ausländischer Rechtsänderungen — 217

Anhang

Public Private Partnership
Positionspapier des Wissenschaftlichen Beirats der Gesellschaft für öffentliche Wirtschaft — 247

Autorenverzeichnis — 253

Vorwort

Vor knapp zehn Jahren, im Frühjahr 1996, hat sich der Wissenschaftliche Beirat der Gesellschaft für öffentliche Wirtschaft (GÖW) auf einer Fachtagung erstmals intensiv mit Public Private Partnership (PPP) beschäftigt. Handlungsleitend war damals der unverkennbare Wandel von Staat und Verwaltungen. So heißt es in dem Vorwort zum damaligen Tagungsband:

> Beschleunigt durch die aktuelle Finanzkrise der Gebietskörperschaften relativiert sich zunehmend die klassische, ordnungspolitisch begründete Dichotomie von Staat und Markt. Zum einen ist die wachsende Bedeutung von Markt und Wettbewerb für weite Felder bisher öffentlich wahrgenommener Aufgaben zu beobachten. Zum anderen entstehen neue Organisations- und Kooperationsformen für die von privaten und öffentlichen Aufgabenträgern gemeinsam verfolgten Problemlösungen. Dabei deckt das herkömmliche gemischtwirtschaftliche Unternehmen, d.h. die private und öffentliche Kapitalbeteiligung an einer Kapitalgesellschaft, nur einen Teilaspekt dieser als Public Private Partnership bezeichneten Kooperationsformen ab.[1]

Heute, knapp zehn Jahre später, hat sich die damals prognostizierte wachsende Bedeutung von PPP in Deutschland uneingeschränkt bestätigt, auch wenn die Entwicklung stark interessengetrieben und durch eine relative Einseitigkeit und Konzentration auf den Hochbau geprägt ist. So wurde Ende 2003 ein umfassendes Gutachten zu PPP im Hochbau vorgestellt, PPP-Kompetenzzentren wurden auf Bundes- und Landesebene eingerichtet, und jüngst wurde das PPP-Beschleunigungsgesetz von Bundestag und Bundesrat verabschiedet.

Die Strukturierung und Ausdifferenzierung von Kooperationsformen in Form der auf dem Tauschmodell basierenden Projekt-PPP und der durch das Pool-Modell charakterisierten Organisations-PPP hat sich inzwischen auch in der praktischen Diskussion und Analyse von PPP durchgesetzt. Das Grünbuch der EU-Kommission aus dem Jahr 2004 macht dies anschaulich deutlich. Hingegen wenig theoretisch bearbeitet und durchdrungen sind: die vertragstheoretischen Grundlagen von PPP, die Risikosystematisierung und Maßnahmen zur Risikovorbeugung einschließlich entsprechender Frühwarnsysteme, mikropolitische Prozesse innerhalb von PPP, Probleme der Komplexität sowie die Höhe der Transaktionskosten, nicht zuletzt in Abhängigkeit von der Existenz und der Wirkung von Sozialkapital. Insgesamt fehlt es an einer systematischen Erforschung und Identifikation von Erfolgsfaktoren und deren Wirkungszusammenhang im Rahmen von PPP.

---

1   Vgl. hierzu das Vorwort in: Dietrich Budäus u. Peter Eichhorn (Hrsg.), Public Private Partnership. Neue Formen öffentlicher Aufgabenerfüllung, Schriftenreihe der Gesellschaft für öffentliche Wirtschaft, H. 41, Baden-Baden 1997.

Betrachtet man ergänzend den Grad der praktischen Umsetzung von PPP-Konzepten, so zeigt sich trotz der von der Praxis immer wieder behaupteten enormen Potenziale doch eher ein ernüchterndes Bild. Praktische Problemprojekte scheinen den Erfolgsprojekten zahlenmäßig weit überlegen. Zudem lässt auch die Praxis bei einer interessenneutralen Position erkennen, dass PPP kein Ansatz zur Lösung der Finanzkrise darstellt und auch kein Instrument für Politik und Verwaltung sein kann, trotz der eingetretenen und kaum mehr verantwortbaren Verschuldung öffentlicher Gebietskörperschaften weiterhin gemäß den bisherigen Handlungskriterien und -prinzipien auch in Zukunft zu agieren. Andererseits bieten die mit PPP verbundenen Chancen und Möglichkeiten, gerade auch außerhalb des Hochbaus, durchaus Perspektiven für die Entwicklung von Regionen und für den notwendigen Ausbau der öffentlichen Infrastruktur im weitesten Sinn. Sei es im Gesundheitswesen, im Bildungswesen, im Kulturbereich oder auch auf dem Sicherheitssektor, PPP werden generell an Bedeutung gewinnen. Diese Entwicklung wird aber nur dann vertretbar sein, wenn Staat und Verwaltungen einerseits und private Unternehmen andererseits ihre gesellschaftlichen Funktionen und ihr Rollenverständnis neu im Sinne gesellschaftlicher Verantwortung überdenken und auch zur Anwendung neuer Handlungsmuster bereit sind.[2]

Wie vor knapp zehn Jahren soll vor diesem Hintergrund mit dem vorliegenden Sammelband ergänzend zu einem vom Wissenschaftlichen Beirat vorgelegten Positionspapier zu PPP[3] ein erneuter Impuls für Praxis und Wissenschaft gegeben werden, vertiefend über Notwendigkeit, Potenziale und Leistungsfähigkeit, aber auch über die Grenzen und Gefahren der Fehlsteuerung von und durch PPP nachzudenken und zu neuen Lösungen anzuregen.

Ich danke allen Autoren und Autorinnen für die konstruktive Zusammenarbeit und Mitwirkung an dem vorliegenden Sammelband. Insbesondere danke ich dem Geschäftsführer der Gesellschaft für öffentliche Wirtschaft, Herrn Wolf Leetz, und seinen Mitarbeiterinnen, Frau Belinda Rechlin und Frau Eva Walsch, sowie den Mitarbeitern und Mitarbeiterinnen des Arbeitsbereichs Public Management an der Universität Hamburg.

Prof. Dr. Dietrich Budäus

---

2   Mit den Chancen und Risiken von PPP hat sich, unter Heranziehung zahlreicher Beispiele aus der Praxis, ein von der Gesellschaft für öffentliche Wirtschaft gemeinsam mit der Deutschen Sektion des Europäischen Zentralverbandes der öffentlichen Wirtschaft (CEEP), dem Deutschen Städtetag und dem Verband kommunaler Unternehmen am 30./31.10.2003 in Berlin veranstaltetes Symposium befasst; siehe den Tagungsband: Gesellschaft für öffentliche Wirtschaft (Hrsg.), Public Private Partnerhip: Formen – Risiken – Chancen, Beiträge zur öffentlichen Wirtschaft, H. 21, Berlin 2004.
3   Siehe S. 247 ff. im vorliegenden Band.

Erstes Kapitel:

Grundlagen von PPP

Dietrich Budäus

Public Private Partnership – Kooperationsbedarfe, Grundkategorien und Entwicklungsperspektiven

Gliederung

I. Problemstellung und Gang der Untersuchung
II. Begriffliche und inhaltliche Kennzeichnung von Public Private Partnership
    1. Zur aktuellen Diskussion und praktischen Entwicklung von PPP in Deutschland
    2. Charakterisierung von PPP
III. Grundkategorien von PPP
IV. Die Projekt-PPP als Modularisierung des Wertschöpfungsprozesses – Zum Schwerpunkt der aktuellen PPP-Diskussion
V. Problemfelder, offene Fragen und Entwicklungslinien
   Literaturverzeichnis

I. Problemstellung und Gang der Untersuchung

Vor dem Hintergrund der Finanzkrise der Gebietskörperschaften in Deutschland gewinnt Public Private Partnership (PPP) zunehmend an Bedeutung sowohl für den öffentlichen Sektor als auch für den privatwirtschaftlichen Sektor, insbesondere für die private Bauindustrie. Dabei wird der PPP-Begriff allerdings sehr beliebig und unstrukturiert verwendet. Auch sind die unterschiedlichen Formen von PPP mit ihren spezifischen Problemfeldern in der aktuellen Diskussion wenig oder gar nicht erkennbar. Schließlich konzentriert sich die derzeitige PPP-Entwicklung sehr einseitig auf Bauprojekte und blendet dabei ganz wesentliche zukünftige PPP-Felder aus der Diskussion aus. Dies gilt vor allem für die sich zunehmend abzeichnende Kooperationsnotwendigkeit zwischen sich einer gesellschaftlichen Verantwortung verpflichtenden privaten Unternehmung mit dem öffentlichen Sektor ganz im Sinne des Ursprungs von PPP, ein Aspekt, der auch mit dem Wandel vom produzierenden Staat zum Gewährleistungsstaat unmittelbar zusammenhängt.

Der vorliegende Beitrag versucht deshalb, die derzeitige Diskussion zu strukturieren, die spezifischen Merkmale von PPP herauszuarbeiten und die Grundkategorien, basierend auf dem Tausch- und dem Poolmodell, zu kennzeichnen.

Anschließend wird PPP als arbeitsteilig zu organisierender Wertschöpfungsprozess strukturiert. Abschließend erfolgt die Kennzeichnung einiger bisher weitgehend vernachlässigter Problemfelder und offener Fragen.

II. Begriffliche und inhaltliche Kennzeichnung von Public Private Partnership

1. Zur aktuellen Diskussion und praktischen Entwicklung von PPP in Deutschland

Kooperationen zwischen öffentlichen Verwaltungen und privaten Unternehmen sind grundsätzlich nicht neu. Sie sind seit jeher in vielschichtiger Form anzutreffen, ohne jedoch in der Vergangenheit mit dem Begriff „Public Private Partnership" belegt worden zu sein. So ist eine klassische Form der Kooperation die gemischtwirtschaftliche Unternehmung, bei der ein privater und ein öffentlicher Kapitalgeber ein Unternehmen – in der Regel in der Rechtsform der GmbH – betreiben. Vom Gegenstand her sind die Stadtentwicklung ebenso wie die Kooperation zwischen Einrichtungen des öffentlichen Gesundheitswesens und der Pharmaindustrie seit jeher ein klassisches Kooperationsfeld zwischen privaten und öffentlichen Wirtschaftssubjekten.

Ebenfalls als spezifische Kooperationsprojekte finden sich schon in den 70er Jahren kommunale Finanzierungsmodelle wie kommunales Leasing, geschlossene Immobilienfonds, Betreibermodelle oder Forfaitierung[1], Ansätze, die heute unter dem weiten Spektrum des Begriffs „PPP" revitalisiert werden. Dabei konzentrieren sich die Kooperationsansätze seit jeher auf ein weites Feld öffentlicher Aufgabenwahrnehmung und nicht nur auf Probleme der Finanzierung öffentlicher Infrastrukturen. So nennt Kruzewicz bereits 1993 in einer ersten empirischen Untersuchung zu PPP auf kommunaler Ebene in Nordrhein-Westfalen eine Vielzahl von Handlungsfeldern und Kooperationszielen.[2] Diese klassische kooperative Aufgabenwahrnehmung in der Vergangenheit kann als erste PPP-Generation bezeichnet werden.

Fragt man nun, was sich in den vergangenen 10 bis 15 Jahren neben einer wachsenden Zahl an wissenschaftlichen Veröffentlichungen[3] und neuerdings

---
1 Vgl. hierzu etwa *Budäus (1981)*, S. 181 ff., sowie die dort angegebene Literatur; *Friedrich (1987)*; *Kirchhoff/Müller-Godeffroy (1996)*.
2 *Kruzewicz (1993)*.
3 Vgl. hierzu etwa *Budäus (1997)*; *Roggencamp (1997)*; *Savas (2000)*; *Roentgen (2001)*; *Höftmann (2001)*; *Schuppert (2001)*; *Commission on PPP (2002)*; *Ziekow (2003)*; *GÖW (2003)*; *GÖW (2004)*; *Eggers (2004)*; *Budäus (2005)*.

auch an praktischen Handlungsempfehlungen[4] hinsichtlich der Kooperation zwischen privatem und öffentlichem Sektor geändert hat bzw. neu ist, so lässt sich Folgendes feststellen:

Prägend für die derzeitige Diskussion in Deutschland ist eine starke Einengung von PPP auf den Baubereich. Dies resultiert zum einen aus dem umfassenden Gutachten „PPP im Hochbau" aus dem Jahr 2003. Eng verbunden hiermit ist der Rückgang der in öffentlichen Haushalten für Baumaßnahmen bereitgestellten Mittel und damit wiederum die Finanzkrise der Gebietskörperschaften. Es geht somit darum, mit Hilfe von PPP eine Situation zu bewältigen, die durch das Fehlen öffentlicher Mittel und die Unterbeschäftigung der Bauindustrie gekennzeichnet ist.

So zwingt die öffentliche Finanzkrise die Gebietskörperschaften zur Finanzierung von Infrastruktur Wege zu beschreiten, die in der Vergangenheit bisher nicht oder nicht in dem aktuellen Umfang gegangen worden sind. Hieraus resultiert dann auch, dass die klassische ordnungspolitisch geprägte Dichotomie von Staat und privatem Sektor zu Gunsten von Kooperationsstrategien kaum mehr eine Rolle zu spielen scheint. Hieraus resultiert dann als weiteres, dass praktisch kein öffentliches Handlungsfeld mehr existiert, in dem nicht mehr oder minder intensiv PPP-Ansätze diskutiert und für möglich gehalten werden.

Eine zweite nicht zu vernachlässigende Einflussgröße resultiert aus der EU-Wettbewerbskonzeption, die sehr stark durch den Wettbewerb um den Markt und damit durch den Ausschreibungswettbewerb geprägt ist.[5] Sie tangiert unmittelbar bisher öffentlich wahrgenommene Aufgabenfelder im Ver- und Entsorgungsbereich der klassischen Daseinsvorsorge. Erforderlich sind für die öffentlichen Unternehmen und ihre Träger neue Wettbewerbsstrategien einer marktorientierten Aufgabenwahrnehmung, deren Umsetzung und Finanzierung in weiten Bereichen nur durch Kooperationen mit Privaten möglich wird.

Weiterhin spielt nach wie vor wie in der traditionellen Privatisierungsdiskussion die Ineffizienzhypothese öffentlicher Verwaltungen eine nicht zu vernachlässigende Rolle. PPP wird als Ansatz und Instrument gesehen, privatwirtschaftliche Managementkonzepte für eine effizientere öffentliche Aufgabenwahrnehmung nutzbar zu machen. Ordnungspolitische Grundlage hierfür wird zunehmend das Konzept des Gewährleistungsstaats.[6] Der Staat soll nicht mehr selbst als Produzent auftreten, sondern nur noch gewährleisten, dass bestimmte Aufgaben durch Dritte wahrgenommen werden. Dies bedeutet, dass sich der Staat bei der Verantwortungsteilung (Schuppert) zwischen Markt,

---

4 Vgl. hierzu etwa *BMVBW (2003)*; *Bertelsmann u.a. (2003a)* u. *(2003b)*; *BMWA (2003)*.
5 Vgl. hierzu auch *EU-Kommission (2004)*.
6 Vgl. hierzu *Schuppert (1997)*; *Reichard (1994)*.

Staat und Gesellschaft des Marktes bedient.[7] An die Stelle des als ineffizient vermuteten produzierenden Staates tritt der als effizient vermutete Regulierungsstaat.[8]

Schließlich wird PPP als eine innovative Beschaffungsvariante des öffentlichen Sektors verstanden, die ganzheitlich über den gesamten Lebenszyklus der Investition zu analysieren und vergleichend mit den herkömmlichen Beschaffungsvarianten zu beurteilen ist.[9] Auf dieser ganzheitlichen Prozessanalyse beruht dann auch im Wesentlichen die derzeitige Begründung für die Vorteilhaftigkeit und die Kooperationsrendite von PPP. Ein wesentliches Element dabei besteht darin, dass bei einzelnen Projekten mit Hilfe von PPP neue Formen der Finanzierung von Infrastrukturmaßnahmen eingeführt werden. Es handelt sich um den Wandel der kollektiven, durch Steuern geprägten Finanzierung von Infrastrukturmaßnahmen zu einer individuellen, durch den Nutzer zu tragenden Finanzierungsform. Diese neue Generation von PPP ist durch die Finanzkrise induziert und ersetzt auf Steuern basierte kollektive Finanzierungskonzepte durch individuelle nutzerorientierte Ansätze. Daneben spielt das Lebenszykluskonzept als Grundlage für Effizienzsteigerungen eine maßgebende Rolle. Zusammenfassend kann hier in Anlehnung an die Praxis von „PPP der zweiten Generation" gesprochen werden.

Halten wir somit zunächst fest: PPP ist kein grundsätzlich neues Phänomen. Neu ist allerdings der aus der geänderten Handlungssituation und einem geänderten Leitbild resultierende Zwang, für die Erfüllung öffentlicher Aufgaben zunehmend mit Privaten kooperieren zu müssen. Dabei bezieht sich der Begriff PPP auf ein sehr heterogenes und komplexes reales Phänomen. Dies geht so weit, dass der PPP-Begriff in seiner derzeitigen Verwendung nicht selten – insbesondere von der Praxis – auf jede beliebige Zusammenarbeit von Akteuren aus dem privatwirtschaftlichen und dem öffentlichen Sektor bezogen wird.[10] Die unstrukturierte Begrifflichkeit von PPP erfordert, dass aus dem realen Phänomen „Kooperation zwischen öffentlichem und privatem Sektor" eine spezifische als Erfahrungsobjekt abzugrenzende Teilmenge herausgefiltert werden muss, um sich das Erkenntnisobjekt „effiziente Ausgestaltung von Kooperationsmodellen" erschließen zu können.

---

7 Vgl. hierzu auch *Kropp (2004)*.
8 Die dabei bestehende Gefahr einer Überregulierung als neuem Ineffizienzphänomen findet bisher in der Diskussion und Analyse so gut wie keine Berücksichtigung. Geboten erscheint ein „institutioneller Mix" aus Markt, Eigenproduktion und Regulierung.
9 Von daher findet sich neuerdings in der Praxis auch der Hinweis, dass es sich bei der aktuellen Diskussion um „PPP der zweiten Generation" handelt.
10 Mit dieser zur Beliebigkeit tendierenden Begriffsverwendung ist zudem nicht selten auch ein Marketing für unterschiedliche Interessen im privaten und öffentlichen Bereich verbunden.

2. Charakterisierung von PPP

Die im Folgenden als PPP zu bezeichnende Teilmenge der gesamten Kooperationsformen zwischen privatem und öffentlichem Sektor bezieht sich zunächst generell auf Kooperation von privaten und öffentlichen Partnern derart, dass informal oder formal eine Partnerschaft im Sinne vertraglicher Verpflichtungen für die Wahrnehmung einer schlecht strukturierten Aufgabe eingegangen wird. Schlecht strukturierte Aufgabe bedeutet dabei zunächst eine vertragliche Ausgangssituation, in der von vornherein einvernehmlich die einzelnen Rechte, Pflichten, Kosten, Leistungen und Risiken der Partner nicht vollständig und im Detail festgelegt werden (können). Die Ursachen für derartige vertragliche Ausgangssituationen können vielschichtig sein, etwa die Art der wahrzunehmenden Aufgabe, die Komplexität der Aufgabenwahrnehmung zum Beispiel durch einen komplexen Vertragsverbund, die Dynamik und Nicht-Prognostizierbarkeit von Umweltbedingungen sowie die nur schwierig abgrenzbaren und prognostizierbaren Veränderungen wesentlicher Rahmenbedingungen, unter denen die Partnerschaft eingegangen wird. Generell resultieren unstrukturierte Ausgangssituationen bei PPPs daraus, dass PPP in der Regel sehr langfristig – etwa auf einen Zeitraum von 30 Jahren – oder aber auch unbefristet angelegt werden.

Unstrukturierte Ausgangssituationen erfordern einen kontinuierlichen Kooperationsprozess, um sukzessiv strukturierte Handlungssituationen zu schaffen und auf diese Weise den Wertschöpfungsprozess mit seinen Teilaktivitäten und Einzelmodulen voranzubringen. Dies bedeutet, dass ein fallweiser oder aber auch kontinuierlicher Abstimmungsbedarf zwischen den Partnern zu einem wesentlichen Merkmal des eine PPP prägenden Wertschöpfungsprozesses wird. Dort, wo alle Leistungen und Gegenleistungen sowie die Risiken des privaten und öffentlichen Partners von vornherein vertraglich klar definiert sind, handelt es sich zwar um eine Kooperationsform, aber nicht um eine PPP. Durch die klare Definition von Leistungen, Gegenleistungen und Risiken bei Vertragsabschluss in einem klassischen Vertrag ist qua definitione eine kontinuierliche Abstimmung während der Vertragslaufzeit nicht erforderlich. Hieraus folgt somit, dass beispielsweise das klassische Contracting Out bzw. Outsourcing im Sinne eines klar über einen klassischen Vertrag definierten Beschaffungsvorgangs nicht den PPPs zuzuordnen ist. Es fehlt das PPP-Merkmal des kontinuierlichen Abstimmungsbedarfs während der Vertragslaufzeit bzw. einer schlecht strukturierten Ausgangssituation bei Vertragsabschluss. Abstimmungskonflikte und Abstimmungsprobleme resultieren in derartigen Fällen, wenn sie denn eintreten, nicht aus der Art des Vertragsgegenstands und/oder der Unsicherheit von Kosten und Leistungen, sondern aus einer – durchaus vermeidbaren – unzulänglichen vertraglichen Ausgestaltung.

Ein weiteres Merkmal von PPP ist die Verträglichkeit der Zielsetzungen der Partner. So ist eine PPP mit konfliktären Zielen, d.h. eine Situation, in der sich die Zielerreichung eines Partners nur zu Lasten der Zielerreichung des anderen Partners realisieren lässt, auf Dauer keine funktionsfähige PPP.[11] Auf Dauer muss eine funktionsfähige PPP für beide Partner zu einer Win-Win-Situation führen.[12]

Aus der unstrukturierten Ausgangssituation bei Vertragsabschluss von PPP folgt, dass PPP mehr ist als ein Einzelvertrag bzw. das additive Zusammenfügen mehrerer Verträge. Das die Verträge ergänzende notwendige „Mehr" bei PPP muss durch partnerschaftliche Kooperation und damit vor allem durch den sozialen Mechanismus „Vertrauen" mit seiner ökonomischen Wirkung geschaffen werden. Dort, wo es sich nur um die Zuverlässigkeit der Vertragserfüllung handelt, erleichtert Vertrauen zwar die Vertragserfüllung, ist aber kein eigenständiges komplementäres Element zu den Verträgen. Aufgrund der Tatsache, dass bei einer PPP wesentliche, während der Vertragslaufzeit zu erfüllende Leistungen nicht bei Vertragsabschluss vollständig geregelt werden können, bedarf es zusätzlich Vertrauen zur komplementären Koordination der Einzelaktivitäten.[13] So zeigen die Beispiele von großen Projekten wie Toll Collect, dass derartige Projekte nur funktionieren, wenn die Instrumente Vertrag und Vertrauen komplementär wirken. Dort, wo Vertrauen entfällt, lässt sich das Problem auch nicht allein auf Vertragsbasis durch das Einklagen von Vertragserfüllung regeln. Von daher sind die derzeitigen auf diesem Gebiet zu beobachtenden rechtlichen Auseinandersetzungen zwischen den Partnern auch nur als eine Art Kosmetik zu bezeichnen, die auf die Beruhigung der Öffentlichkeit abzielt, bzw. im Vorgriff eine Reaktionsstrategie auf die zu erwartende Kritik der Rechnungshöfe bzw. Prüfungsämter darstellen.

Generelles Merkmal für PPP und damit für einen Kooperationsbedarf ist somit eine aus der Art der Aufgabe und der Unsicherheit resultierende unstrukturierte Ausgangssituation bei Vertragsabschluss und damit verbunden die Notwendigkeit, sukzessive im Zeitablauf während der Vertragslaufzeit gut strukturierte Handlungssituationen über wechselseitige Abstimmungsprozesse zu schaffen, wodurch die mit PPP angestrebte Wertschöpfung vorangetrieben werden kann.[14] Damit sind Kooperationsformen auf Basis klassischer Verträge nicht den PPPs zuzurechnen.

---

11 Vgl. hierzu *Eggers (2004)*.
12 Zur spieltheoretischen Analyse von PPP und den daraus resultierenden praktischen Implikationen vgl. *Roggencamp (1997)*.
13 Zur Bedeutung von Vertrauen für Organisationen und dessen Funktionsweisen vgl. insbesondere *Ripperger (1998)*.
14 In diesem Sinne ist PPP nicht statisch, sondern als „negotiated order" zu interpretieren, d.h. als ein kontextgebundener (kontinuierlicher) Aushandlungsprozess. Vgl. hierzu anschaulich *Manning (2004)*.

III. Grundkategorien von PPP

Zu unterscheiden ist zwischen zwei Grundkategorien von PPP: PPP als Tauschmodell und PPP als Poolmodell.[15] Das Tauschmodell zeichnet sich durch den Tausch von Leistungen und Gegenleistungen zwischen den Partnern aus. Ihm liegt ein relationaler Vertrag über die Herbeiführung einer bestimmten Leistung zugrunde. Die zu erbringende Leistung liegt in der Regel in der Erstellung eines bestimmten Projekts oder aber in der Übernahme einer sich über einen bestimmten Zeitraum erstreckenden Sach- und Dienstleistung wie beispielsweise das Betreiben und Unterhalten einer Schule oder aber auch in der Kombination beider genannten Leistungsarten. Der Kooperationsbedarf ergibt sich in derartigen Fällen in der Regel aus Unsicherheiten der explizit oder implizit zugrunde gelegten Planungsprämissen und damit aus den mit dem Projekt verbundenen Risiken und der möglichen Komplexität der Vertragsstruktur einschließlich der Anzahl der Partner. In derartigen Fällen sollte von projektbezogener PPP gesprochen werden. Wesentliche über die allgemeine Kennzeichnung hinaus gehende Merkmale der Projekt-PPP sind die zeitliche Befristung und die Unsicherheit der Planungsprämissen.

Beim Poolmodell steht nicht der Tausch von Leistung und Gegenleistung im Vordergrund, sondern die Zusammenlegung von Ressourcen, um mit diesem Ressourcenpool eine bestimmte Aufgabe zu erfüllen. Der Kooperationsbedarf resultiert in diesem Fall nicht primär wie bei der Projekt-PPP aus der sukzessiven Bewältigung von Unsicherheit, Komplexität und Leistungskonkretisierung, sondern aus der Notwendigkeit, die Zielsetzung, die organisatorische und personelle Zuordnung des Managements und die Verteilung der erzielten Ergebnisse des Ressourcenpools gemeinsam von den Partnern festzulegen. Bei der auf einem Ressourcenpool basierenden PPP handelt es sich um eine Organisations-PPP in Form einer gemischtwirtschaftlichen Unternehmung. Wesentliche Merkmale sind die unbefristete Institutionalisierung der Organisations-PPP und die Notwendigkeit, gemeinsam die Zielsetzungen des Ressourcenpools und das Management sowie die Verteilung des Ergebnisses festzulegen.[16] Bei einer derartigen PPP sollte von Organisations-PPP gesprochen werden.[17]

---

15 Vgl. zu dieser Unterscheidung auch *Roentgen (2001)*.
16 Anschauliche Beispiele für derartige Organisations-PPP finden sich in dem Beitrag von *Grosse-Brockhoff (2004)*.
17 Inwieweit die derzeitige Rechtsprechung des EuGH (Urteil v. 11.01.2005 (1) zu Richtlinie 92/50 EWG – öffentliche Dienstleistungsaufträge – Vergabe ohne öffentliche Ausschreibung/Vergabe des Auftrags an ein gemischtwirtschaftliches Unternehmen – gerichtlicher Rechtsschutz – Richtlinie 89/665/EWG (Urteil Halle)) im Zusammenhang mit dem Vergabewesen (Ausschreibungspflichten) und den so genannten Inhouse-Geschäften ein grundlegendes Hemmnis für die zukünftige Existenz von Organisations-

Auch wenn in der Praxis bei einer Projekt-PPP zur Realisation des Projekts in der Regel Organisationen in Form einer GmbH zur Anwendung kommen, handelt es sich gleichwohl insgesamt um die Kategorie einer Projekt-PPP. Die GmbH hat nur instrumentellen Charakter für die Umsetzung und/oder das Betreiben des Projekts. Beide Kategorien erfordern als Koordinationsmechanismus zusätzlich „Vertrauen". Vertrauen koordiniert Wirtschaftssubjekte über die Institutionen-Netzwerke. Wird nun Netzwerk neben Hierarchie und Markt als eigene ökonomisch relevante Koordinationsinstitution bezeichnet, so lässt sich eine Koordinationstriade mit den Eckpunkten Markt, Hierarchie und Netzwerk darstellen. Im Markt werden die Wirtschaftssubjekte (Partner) über Preise auf Basis von klassischen Verträgen koordiniert. In der Hierarchie erfolgt die Koordination aufgrund von Anweisungen auf Basis relationaler Verträge. Im Netzwerk wird durch Vertrauen aufgrund von Sozialkapital koordiniert. Abbildung 1 ordnet die beiden Grundkategorien von PPP in die hier skizzierte Koordinationstriade ein.

Abbildung 1: Einordnung von PPP als Pool- und als Tauschmodell in die Koordinationstriade Markt, Hierarchie und Netzwerk

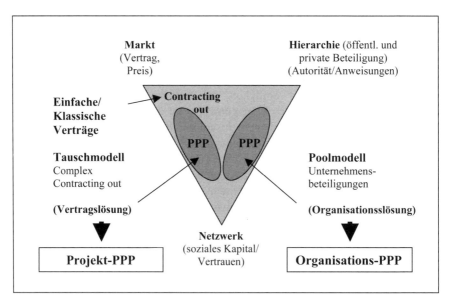

PPP oder auch institutioneller PPP darstellt, möglicherweise verbunden mit einer Tendenz zur Rekommunalisierung der Aufgabenwahrnehmung, bleibt abzuwarten; vgl. hierzu auch den Beitrag von Hans-Peter Schwintowski u. Birgit Ortlieb im vorliegenden Band (S. 189 ff.).

Die Projekt-PPP wird über den Markt koordiniert, erfordert aber ergänzend zu den im Vertrag festgelegten Tauschbeziehungen Vertrauen als komplementären Mechanismus. Die Organisations-PPP wird über die Hierarchie koordiniert, erfordert ergänzend ebenfalls Vertrauen.

Damit lässt sich eine PPP wie folgt kennzeichnen:
- Es besteht eine längerfristig (projektbezogene) oder auf Dauer angelegte (organisationsbezogene) Interaktion zwischen öffentlicher Hand und Akteuren aus dem privaten Sektor.
- Die Akteure verfolgen Ziele, die nicht konfliktär, sondern miteinander kompatibel sind.
- Es ergeben sich Synergiepotenziale bei der Zusammenarbeit.
- Es handelt sich um einen aus verschiedenen Teilmodulen bestehenden Prozess.
- Die Identität und Verantwortung der Partner bleiben intakt.
- Zu unterscheiden sind die auf dem Tauschmodell basierende Projekt-PPP und die auf dem Poolmodell basierende Organisations-PPP.
- Bei der Projekt-PPP resultiert der Kooperationsbedarf aus der Komplexität der Vertragsstruktur und aus der Unsicherheit der Prämissen des auf die Zukunft gerichteten Tauschmodells. Bei der Organisations-PPP resultiert der Kooperationsbedarf aus der für ein Pool-Modell notwendigen Zielbestimmung, dem Festlegen des Ressourcenmanagements und der Verteilung des Ergebnisses auf die Partner.
- Die Zusammenarbeit vollzieht sich auf der Grundlage einer vertraglichen Regelung, wobei die vertragliche Regelung allein nicht hinreichend ist; die Kooperation wird zusätzlich über Vertrauen geregelt. Grad und Intensität des Vertrauens haben einen wesentlichen Einfluss auf die Höhe der Transaktionskosten einer PPP.

Aus dem letzten Punkt ergibt sich die Schlussfolgerung, dass PPP als kooperative Koordination der Partner auf Dauer nur dann eine Chance hat, wenn sich ein Markt für PPP-Partner entwickelt, der durch Sozialkapital der Partner geprägt ist, sowohl auf öffentlicher als auch auf privater Seite. Hier scheint ein wesentliches Defizit in der aktuellen Diskussion und Entwicklung zu liegen. Sowohl auf der privaten Unternehmensseite als auch auf öffentlicher Seite herrscht eher noch eine Misstrauenskultur gegenüber PPP vor. Beiden Seiten scheint die Bedeutung von Vertrauen für die Kooperation und damit die Bedeutung der Existenz von Sozialkapital für die Funktionsfähigkeit und die Kosten einer PPP gar nicht oder nur unzulänglich bewusst zu sein.

IV. Die Projekt-PPP als Modularisierung des Wertschöpfungsprozesses – Zum Schwerpunkt der aktuellen PPP-Diskussion

Neben der skizzierten Einordnung von PPP in die Koordinationstriade Markt, Hierarchie und Netzwerk ist für das Verständnis von PPP und für deren Weiterentwicklung das Denken und Handeln in Wertschöpfungsprozessen und deren Modularisierung von Bedeutung. So lässt sich der Wertschöpfungsprozess eines öffentlichen Infrastrukturprojekts etwa in die Teilmodule Planung, Finanzierung, Errichtung und Betreiben unterteilen. Jedes dieser Teilmodule kann arbeitsteilig unterschiedlich umgesetzt werden. Dies heißt, dass PPP die Zerlegung eines Projekts in einen dieses Projekt erschließenden Wertschöpfungsprozess bedeutet, bei dem die Einzelelemente arbeitsteilig und kooperativ organisiert werden. Unter diesem Aspekt ergibt sich ein (weiterer) Kooperationsbedarf aus der Notwendigkeit, die arbeitsteilig wahrgenommenen Elemente eines Wertschöpfungsprozesses koordinieren zu müssen.

So können die Planung und das Errichten an einen Privaten vergeben werden, während die Finanzierung und das Betreiben öffentlich erfolgen. Grundsätzlich ist hier eine Vielzahl von arbeitsteiligen Kombinationen zwischen einer vollständigen Eigenerstellung jedes einzelnen Moduls und einer vollständigen Privatisierung denkbar und möglich. Hinzu kommt, dass auch innerhalb der einzelnen Module wiederum unterschiedliche Formen der Realisation möglich sind. So kann die Finanzierung der Erstellung durch den öffentlichen Partner erfolgen und die Finanzierung der Unterhaltung und der Bewirtschaftung durch einen privaten Betreiber, wobei möglicherweise wiederum eine nutzerbezogene Finanzierung durch die öffentliche Hand genehmigt werden muss. In der Praxis kommen allein bezogen auf die Finanzierung nicht selten schon aufgrund der gegebenen Förderstruktur unterschiedliche Kombinationen von Finanzierungsvarianten zur Anwendung, etwa anteilige Finanzierung der Erstellung durch den privaten und den öffentlicher Partner unter Einbeziehung öffentlicher Fördermittel bei einer anschließenden Finanzierung des Betreibens durch den Nutzer. Je komplexer ein Projekt, desto komplexer auch die Arbeitsteilung und die möglichen Kombinationsformen einzelner Zuständigkeiten und Beteiligungen. Hieraus folgt dann in der Regel eine mit hohem Koordinationsbedarf verbundene komplexe Vertragsstruktur für das gesamte Projekt. Der öffentliche Partner steht mit einer Reihe privater Partner in komplexen Vertragsbeziehungen. Erschwerend kommt hinzu, dass zwischen den Vereinbarungen der Einzelverträge in der Regel Interdependenzen bestehen, die wiederum eine Abstimmung nicht nur zwischen dem öffentlichen und dem privaten Partner erfordern, sondern in der Regel auch zwischen den einzelnen privaten Partnern.

Abbildung 2: Grundstruktur einer PPP als komplexer, am Lebenszyklus orientierter Wertschöpfungsprozess am Beispiel eines Tunnelprojekts

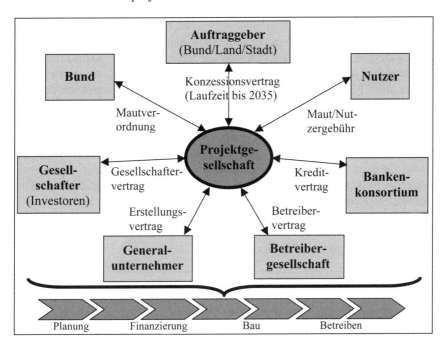

Die einzelnen arbeitsteilig wahrgenommenen Module des Wertschöpfungsprozesses müssen über den Markt, über die Hierarchie oder über ein Netzwerk koordiniert werden, wie in der folgenden Abbildung 3 verdeutlicht.

Es liegt nun nahe, die Effizienz der unterschiedlichen Formen der Wertschöpfungsorganisation öffentlicher Investitionen mit Hilfe der Transaktionskostentheorie zu analysieren. Das Effizienzkriterium dabei ergibt sich aus der Gegenüberstellung der (durch Arbeitsteilung/Spezialisierung erzielten) Produktionsvorteile – jeweils bezogen auf das einzelne Modul – und der Koordinationskosten der arbeitsteilig organisierten einzelnen Module. Bei hoher Spezifität und hoher Unsicherheit eines bestimmten Moduls, so die Übertragung bisher vorliegender empirischer Untersuchungen aus anderen Bereichen, ist eine Organisation dieses Moduls über Hierarchie, also über die Verwaltung, in der Regel effizienter. Dies bedeutet, dass Aussagen über die Wirtschaftlichkeit einer PPP Informationen erfordern über die durch Arbeitsteilung erzielten Kostenvorteile, die Koordinationskosten, aber auch über die Spezifität der einzelnen Teilmodule des Projekts und über die Unsicherheit der jeweiligen Planungsprämissen. Die einzelnen Module sind mit unterschiedlicher Spezifität und unterschiedlicher Unsicherheit behaftet. Dies bedeutet, dass für die einzelnen Module durchaus unterschiedliche Koordinationsformen in Frage kommen. Nicht nur die Transaktionskosten, sondern auch die Produktionskosten, Finanzierungskosten und Betreiberkosten sind abhängig von dem jeweils gewählten Arrangement: PPP oder klassische Konzeption. So ist tendenziell davon auszugehen, dass die Finanzierungskosten bei einer PPP-Lösung steigen. Demgegenüber dürften die Betreiberkosten, wenn Produktion und Betreiben in einer Hand liegen, sinken. Auch die Produktionskosten dürften bei einer PPP eher niedriger liegen als im Fall der Organisation der Projekterstellung durch die Verwaltung. Ein Wirtschaftlichkeitsvergleich hat dies zu berücksichtigen. Hier liegt es nahe, das im privatwirtschaftlichen Bereich praktizierte Konzept des Target Costing zur Anwendung zu bringen. Es sind Nutzen-Kosten-Überlegungen derart anzustellen, dass zunächst die Zielkosten für das Gesamtprojekt zu definieren sind, um dann diese mit dem angestrebten Nutzen in Einklang zu bringen. Der Effekt dieses Ansatzes liegt in einem konzeptionellen Kosten- und Nutzen-Management eines PPP-Projekts.

Abbildung 3: PPP als ein durch Markt, Hierarchie und Netzwerk gesteuerter Wertschöpfungsprozess

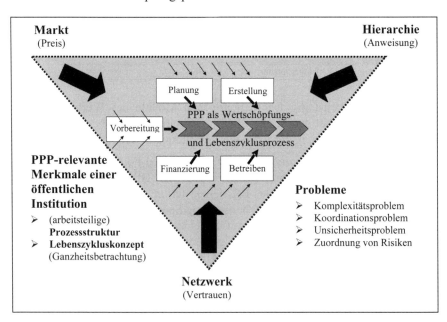

Für die Beurteilung und den Vergleich der Handlungsalternativen bietet es sich an, die üblichen Verfahren der Investitionsrechnung mit dem Entscheidungskriterium „Barwert" heranzuziehen. Zur Berücksichtigung unsicherer

Erwartungen bei der Beurteilung derartiger Investitionsprojekte sind die ebenfalls aus der Investitionsrechnung hinreichend gesicherten Verfahren heranzuziehen.[18] In der aktuellen Diskussion finden zur Berücksichtigung von Unsicherheit bisher allerdings nur die wenig leistungsfähigen klassischen Korrekturverfahren Berücksichtigung.[19]

V. Problemfelder, offene Fragen und Entwicklungslinien

Im Folgenden seien einige in der bisherigen Diskussion um PPP zu wenig beachtete offene Fragen skizziert:

(1) Die hier aufgezeigte strukturelle Differenzierung von PPP-Kategorien mit völlig unterschiedlichen Problemen der Steuerung und Ausgestaltung findet bisher keine oder nur geringe Berücksichtigung.[20]

(2) Wenn es zutrifft, dass die Bedeutung von PPP aus der Finanzkrise der Gebietskörperschaften resultiert, dann stellt sich die Frage, inwieweit mit Hilfe von PPP neue Finanzierungsformen erschlossen und bisherige Formen substituiert werden. Das Erschließen neuer Finanzierungsformen ist dort gegeben, wo mit Hilfe von PPP-Modellen eine nutzerbezogene Finanzierung eingeführt wird (Maut-Modelle). Durch PPP werden kollektive, an Steuern ausgerichtete Finanzierungskonzeptionen umstrukturiert in nutzerbezogene individuelle Finanzierungen.

(3) Wenn es zutrifft, dass PPP aus der Finanzkrise der Gebietskörperschaften resultiert, dann muss über die Funktion von PPP systematischer nachgedacht werden. Die innovative Beschaffung von Infrastrukturprojekten mit Hilfe von PPP kann vor diesem Hintergrund nicht dazu führen, dass jene Prinzipien, die zu der Finanzkrise der Gebietskörperschaften geführt haben, mit Hilfe von PPP auch weiterhin in die Zukunft perpetuiert werden. Hier bedarf es auch der systematischen Analyse, in welchen Bereichen PPP ein Instrument zur Umgehung vorgegebener Verschuldungsspielräume darstellt. In diesem Zusammenhang ist auch nicht akzeptabel, dass die Kommunalaufsicht ihre Bewilligungskriterien entsprechend an die Anforderungen von PPP anpasst. Vielmehr ist zu fordern, dass PPP-Projekte so zu konzipieren und auszugestalten sind, dass sie für die Kommunalaufsicht bewilligungsfähig werden.

---

18 Vgl. hierzu etwa *Blohm/Lüder (1988)*.
19 Vgl. als Alternative hierzu den systematischen Ansatz der Berücksichtigung unterschiedlicher Risikokategorien und Risikostrukturen bei Eberhardt/Pfnür in ihrem Beitrag im vorliegenden Sammelband (S. 159 ff.).
20 Vgl. dazu *Budäus (2004)*.

(4) Die in der Praxis entwickelten PPP-Projekte haben zurzeit eine äußerst komplexe und häufig nicht mehr handhabbare Vertragsstruktur angenommen. Eng verbunden hiermit ist die Aussage, dass PPP-Projekte nur dann sinnvoll erscheinen, wenn das damit verbundene Bauvolumen etwa 12-15 Mio €. ausmacht. Erst bei dieser Größenordnung würden sich die notwendigen Transaktionskosten – vor allem für Beratung – „rechnen". Die Begründung einer derartigen Größenordnung erscheint zumindest problematisch. Ein hohes Volumen mit hoher Komplexität führt zu hoher Intransparenz und von daher zu einem hohen externen Beratungsbedarf. Eine Alternative hierzu könnte eine einfache Ausgestaltung von PPP-Projekten bei vergleichsweise niedrigen Projektvolumen auf Basis von standardisierten Verträgen, Prozessen und Abläufen sein.

Die Komplexität von PPP-Projekten birgt die Tendenz in sich, dass im Vergabeverfahren nur große Unternehmen mit einer hohen arbeitsteiligen Professionalität zum Zuge kommen dürften. Diese Tendenz wird durch die Kostenintensität bei der Beteiligung eines Ausschreibungswettbewerbs gefördert. Dies bedeutet, dass PPP-Projekte, so wie sie zurzeit konzipiert und diskutiert werden, die Gefahr in sich bergen, mittelstandsfeindlich zu sein, und die Tendenz zur Oligopolisierung des Angebotsmarkts verstärken. Auch dieser Aspekt macht eine Reduktion von Komplexität von PPP-Projekten erforderlich. Eng verbunden mit dieser Problematik ist die Schwierigkeit, regionale Bedarfe und Bedingungen gegenüber Großunternehmen als Auftragnehmer durchzusetzen. PPP sollte vor diesem Hintergrund wesentlich stärker den regionalen Belangen Rechnung tragen.

(5) PPP-Empfehlungen basieren nicht selten auf dem Hinweis der Risikoteilung zwischen den Partnern und der Risikoentlastung der öffentlichen Hand. Dabei fällt auf, dass die Banken in der Regel sich vergleichsweise wenig an der Risikoteilung beteiligen. So kann die Politik der Banken zur Risikovermeidung durchaus zu einer zusätzlichen Risikobelastung der Gebietskörperschaften führen. Dies ist etwa dann der Fall, wenn im Rahmen eines Finanzierungsmodells über Forfaitierung die Bank sich als Partner nur dann beteiligt, wenn ein Einredeverzicht seitens der Kommunen gewährleistet ist. Dies bedeutet aber nichts anderes als eine Risikoverlagerung zu Lasten der Kommunen.

(6) Der Rechtsrahmen, in den PPPs eingebunden werden müssen, ist nach wie vor sehr stark auf den Produzenten „Staat" ausgerichtet, d.h. er ist hoheitlich geprägt. Privatwirtschaftliches, flexibles, marktorientiertes Handeln wird hierdurch erschwert, wenn nicht unmöglich.[21] Jenseits der allgemeinen Forde-

---

21 Ein anschauliches Beispiel liefert hierfür die vom Bund zu genehmigende Mautverordnung für die als PPP konzipierte Warnow-Querung bei Rostock. Hiernach ist ein

rung nach Entbürokratisierung ist eine systematische Analyse des Änderungsbedarfs im Gebühren-, Haushalts-, Vergabe- und Steuerrecht geboten.

(7) Die ursprüngliche Funktion und originäre Entstehung von PPP als Ansatz zur Mobilisierung der in einer Region verfügbaren Ressourcen zur Verbesserung von Infrastruktur, Wachstum, Kultur, Bildung und Lebensqualität findet bisher kaum Beachtung. Hier liegt ein ganz entscheidendes und zusätzliches Potenzial in Ergänzung zum derzeitigen Schwerpunkt der Diskussion „Anwendung von PPP im Baubereich". Im Sinne der Mobilisierung von Ressourcen und Potenzialen einer Region durch Kooperationsansätze hängt PPP unmittelbar zusammen mit neueren Ansätzen zur gesellschaftlichen Verantwortung von Unternehmen sowie zur Bürgergesellschaft. In der Verknüpfung der Corporate Social Responsibility (CSR)[22] (Gesellschaftliche Verantwortung von Unternehmen) mit PPP dürfte angesichts des grundlegenden Wandels öffentlicher Aufgabenwahrnehmung die neue dritte Generation von PPP liegen. Ein radikaler öffentlicher Aufgabenabbau wird für private Unternehmen in der Region nur dann noch zu gewinnmaximierenden Strategien führen können, wenn gleichzeitig die Unternehmen sich an regionalen Problemlösungen beteiligen. Es geht also nicht etwa um die Substitution von Gewinnorientierung durch gesellschaftliche Verantwortung, sondern darum, dass Win-Win-Situationen sowohl für das private Unternehmen als auch für den öffentlichen Sektor erkannt und in neuen Formen der Kooperationen genutzt werden. Diese Entwicklung in Richtung auf PPP der dritten Generation ist in der folgenden Abbildung 4 schematisch verdeutlicht.

Die Abbildung steht zugleich für den Wandel vom produzierenden Staat zum regulierenden Staat. Die Eigenerstellung geht sehr stark zurück und wird freiwillig oder über Regulierung auf den privatwirtschaftlichen Sektor verlagert. Ein Beispiel hierfür dürfte die zukünftige Entwicklung im Kindergartenbereich darstellen. Der Staat baut auf diesem Gebiet seine produzierende Tätigkeit ab. Sie wird regulierend über den Markt wahrgenommen und über ein Gutscheinsystem finanziert. Private Unternehmen werden sich an diesem Markt in Zukunft beteiligen, indem sie für ihre Beschäftigten einen Betriebskindergarten einrichten, dessen Leistung über das Gutscheinsystem und möglicherweise ergänzend über das eigene Unternehmen finanziert wird. Die Erstellung erfolgt privat, die Finanzierung öffentlich oder öffentlich und privat. Im Zeitablauf wird bei anhaltender öffentlicher Finanzkrise die über das

---

unter Kostengesichtspunkten sinnvoller Verzicht auf die Erhebung einer Maut während der Nachtzeit (die Nutzung und damit die Einnahmen sind geringer als die Personalkosten) nicht zulässig. Gleiches gilt für die – privatrechtliche – Vereinbarung von Nutzungskontingenten mit Speditionsunternehmen der Region.

22 Vgl. hierzu etwa *Zink (2004)*; *Bethin (2003)*.

Gutscheinsystem finanzierte Leistung qualitativ und quantitativ abnehmen und zunehmend von den Unternehmen substituiert werden müssen.

Abbildung 4: Verlagerung öffentlicher Aufgabenwahrnehmung auf private Unternehmen durch wachsende PPP-Felder und neue PPP-Konzepte

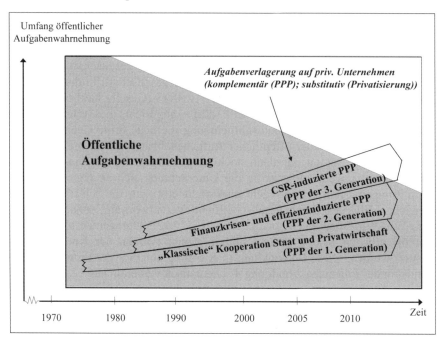

Die Notwendigkeit einer stärkeren Einbindung privater Unternehmen in die Wahrnehmung gesellschaftlicher Verantwortung auf regionaler Ebene wird sich in Zukunft erheblich verstärken.

Literaturverzeichnis

Bertelsman u.a. (2003a): Bertelsmann Stiftung, Clifford Chance Pünder, Initiative D21 (Hrsg.), Prozessleitfaden Public Private Partnership, Berlin 2003.

Bertelsmann u.a. (2003b): Bertelsmann Stiftung, Clifford Chance Pünder, Initiative D21 (Hrsg.), Prozessleitfaden Public Private Partnership und E-Government, Berlin 2003.

Bethin (2003): Claudia Bethin, Corporate Social Responsibility (CSR) in Europa, in: Michael Behrent u. Josef Wieland (Hrsg.), Corporate Citizenship und strategische Unternehmenskommunikation in der Praxis, München 2003, S. 55-85.

Blohm/Lüder (1988): Hans Blohm u. Klaus Lüder, Investition: Schwachstellenanalyse des Investitionsbereichs und Investitionsrechnung, 6. überarb. und erw. Aufl., München 1988.

BMVBW (2003): Bundesministerium für Verkehr-, Bau- und Wohnungswesen, Gutachten PPP im öffentlichen Hochbau (Gutachterkonsortium bestehend aus PricewaterhouseCoopers, Freshfields Bruckhaus Deringer, VBD Beratungsgesellschaft für Behörden GmbH, Bauhaus Universität Weimar und Creativ Concept), Bd. I bis Bd. V, Berlin 2003.

BMWA (2003): Bundesministerium für Wirtschaft und Arbeit (Hrsg.), Public Private Partnership. Ein Leitfaden für öffentliche Verwaltung und Unternehmer, 2. Aufl., Eschborn 2003.

Budäus (1981): Dietrich Budäus, Betriebswirtschaftliche Instrumente zur Entlastung kommunaler Haushalte, Baden-Baden 1981.

Budäus (1997): Dietrich Budäus u. Peter Eichhorn (Hrsg.), Public Private Partnership. Neue Formen öffentlicher Aufgabenerfüllung, Baden-Baden 1997.

Budäus (2004): Dietrich Budäus, Public Private Partnership – Strukturierung eines nicht ganz neuen Problemfeldes, in: Zeitschrift Führung + Organisation, 73. Jg. (2004), H.6, S. 312-318.

Commission on PPP (2002): Commission on Public Private Partnerships, The final Report: Building better Partnerships, London 2002.

Eggers (2004): Mark Eggers, Public Private Partnership, Eine strukturierende Analyse auf der Grundlage von ökonomischen und politischen Potenzialen, Europäische Hochschulschriften, Bd. 3052, Frankfurt am Main 2004.

EU-Kommission (2004): Kommission der Europäischen Gemeinschaften, Grünbuch zu öffentlich-privaten Partnerschaften und den gemeinschaftlichen Rechtsvorschriften für öffentliche Aufträge und Konzessionen, KOM(2004)327 endg., Brüssel 30.04.2004.

Friedrich (1987): Peter Friedrich (Hrsg.), Finanzierung kommunaler Investitionen über geschlossene Immobilienfonds, Baden-Baden 1987.

GÖW (2003): Gesellschaft für öffentliche Wirtschaft (Hrsg.), Neue Institutionenökonomie – Public Private Partnership – Gewährleistungsstaat, Berlin 2003.

GÖW (2004): Gesellschaft für öffentliche Wirtschaft (Hrsg.), Public Private Partnership: Formen – Risiken – Chancen, Berlin 2004.

Grosse-Brockhoff (2004): Hans-Heinrich Grosse-Brockhoff, Erfolge in Düsseldorf mit PPPs im kulturellen Bereich, in: Gesellschaft für Öffentliche Wirtschaft (Hrsg.), Public Private Partnership, Formen – Risiken – Chancen, Berlin 2004, S. 174 ff.

Höftmann (2001): Björn Höftmann, Public Private Partnership als Instrument der kooperativen und sektorübergreifenden Leistungsbereitstellung – dargestellt an der neu strukturierten kommunalen Abfallwirtschaft, Lütjensee 2001.

Kirchhoff/Müller-Godeffroy (1996): Ulrich Kirchhoff u. Heinrich Müller-Godeffroy, Finanzierungsmodelle für kommunale Investitionen, 6. Aufl., Stuttgart 1996.

Kropp (2004): Sabine Kropp, Modernisierung des Staates in Deutschland: Konturen einer endlosen Debatte, Politische Vierteljahreszeitschrift, 45. Jg. (2004), H. 3, S. 416 ff.

Kruzewicz (1993): Michael Kruzewicz, Lokale Kooperationen in NRW – Public Private Partnership auf kommunaler Ebene, Duisburg 1993.

Manning (2004): Stephen Manning, Public Private Partnership als „Negotiated Order" – Aushandlungsprozesse zwischen öffentlicher und privater Welt in der deutschen Entwicklungszusammenarbeit, in: Berliner Jahrbuch Soziologie, Bd. 14 (2004), H. 1, S. 95 ff.

Reichard (1994): Christoph Reichard, Umdenken im Rathaus, Berlin 1994.

Ripperger (1998): Tanja Ripperger, Ökonomik des Vertrauens, Tübingen 1998.

Roentgen (2001): Frederik Roentgen, Public-Private-Partnership. Eine effizienzorientierte Analyse kommunaler Aufgabenerfüllung unter Einbeziehung erwerbswirtschaftlicher Unternehmungen, Aachen 2001.

Roggencamp (1997): Sibylle Roggencamp, Public Private Partnership: Entstehung und Funktionsweise kooperativer Arrangements zwischen öffentlichem Sektor und Privatwirtschaft, Frankfurt am Main 1997.

Savas (2000): Emanuel S. Savas, Privatization and Public-Private-Partnerships, New York 2000.

Schuppert (1997): Gunnar F. Schuppert, Vom produzierenden zum gewährleistenden Staat: Privatisierung als Veränderung staatlicher Handlungsformen, in: Klaus König u. Angelika Benz (Hrsg.), Privatisierung und staatliche Regulierung, Baden-Baden 1997, S. 539 ff.

Schuppert (2001): Gunnar F. Schuppert, Grundzüge eines zu entwickelnden Verwaltungskooperationsrechts. Regelungsbedarf und Handlungsoptionen eines Rechtsrahmens für Public Private Partnership. Rechts- und verwaltungswissenschaftliches Gutachten, erstellt im Auftrag des Bundesministeriums des Innern, Berlin Juni 2001.

Ziekow (2003): Jan Ziekow (Hrsg.), Public Private Partnership – Projekte, Probleme, Perspektiven, Speyerer Forschungsbericht 229, Speyer 2003.

Zink (2004): Klaus J. Zink, Stakeholderorientierung und Corporate Social Responsibility im internationalen Kontext, in: Ulrich Döring (Hrsg.), Spezialisierung und Internationalisierung: Entwicklungstendenzen der deutschen Betriebswirtschaftslehre, Festschrift für Prof. Dr. h.c. mult. Günter Wöhe, München, 2004, S. 139-158.

Holger Mühlenkamp

Public Private Partnership aus der Sicht der Transaktionskostenökonomik und der Neuen Politischen Ökonomie

Gliederung

I. Einleitung
II. Grundsätzliche Überlegungen zur Einschaltung Privater bei der Wahrnehmung öffentlicher Aufgaben
III. Public Private Partnership aus der Sicht der Transaktionskostentheorie
   1. Grundgedanken der Transaktionskostentheorie
   2. Implikationen der Transaktionskostentheorie für Public Private Partnership
IV. Public Private Partnership aus der Sicht der Neuen Politischen Ökonomie
V. Fazit
Literaturverzeichnis

I. Einleitung

Der – „natürlich" englischsprachige – Begriff „Public Private Partnership" (PPP) erfreut sich derzeit insbesondere bei Politikern und Interessenvertretern großer Beliebtheit. Vermutlich wird dieser Ausdruck deshalb gern verwendet, weil er eine moderne und positive Botschaft transportieren soll, nämlich gemeinsame Interessen und kooperative Umgangsformen zwischen öffentlichen und privaten Partnern zum Vorteil aller. Ein weiterer Reiz könnte von seiner inhaltlichen Unschärfe ausgehen, die vielfältige Einsatzmöglichkeiten bietet.

In der Tat ist der besagte Begriff schwer zu fassen. Nicht zufällig erinnert Schuppert[1] in diesem Zusammenhang daran, dass es Termini gibt, bei denen Definitionsversuche dem Vorhaben gleichen, „einen Pudding an die Wand zu nageln". Dementsprechend existieren in der Literatur diverse Abgrenzungen bzw. Abgrenzungsversuche. Ohne an dieser Stelle näher auf die verschiedenen Definitionen eingehen zu können, wollen wir unter „Public Private Partner-

---
1 *Schuppert (2001)*, S. 4.

ships" die Einschaltung von privaten, gewinnorientierten Unternehmen bei der Erfüllung im öffentlichen Interesse liegender („öffentlicher") Aufgaben verstehen.[2]

Welche Ziele werden mit PPP verfolgt? Im Idealfall sollten PPP zu einer effizienteren (wirtschaftlicheren) Erfüllung öffentlicher Aufgaben führen, wodurch die öffentliche Hand und letztlich die Steuerzahler entlastet werden. Dies sind hoffentlich, aber nicht unbedingt die Motive der politisch entscheidenden Akteure beim Eingehen von PPP. Je nach Konstellation dürften Politiker mit dem Begriff „Public Private Partnership" einen „schlanken" und vielleicht auch effizienten Staat, die lang- oder kurzfristige Lösung oder wenigstens Milderung der chronischen öffentlichen Finanzkrise, die Bedienung ihrer Klientel mit öffentlichen Aufträgen u.ä. assoziieren. Vielleicht ist die Vokabel „Public Private Partnership" für manche(n) Politiker(in) aber auch nur eine wohlklingende, jedoch nicht ernst gemeinte Floskel im Wettbewerb um Wählerstimmen. Vertreter der privaten Wirtschaft sehen in PPP sicherlich eine Möglichkeit zur Erschließung neuer Märkte und Einkommensquellen.

Im vorliegenden Beitrag geht es um die Frage, ob PPP eine wirtschaftlichere Erfüllung öffentlicher Aufgaben erwarten lassen. Ein besonderes Augenmerk

---

2   Grundsätzlich sind drei Typen der Beteiligung Privater bei öffentlichen Aufgaben unterscheidbar: Erstens können Private an einzelnen Stellen eines mehrstufigen oder mehrteiligen Produktions- und Absatzprozesses öffentlicher Leistungen eingesetzt werden. Zweitens können öffentliche Aufgaben vollständig, d.h. über alle Produktionsstufen bzw. -prozesse, in die Hände von Privaten gegeben werden. Drittens können die öffentliche Hand und Private auf einzelnen oder allen Produktions- bzw. Prozessstufen zusammenarbeiten.
    Jegliche Zusammenarbeit zwischen der öffentlichen Hand und Privaten bedarf einer vertraglichen Basis. Die sog. Neue Institutionenökonomik, zu der u.a. die Transaktionskostenökonomik zählt, unterscheidet Verträge auf einem Kontinuum zwischen dem sog. klassischen bzw. diskreten Vertrag auf der einen Seite, welcher auf einmalige, abgeschlossene Transaktionen zielt, und vertragliche Beziehungen im Rahmen von sog. Hierarchien auf der anderen Seite, dazu zählen z.B. Arbeits- und Gesellschaftsverträge. Zwischen diesen beiden Enden des Vertragskontinuums liegen „relationale" und „symbiotische" Verträge. Relationale Verträge sind auf Dauer angelegt und dienen zur Abwicklung verschiedener, teilweise neuer und nichtvorhersehbarer Transaktionen. Symbiotische Verträge sind regelmäßig durch den Einsatz spezifischen Kapitals und ein Machtungleichgewicht zwischen den Vertragspartnern gekennzeichnet – exemplarisch seien Franchise-Verträge genannt (vgl. *Schäfer/Ott (2000)*, S. 591 f.).
    Nach der hier vertretenen Auffassung bewegen sich Public Private Partnerships vertragstheoretisch gesehen in dem Bereich der relationalen und symbiotischen Verträge sowie bei gemischtwirtschaftlichen Unternehmen im Bereich der Hierarchie. Lediglich klassische bzw. diskrete Verträge begründen keine Public Private Partnership. Damit sind – entgegen der üblichen Sprachregelung – auch Beschaffungen von Vorleistungen als Public Private Partnership anzusehen, sofern sie eine gewisse Komplexität überschreiten, die sich eben in entsprechenden Vertragswerken niederschlägt.

richtet sich dabei auf die Kompatibilität der Partialinteressen der Akteure mit dem allgemeinen Wirtschaftlichkeitsziel staatlichen Handelns.

Der Beitrag ist wie folgt aufgebaut: In einem ersten Schritt werden grundsätzliche Überlegungen zur Einschaltung privater Unternehmen bei der öffentlichen Aufgabenwahrnehmung angestellt. Da die Einschaltung Privater bei der öffentlichen Aufgabenwahrnehmung analog zum sog. Outsourcing betrachtet werden kann, erfolgt anschließend eine Analyse mittels der für die Untersuchung der Outsourcing-Problematik prädestinierten Transaktionskostentheorie. Um die Interessen und Handlungskalküle der entscheidenden Akteure im politischen Prozess – insbesondere der Politiker und Bürokraten – zu berücksichtigen, werden PPP im weiteren Verlauf des Beitrags auch aus der Perspektive der sog. Neuen Politischen Ökonomie (NPÖ) betrachtet. Ein zusammenfassendes Fazit bildet den Schluss der Arbeit.

II. Grundsätzliche Überlegungen zur Einschaltung Privater bei der Wahrnehmung öffentlicher Aufgaben

In einem marktwirtschaftlich ausgerichteten Wirtschafts- und Gesellschaftssystem stellt sich zuallererst die Frage nach der Legitimation des öffentlichen Sektors.[3] Was rechtfertigt eigentlich den öffentlichen Sektor und die diversen Formen seiner administrativen und wirtschaftlichen Betätigung? Die normative ökonomische Theorie beantwortet diese Frage mit dem Hinweis auf die Existenz von „Marktversagen" oder synonym „Marktunvollkommenheiten".[4] Da Märkte nur unter ganz bestimmten Bedingungen „richtig" funktionieren, kommt dem Staat bei Nichtvorliegen dieser Voraussetzungen die Aufgabe zu, diese Voraussetzungen zu schaffen oder unmittelbar korrigierend einzugreifen.

Zu diesem Zweck müsste also zunächst ermittelt werden, ob bzw. wo Marktversagen vorliegt (Diagnose). Anschließend wären die jeweils geeigneten Maßnahmen zur Beseitigung des Marktversagens zu ermitteln (Therapiebestimmung) und umzusetzen (Therapiedurchführung). Im Prinzip könnten alle Schritte dieses Prozesses – also Diagnose, Therapiebestimmung und Therapiedurchführung – sowohl von der öffentlichen Hand selbst als auch von

---

3   Zum öffentlichen Sektor zählen die öffentliche Verwaltung in Form der Gebietskörperschaften (Bund, Länder und Gemeinden) sowie die öffentliche Wirtschaft (rechtlich unselbständige und selbständige Unternehmen der Gebietskörperschaften).
4   Üblicherweise aufgezählte Formen von Marktversagen sind „öffentliche Güter", „externe Effekte", „natürliche Monopole", „unvollständige und asymmetrische Informationen" (Informationsmängel), „Anpassungsmängel" sowie (umstritten) „verzerrte Präferenzen" (meritorische Güter). Zu Marktversagen vgl. z.B. *Fritsch u.a. (2003)* und *Mühlenkamp (2002)*.

privaten Wirtschaftssubjekten vorgenommen werden. Es müsste lediglich sichergestellt werden, dass die genannten Schritte überhaupt unternommen werden. Mit anderen Worten: Grundsätzlich kann man sich vorstellen, dass alle Schritte bzw. Maßnahmen zur Begegnung von Marktversagen von Privaten oder in Zusammenarbeit mit Privaten durchgeführt werden. Der Staat bzw. die öffentliche Hand[5] müsste lediglich dafür sorgen, dass diese Schritte/Maßnahmen stattfinden. Diese Situation entspräche dem „schlanken Staat" in reiner Form, der hier auf die ausschließliche Aufgabe begrenzt ist zu gewährleisten, dass Marktversagen erkannt wird und geeignete Maßnahmen ergriffen werden, um Marktversagen entgegenzuwirken.

Betrachtet man Gegenwart und Geschichte, findet man in der Tat viele Beispiele dafür, dass nahezu alle Arten öffentlicher Aufgaben einschließlich der sog. hoheitlichen Staatsfunktionen an anderen Orten der Welt oder zu anderen Zeitpunkten schon einmal von Privaten durchgeführt wurden oder gegenwärtig durchgeführt werden. Man denke z.B. an die Einschaltung Privater bei der Infrastrukturplanung, den privaten Betrieb von Gefängnissen, private Sicherheitsdienste, private Steuereintreiber. Selbst militärische Aufgaben werden privatwirtschaftlich wahrgenommen. Dies geschieht durch die Einschaltung von Söldnern oder, wie gegenwärtig beim US-Militär, durch den Einsatz privater Firmen bei der Schusswaffenausbildung, der Logistik, der Aufklärung usw. Selbst in Deutschland gibt es den Fall einer militärisch-privaten Kooperation. So wird das „Gefechtsübungszentrum Heer" (GÜZ) in der Altmark (Sachsen-Anhalt) von einem privaten Unternehmen betrieben, welches für die Systemtechnik, den Fuhrpark, die Material- und Gebäudebewirtschaftung u.ä. verantwortlich ist.[6]

Denk- und beobachtbar ist also Vieles. Die entscheidende Frage lautet jedoch, ob bzw. wann es (ökonomisch) sinnvoll ist, Private bei der Erfüllung öffentlicher Aufgaben einzusetzen. Die im dritten Abschnitt eingenommene Perspektive der Transaktionskostentheorie leistet einen Beitrag zur Beantwortung dieser Frage.

Die sog. Neue Politische Ökonomie, welche dem im erkenntnistheoretischen Sinne „positiven" Zweig der ökonomischen Theorie zuzurechnen ist, liefert die Einsicht, dass es nicht nur Marktversagen, sondern auch „Staatsversagen" (gleichbedeutend „Staatsunvollkommenheiten") gibt. Staatsversagen liegt vor, wenn die öffentliche Hand selbst dann interveniert, wenn kein Marktversagen existiert oder bei bestehendem Marktversagen nicht eingreift oder ungeeignete

---

5 Zum Staat i.e.S. zählen lediglich der Bund und die Länder, nicht aber die Kommunen. Im allgemeinen Sprachgebrauch werden beide Begriffe jedoch häufig synonym verwendet.
6 Vgl. die Beiträge von Herkel und Godau in *Ziekow (2003)*, S. 199 ff.

(ineffektive) bzw. unwirtschaftliche (ineffiziente) Maßnahmen ergreift. Ursache für Staatsversagen sind – abstrahiert von Unkenntnis und Unfähigkeit – regelmäßig die individuellen Handlungskalküle der am politischen Prozess Beteiligten.

Aus der Möglichkeit von Staatsversagen folgt, dass Marktversagen keine hinreichende Voraussetzung für staatliche Eingriffe darstellt. Vielmehr sind staatliche Interventionen nur dann angezeigt, wenn erstens Marktversagen zu konstatieren ist (notwendige Bedingung) und zweitens kein Staatsversagen besteht.

In der Realität funktionieren weder Marktmechanismus noch Staat auf perfekte Weise. Unter dieser Prämisse sind Interventionen der öffentlichen Hand nur dann angebracht, wenn sie eine Verbesserung des Marktmechanismus bewirken bzw. eine bessere Situation als ohne staatlichen Eingriff herbeiführen. Die Einschaltung privater Unternehmen bei der Erfüllung öffentlicher Aufgaben bzw. PPP sind von dieser Bedingung nicht auszunehmen.

III. Public Private Partnership aus der Sicht der Transaktionskostentheorie

Bevor auf die Implikationen der Transaktionskostentheorie für Public Private Partnership eingegangen werden kann, ist es notwendig, die Grundgedanken der Transaktionskostentheorie zu skizzieren.[7]

1. Grundgedanken der Transaktionskostentheorie

Die Transaktionskostentheorie geht auf die Frage zurück, warum nicht alle wirtschaftlichen Vorgänge (Transaktionen) auf Märkten, sondern zu einem nicht unerheblichen Teil in Unternehmen (Firmen) – sog. Hierarchien – abgewickelt werden. Diese Frage ist prinzipiell äquivalent mit dem Entscheidungsproblem zwischen Eigenfertigung und Fremdbezug (Outsourcing) oder der Wahl der Fertigungstiefe bzw. dem Grad der vertikalen Integration.

---

7 Genau genommen werden auch Ergebnisse der ökonomischen Theorie unvollständiger Verträge berücksichtigt. Die stark formalisierte und spieltheoretisch geprägte ökonomische Theorie unvollständiger Verträge ist mit der Transaktionskostenökonomik „verwandt". Beide Theoriezweige beschäftigen sich mit dem sog. Holdup-Problem, d.h. der Frage, ob und wie, trotz der Gefährdung ihrer Erträge, spezifische Investitionen gewährleistet werden können.

Eine wesentliche Erkenntnis der von Coase[8] angestoßenen und maßgeblich von Williamson[9] (weiter-)entwickelten Transaktionskostentheorie ist, dass zur Erklärung der Existenz von Unternehmen (und institutionellen Arrangements zwischen „Markt" und „Hierarchie") Transaktionskosten eine entscheidende Rolle spielen. Ob Transaktionen auf Märkten, in „Hierarchien" (Unternehmen) oder mittels verschiedener Zwischenformen („Hybride") abgewickelt werden, hängt gemäß dem Transaktionskostenansatz davon ab, welches dieser institutionellen Arrangements die geringsten Gesamtkosten verursacht. Die Gesamtkosten setzen sich aus den Produktionskosten und den Transaktionskosten zusammen.

Transaktionskosten resultieren aus der Suche nach geeigneten (Vertrags-)Partnern, den Kosten der Verhandlung und des Abschlusses von Verträgen sowie den Kosten der Überwachung und Durchsetzung von Verträgen. Vor allem die nach Vertragsabschluss (ex post) auftretenden Kosten der Überwachung und Durchsetzung von Verträgen stehen im Zentrum der Transaktionskostentheorie. Dieser Blickwinkel basiert auf der Erkenntnis, dass insbesondere längerfristige und komplexe Verträge zwangsläufig unvollständig sind, weil nicht alle zukünftigen Ereignisse und Eventualitäten vorhersehbar und/oder beschreibbar sind bzw. der Abschluss vollständiger Verträge prohibitiv hohe Kosten verursachen würde.[10] Aufgrund der – zumindest in hinreichend komplexen Entscheidungssituationen – Nichtvorhersehbarkeit zukünftiger Ereignisse entsteht regelmäßig ein nachträglicher Anpassungs- bzw. Nachverhandlungsbedarf, der für die Vertragspartner Kosten und Risiken birgt.

Von entscheidender Bedeutung für die Höhe der Transaktionskosten sind spezifische Investitionen bzw. der Einsatz spezifischen Kapitals („Kapitalspezifität"). Spezifische Investitionen sind dadurch gekennzeichnet, dass sie speziell für bestimmte Transaktionen getätigt werden (müssen). Sofern die geplanten Transaktionen nach erfolgter Investition jedoch nicht zustande kommen oder „gestört" werden, verlieren die spezifischen Investitionen an Wert, da sie für andere Transaktionen nicht oder nur eingeschränkt geeignet sind. Vertragspartner, die spezifisches Kapital gebildet haben, können also den oder die

---

8 *Coase (1937).*
9 *Williamson (1975), (1985) u. (1991).*
10 Ökonomen verstehen unter „unvollständigen Verträgen", Verträge in denen nicht alle zukünftigen Entwicklungen vorhergesehen bzw. nicht für alle möglichen zukünftigen Ereignisse Regelungen getroffen werden (Unmöglichkeit des Abschlusses vollständig kontingenter Verträge). Selbst wenn die Vertragsparteien über gute Fähigkeiten der Vorausschau verfügen, kann es mit prohibitiv hohen Kosten verbunden sein, die möglichen Sachverhalte so zu beschreiben, dass sie für Außenstehende (insbesondere für Gerichte) eindeutig nachvollziehbar sind. Wenn jedoch Sachverhalte nicht hinreichend geregelt bzw. von den Gerichten nicht eindeutig nachvollziehbar sind, entstehen Durchsetzungsprobleme.

Vertragspartner nachträglich nur unter Inkaufnahme von Verlusten wechseln und sind damit abhängig von der Einhaltung des Vertrags, wie er in der ursprünglichen Form vor der Investitionsphase abgeschlossen wurde („Lock in effect"). Diese Abhängigkeit birgt die Gefahr von Nachverhandlungen, die zur „Erpressung" („Holdup") bzw. zum Verlust der sog. Quasi-Rente[11] an Vertragspartner führen, die kein oder weniger spezifisches Kapital gebildet haben. Dabei wird realistischerweise davon ausgegangen, dass sich Vertragspartner opportunistisch verhalten, d.h. mit „List und Tücke" arbeiten können. Sofern die potenzielle Erpressungsgefahr vorhersehbar ist, wird sich niemand auf spezifische Investitionen einlassen oder (kostentreibende) Besicherungen verlangen oder das institutionelle Arrangement „Hierarchie" wählen.[12]

Grundsätzlich kann man gemäß der Transaktionskostentheorie davon ausgehen, dass die Transaktionskosten in Form von nachträglichen Anpassungs- bzw. Koordinierungskosten innerhalb von Hierarchien ab einer bestimmten Spezifität des eingesetzten Kapitals geringer sind als auf Märkten, weil Anpassungen in Hierarchien dann vergleichsweise einfach und kostengünstig durch Anweisungen erreicht werden können. Auf Märkten bzw. zwischen selbständigen Vertragspartnern ist der Anweisungsmechanismus nicht einsetzbar. Hier müssen stattdessen im Vergleich zu Anweisungen aufwendigere Nachverhandlungen geführt werden.

Zu beachten sind auch die unterschiedlichen Anreize in Hierarchien und auf Märkten. Die in einer Hierarchie Beschäftigten haben regelmäßig geringere Leistungs- oder Wirtschaftlichkeitsanreize als selbständige Marktteilnehmer, weil letztere sich die „Früchte" ihrer Arbeit bzw. ihres Verhandlungsgeschicks eher aneignen können. Folgt man der Transaktionskostentheorie, führt dies zu folgender Reziprozität von Produktions- und Transaktionskosten: In Hierarchien sind die Transaktionskosten (Anpassungskosten) eher niedriger und die Produktionskosten eher höher als bei marktlichen Beziehungen und umgekehrt. Je höher die Kapitalspezifität, desto geringer ist der Produktionskostennachteil und um so größer der Transaktionskostenvorteil der Hierarchie. Infol-

---

11 Mit „Quasi-Rente" wird die Differenz zwischen dem Wert der Investition bei erstbester Nutzung im Rahmen der ursprünglich vorgesehenen Vertragsbeziehung und dem Wert bei zweitbester Nutzung bezeichnet.

12 Natürlich werden Nachverhandlungen nicht in jedem Fall vorsätzlich-opportunistisch herbeigeführt, sie sind bei Bekanntwerden neuer Informationen bzw. bei Eintreten unvorhergesehener Umweltzustände sogar grundsätzlich sinnvoll, um die Tauscheffizienz zu steigern. Allerdings bergen Nachverhandlungen auch im letztgenannten Fall die Gefahr zu geringer spezifischer Investitionen („Unterinvestitionsproblematik"), weil spezifisches Kapital ex post immer „Sunk costs" darstellt und bei späteren (Nach-)Verhandlungen irrelevant ist.

gedessen werden die Wirtschaftssubjekte mit zunehmend+er Kapitalspezifität stärker zur Hierarchie neigen und umgekehrt.

Nun sind im Laufe der Zeit verschiedene Vertrags- bzw. Kooperationsformen ökonomisch analysiert worden, die das Holdup-Problem und die daraus resultierende mangelnde Bereitschaft zur Tätigung spezifischer Investitionen beheben bzw. mildern können, so dass bei spezifischen Investitionen nicht unbedingt das institutionelle Arrangement „Hierarchie" notwendig ist. Ein Konstrukt zur Sicherstellung der Einhaltung von Verträgen bzw. zur Vermeidung opportunistischer Nachverhandlungen stellen glaubhafte Verpflichtungen bzw. selbstdurchsetzende Verträge dar. Bei glaubhaften Verpflichtungen bzw. selbstdurchsetzenden Verträgen ist es im Interesse der Vertragspartner, den Vertrag einzuhalten respektive nicht nachzuverhandeln. Jedes Abweichen vom (ursprünglichen) Vertrag stellt den oder die „Abweichler" schlechter als die Vertragserfüllung. Der Anreiz zur Vertragseinhaltung wird erreicht durch vorher (ex ante) vereinbarte Unterpfänder wie die Hinterlegung von Kautionen, Vertragsstrafen, Schadenersatzverpflichtungen u.ä.[13] Sofern Nachverhandlungen von vornherein nicht ausgeschlossen werden, weil die Vertragspartner explizit davon ausgehen, dass eventuelle Änderungen der relevanten Umstände, die sich zwischen dem Zeitpunkt des Vertragsabschlusses und dem Abschluss der Investitionsphase ereignen, in den Vertrag eingearbeitet werden sollen, sind unter gewissen Voraussetzungen bestimmte Vertragsformen geeignet, das Holdup-Problem bzw. die Unterinvestitionsproblematik zu lösen.[14]

---

13 Vgl. z.B. *Williamson (1985)*, S. 163 ff., und *Mühlenkamp (1999)*, S. 131 ff.
14 In der Literatur zur ökonomischen Theorie unvollständiger Verträge, die allerdings regelmäßig von Nachverhandlungskosten abstrahiert, wurde gezeigt, dass das Unterinvestitionsproblem bei privaten Vertragspartnern unter bestimmten Voraussetzungen selbst bei beiderseitig spezifischen Investitionen durch bestimmte Vertragsformen („Option Contracts" oder „Fixed-price Contracts") lösbar ist (vgl. *Nöldecke/Schmidt (1995)* und *Edlin/Reichelstein (1996)*). Die in Rede stehenden Vertragsformen, welche wohl der Gruppe der relationalen Verträge im Sinne der Transaktionskostentheorie zuzuordnen sind, billigen dem Verkäufer auch bei Nichtstattfinden der Transaktion eine Zahlung zu. Wichtig ist, dass das zu liefernde Produkt im vorhinein eindeutig beschreibbar ist und im Falle scheiternder Nachverhandlungen der Originalvertrag durchgesetzt wird. Falls das Rechtssystem bzw. die Rechtsprechung letzteres nicht zu gewährleisten vermag, könnte jedoch die Hierarchie relationalen Verträgen überlegen sein. Sofern mehrstufige oder mehrteilige Produktionsprozesse existieren und dazu mehrere Verträge zwischen verschiedenen Vertragsparteien abgeschlossen werden müssen, entsteht die Notwendigkeit der Koordination der Verträge bzw. Verhandlungen (vgl. z.B. *Böckem/Schiller (2004)*. Die Koordinationsnotwendigkeit liefert ebenfalls ein Argument für die Wahl der Hierarchie, jedenfalls dann, wenn dort die Koordination z.B. durch eine zentrale Instanz in Form der Anweisung einfacher möglich ist als auf Märkten.

2. Implikationen der Transaktionskostentheorie für Public Private Partnership

Viele öffentliche Aufgaben erfordern spezifisches Kapital. Daher sind die Überlegungen der Transaktionskostentheorie relevant und zudem auch leicht auf den öffentlichen Sektor und Public Private Partnership übertragbar. Schaltet die öffentliche Hand private Unternehmen zur Erfüllung öffentlicher Aufgaben ein, müssen zunächst Ausschreibungsverfahren zur Findung des besten Anbieters absolviert werden.[15] Nach Abschluss des Ausschreibungsverfahrens sind vielfach umfangreiche, aber gleichwohl unvermeidlich unvollständige Verträge abzuschließen, zu überwachen und durchzusetzen. Ein prominentes Beispiel – der Fall „Toll Collect" – zeigt das damit verbundene Bündel möglicher Schwierigkeiten auf.

Nimmt der Staat dagegen seine Aufgaben selbst in die Hand, wählt also die Alternative „Hierarchie", entstehen diese Kosten nicht. Dafür sind jedoch eventuell höhere Produktionskosten in Kauf zu nehmen, weil z.B. die rechtlichen Rahmenbedingungen oder politische Ziele im öffentlichen Sektor den Handlungsspielraum zur Erschließung von Wirtschaftlichkeitspotentialen stärker einschränken als in der Privatwirtschaft.[16]

Letztlich ist also abzuwägen zwischen den Gesamtkosten bei Einschaltung Privater und einer rein öffentlichen Lösung (Zwischenformen sind denkbar). Produktions- und Transaktionskosten liefern folglich nicht nur ein Entscheidungskalkül für die vertikale (Des-)Integration bzw. die Leistungstiefe privater Unternehmen, sondern auch für die Einschaltung Privater bei der Wahrnehmung öffentlicher Aufgaben. Je spezifischer das für die Wahrnehmung öffentlicher Aufgaben benötigte Kapital ist, desto größer ist die Holdup-Gefahr und desto aufwendiger werden gemäß der Transaktionskostentheorie

---

15 Dies gilt grundsätzlich sowohl für die vollkommene oder teilweise Übertragung einer Aufgabe an Private als auch für den Einkauf von Vorleistungen.

16 Die öffentliche Hand gilt (auch) aufgrund verfügungsrechtstheoretischer Überlegungen als besonders ineffizient. Interessanterweise wird diese Hypothese durch empirische Untersuchungen, in denen die betriebswirtschaftliche Effizienz von privaten und öffentlichen Unternehmen gegenübergestellt wird, nur zum Teil gestützt. In nicht wenigen Fällen erweisen sich öffentliche Unternehmen im Vergleich zu Privatfirmen als wirtschaftlicher (vgl. z.B. die Übersichten bei *Mühlenkamp (1999)*, S. 120 ff., und *Villalonga (2000)*. Deshalb ist von generell höheren Produktionskosten der öffentlichen Hand gar nicht auszugehen.
Entsprechendes gilt für die private Finanzierung öffentlicher Investitionen. Im Regelfall kann sich die öffentliche Hand günstiger refinanzieren als Private, so dass die private Finanzierung öffentlicher Investitionen für die Steuer- bzw. Gebührenzahler letztlich ungünstiger ist als die staatliche Kreditaufnahme.

ceteris paribus die vertraglichen Regelungen mit privaten Leistungserbringern, deren Kontrolle und Durchsetzung.

Nun könnte man argumentieren, dass das für die Erfüllung öffentlicher Aufgaben benötigte Kapital im Regelfall von den privaten Leistungserbringern gestellt wird und diese deshalb von der Übernahme bestimmter öffentlicher Aufgaben zurückschrecken könnten, so dass die öffentliche Hand „lediglich" das Problem hat, private Auftragnehmer zu finden. Doch auch die öffentliche Hand ist verletzlich, selbst dann, wenn sie kein oder nur wenig spezifisches Kapital einsetzt. Sie ist nämlich z.B. aufgrund gesetzlicher Verpflichtungen oder aus politischen Gründen abhängig davon, dass die Privaten die ihnen übertragenen Aufgaben im vereinbarten Umfang, mit der gebotenen Qualität und zum vereinbarten Zeitpunkt wahrnehmen.

Kommen wir zur Illustration auf Toll Collect zurück, welches eine zweiseitige Abhängigkeit exemplifiziert: Das Toll Collect-Betreiberkonsortium muss in spezielle Technologien zur Erfassung der Mobilität von Fahrzeugen und zur Gebührenerhebung investieren. Da sich die zu diesem Zweck entwickelten Technologien nicht sämtlich und nicht kostenlos anderweitig verwenden lassen dürften[17], besteht eine gewisse Abhängigkeit des Betreiberkonsortiums von der Aufnahme des Betriebs. Obwohl der Bund seinerseits keine vergleichbaren technischen Investitionen tätigen muss(te), war und ist er ebenfalls abhängig von der fristgerechten und ordnungsgemäßen Aufnahme des Betriebs. Die Abhängigkeit des Bundes resultiert aus den fehlenden Einnahmen und den damit verbundenen wirtschaftlichen und politischen Opportunitätskosten.

Bei der Übertragung der Ideen der Transaktionskostentheorie auf Public Private Partnership sind natürlich die Besonderheiten der öffentlichen Hand zu beachten. Hier sollen zwei wesentliche Unterschiede betrachtet werden: Erstens verfolgt die öffentliche Hand regelmäßig eine andere Zielsetzung als Private; an die Stelle der Gewinnerzielung tritt (hoffentlich) das öffentliche Interesse. Zum zweiten unterliegt die Auswahl von Partnern strengeren Formvorschriften als in der Privatwirtschaft, namentlich den Vergabeordnungen.

Modelltheoretisch wird die Verfolgung des öffentlichen Interesses üblicherweise als Wohlfahrtsmaximierung interpretiert.[18] Die Wohlfahrtsmaximierung

---

17 Dies hängt nicht zuletzt von der Möglichkeit der späteren Erschließung weiterer Märkte ab.
18 Wohlfahrtsmaximierung bedeutet Maximierung des „sozialen Überschusses", sprich der Summe aus Produzentenrente und Konsumentenrente. Die Produzentenrente abzüglich der Fixkosten entspricht dem Unternehmensgewinn. Die Konsumentenrente lässt sich als Verbraucher(netto)nutzen interpretieren.

impliziert erstens einen Interessenkonflikt zwischen der öffentlichen Hand und privaten „Partnern". So sind für Dienstleistungen von allgemeinem wirtschaftlichen Interesse (synonym: „Leistungen der Daseinsvorsorge"), die regelmäßig unter monopolistischen oder monopolähnlichen Bedingungen angeboten werden, aus wohlfahrtsökonomischer Sicht kostendeckende Preise (Durchschnittskostenpreise) anzusetzen. Das Gewinninteresse privater Anbieter oder „Partner" erfordert dagegen höhere Preise, die jedoch nicht allokativ effizient sind. Demzufolge wären Private nur dann einzuschalten, wenn sie die allokative Effizienzminderung durch eine Steigerung der betrieblichen Effizienz im Vergleich zu einer rein öffentlichen Produktion überkompensieren. Der Zielkonflikt zwischen öffentlichen und privaten Zielen wird in der ökonomischen Literatur zumindest bei PPP in Form von Gemeinschaftsunternehmen jedoch gerade als eine Triebfeder betrieblicher Ineffizienz angesehen[19], so dass letzteres nicht unbedingt zu erwarten ist.

Zweitens schwächt das Wohlfahrtsziel unter Umständen die Verhandlungsposition der öffentlichen Hand gegenüber privaten „Partnern". Zwar konnten Bös[20] für den Fall einseitig spezifischer Investitionen des Anbieters und Bös/Lülfesmann[21] für den Fall beiderseitig spezifischer Investitionen zeigen, dass effiziente Verträge (in der Form sog. At-will contracts) möglich sind[22], wenn sich der Käufer wohlfahrtsmaximierend verhält, und zwar selbst dann, wenn Gerichte die zu erbringenden Leistungen nicht beurteilen können – vorausgesetzt, der Verkäufer ist nicht in der Lage, die Qualität zu variieren. Ist dagegen – wohl eher der Realität entsprechend – die Leistungsqualität variierbar, verschlechtert sich die Nachverhandlungsposition der öffentlichen Hand aufgrund ihrer Wohlfahrtsorientierung. Effiziente Verträge sind dann – anders als unter gewinnmaximierenden Vertragspartnern – nur unter speziellen Voraussetzungen, nicht aber generell möglich.[23]

Eine zweite relevante Besonderheit ist die Bindung der öffentlichen Hand an komplexe und risikoreiche Vergabevorschriften. Abgesehen von den dadurch bedingten besonders hohen Transaktionskosten bei öffentlichen Aufträgen, demonstriert Bös[24], dass der sog. Anbieterschutz im Rahmen der EU-Vergabevorschriften zu Verschwendung führt. Die Möglichkeit für unterlegene Bieter, Vergabeentscheidungen vor ordentlichen Gerichten anzufechten, verführt

---

19 Vgl. z.B. *Bös/Schneider (1996)*.
20 *Bös (2001a)*.
21 *Bös/Lülfesmann (1996)*.
22 Ein Vertrag ist im vorliegenden Kontext effizient, wenn er (a) den optimalen Investitionsanreiz liefert und (b) einen optimalen Tausch herbeiführt. Der Investitionsanreiz basiert natürlich auf dem zu erwartenden Tauschergebnis.
23 Vgl. *Bös/Lülfesmann (2001)*.
24 *Bös (2001b)*.

nicht nur den Gewinner der Ausschreibung, sondern auch alle Bieter, die sich vor Gericht eine Chance auf den Auftrag ausrechnen, zu spezifischen Investitionen. Die Investitionen derjenigen, die letztendlich scheitern, sind aber verschwendet. Darüber hinaus ist es unter dem beschriebenen Regime des Anbieterschutzes kaum möglich, den tatsächlichen Auftragnehmern einen effizienten Investitionsanreiz zu geben.

Welche Schlussfolgerungen lassen sich nun in Hinblick auf PPP ziehen? Zum einen impliziert die Einbeziehung privater Partner allein aufgrund der Vergabevorschriften vergleichsweise hohe (ex ante-)Transaktionskosten. Zum zweiten sind nach der endgültigen Auftragserteilung Nachverhandlungen und gerichtliche Auseinandersetzungen und damit hohe ex post Transaktionskosten zu erwarten, in denen die privaten Partner ihren (Ver-)Handlungsspielraum so weit wie möglich ausnutzen werden. Dies wirft nicht nur die Frage auf, ob der Begriff „Partnership" den hier behandelten Sachverhalt korrekt beschreibt. Vielmehr ist – so weit möglich – auch eine sorgfältige Ausarbeitung der Originalverträge bzw. Auswahl geeigneter Vertragstypen angezeigt, wodurch sich wiederum die ex ante-Transaktionskosten erhöhen.

Nach der Logik der Transaktionskostentheorie (und auch nach der Theorie der Verfügungsrechte) hat die private Seite stärkere Anreize, für sie vorteilhafte Verträge zu schließen und hart zu verhandeln bzw. nachzuverhandeln als die öffentliche Hand, da sich der Verhandlungserfolg im Unternehmensgewinn und z.B. in gewinnabhängigen Bonuszahlungen der betroffenen Managementebene widerspiegelt. Für die Vertreter der öffentlichen Hand haben wirtschaftlich vorteilhaftere Verhandlungsergebnisse regelmäßig keine finanziellen Konsequenzen. Davon würden die Steuerzahler profitieren, die dies jedoch nicht unmittelbar spüren. Dementsprechend dürfte es nicht verwundern, wenn die private Seite mehr Energie in die Vertragsverhandlungen steckte und systematisch bessere Berater und Verhandlungsführer gewänne als die öffentliche Hand. (Allein) Diese Anreizasymmetrie begründet Zweifel an der generellen Vorteilhaftigkeit von PPP für Steuer- und Gebührenzahler.

Selbst ohne die beschriebene Anreizasymmetrie geriete die öffentliche Hand schon aufgrund ihrer wohlfahrtsorientierten Zielsetzung unter bestimmten Umständen in eine vergleichsweise schlechte Verhandlungsposition. Auch aus diesem Grund weisen Verträge mit Privaten zum Zwecke des Outsourcing oder der Übernahme öffentlicher Aufgaben nicht das Einsparpotential auf wie entsprechende Abkommen unter Privaten. Mit anderen Worten: Die Therapie des Outsourcing, der Auslagerung von Tätigkeiten und Aufgaben, oder wie auch immer bezeichnet, wird der öffentlichen Hand voraussichtlich nicht so gut helfen wie Privaten – wenn überhaupt.

Leider sind wissenschaftlich solide Ergebnisse zum Outsourcing und zu PPP im öffentlichen Sektor rar.[25] Werfen wir deshalb einen Blick auf Befunde aus dem privaten Wirtschaftsleben. Nachdem in der jüngeren Vergangenheit viele Unternehmen des verarbeitenden Gewerbes, insbesondere um die Produktionskosten zu senken, ihre Fertigungstiefe senkten, zeigen sich zunehmend auch die Nachteile der Auslagerung. Als Nachteile werden von den betroffenen Unternehmen in Umfragen am häufigsten mangelnde Flexibilität und Qualität der Lieferanten sowie unerwartet hohe Koordinationskosten genannt. Offensichtlich gibt es auch einen systematischen Zusammenhang zwischen Fertigungstiefe und Entwicklungstiefe sowie den Umsatzrenditen. Unternehmen mit höheren Fertigungs- bzw. Entwicklungstiefen weisen tendenziell höhere Umsatzrenditen auf.[26]

Die Erfahrungen in der Privatwirtschaft mit der Verringerung der Leistungstiefe deuten also auf eine Überschätzung der damit verbundenen Vorteile sowie eine Unterschätzung der Transaktionskosten hin. Daher wäre der öffentliche Sektor gut beraten, wenn er die Wirkungen der Übertragung öffentlicher Aufgaben auf private Unternehmen, insbesondere vor dem Hintergrund seiner spezifischen Ziele, realistischer sähe.

IV. Public Private Partnerships aus der Sicht der Neuen Politischen Ökonomie

Bürger bzw. Wähler müssten ein grundsätzliches Interesse an der wirtschaftlichen Erfüllung öffentlicher Aufgaben haben, weil die wirtschaftliche Aufgabenerfüllung die Kosten und damit die durchschnittliche Steuer- und Gebührenbelastung senkt und/oder die Qualität der öffentlichen Leistungen erhöht. Wären Politiker und Bürokraten perfekte Agenten der Bürger bzw. gäbe es kein Staatsversagen, müssten sich diese Wählerinteressen im Verhalten der öffentlichen Hand niederschlagen.

---

25 Dem Verfasser ist lediglich eine Untersuchung bekannt, in der auf kommunaler Ebene die Transaktionskosten bei Fremdbezug in ausgewählten Bereichen quantifiziert werden (vgl. *Scholl/Thöne (1998)*). Danach erreichen die Transaktionskosten bis zu 30 % der Gesamtkosten.
Der empirische Befund zu gemischtwirtschaftlichen Unternehmen deutet darauf hin, dass sich diese bezüglich Profitabilität und betrieblicher Effizienz ungefähr auf dem Niveau öffentlicher Unternehmen bewegen (vgl. *Mühlenkamp (1999)*, S. 126 f., und die dort angegebene Literatur). Demzufolge scheint diese Form der PPP im Durchschnitt keine Verbesserung zu bringen.

26 Vgl. *Kinkel (2004)* und die dort angegebene Literatur.

Es ist jedoch im Grunde unrealistisch anzunehmen, Politiker und mit der Umsetzung politischer Vorgaben befasste Bürokraten seien ideale Beauftragte der Wähler und hätten per se Interesse an einem effizienten öffentlichen Sektor. Nach der in der Tradition von Downs[27] stehenden Literatur sind Politiker an Wählerstimmen interessiert, während Bürokraten – sofern man Niskanen[28] folgt – ein möglichst großes Budget erreichen wollen. Infolgedessen existiert hier ein typisches Prinzipal-Agent-Problem: Wähler beauftragen Politiker mit der Wahrnehmung ihrer Interessen, und Politiker beauftragen Bürokraten mit der Umsetzung politischer Ziele. Die Ziele zwischen Auftraggebern (Prinzipale) und Auftragnehmern (Agenten) stimmen jedoch nicht überein.

Infolgedessen müssten Wähler Politiker und Politiker Bürokraten kontrollieren.[29] Die Kontrolle kann jedoch nicht kostenlos erfolgen. Sie erfordert Zeit, Mühe usw. Der Nutzen aus der Kontrolle ist für den Einzelnen regelmäßig gering. So wird das individuelle Entscheidungskalkül üblicherweise gegen eine intensive Kontrolle sprechen: Ein Wähler, welcher alle relevanten Informationen sammelt, an andere Wähler weitergibt und regelmäßig zur Wahl geht, muss viel Mühe und Zeit aufwenden, hat jedoch aufgrund seines fast nicht ins Gewicht fallenden Stimmenanteils kaum Möglichkeiten zur Beeinflussung einer Wahl. Selbst, wenn er sie hätte, würden zwar alle Wähler davon profitieren, sein eigener Nutzen würde jedoch nicht oder kaum die persönlichen Kosten übersteigen. Ähnliches gilt für Politiker: Ein Politiker, der die Administration effektiv kontrolliert, hat Kosten, aber kaum persönlichen Nutzen. Ein Großteil des Nutzens seiner Bemühungen würde vermutlich bei seiner Partei bzw. den Parteikollegen anfallen. Mit anderen Worten: Politische Kontrolle ist ein sog. öffentliches Gut, daher ist aus ökonomischer Sicht zu erwarten, dass zu wenig politische Kontrolle stattfindet. Infolgedessen eröffnen sich für Politiker und Bürokraten Handlungsspielräume zur Verfolgung eigener Interessen.

Schlimmer noch: Jedem einzelnen Wähler muss zwar grundsätzlich an einem wirtschaftlich handelnden Staat gelegen sein, gleichzeitig profitiert er jedoch unter Umständen von den Ausgaben des Staates. Öffentlich Bedienstete werden im Zweifelsfall eigene Lohnerhöhungen einem Programm zur Ausgabenreduktion vorziehen. Gleiches gilt z.B. für die Nutznießer von Sozialtransfers, Subventionen und öffentlichen Aufträgen. Wenn es nun einer Gruppe gelingt, die gesamten oder wenigstens einen großen Teil der Kosten der eigenen Inter-

---

27 *Downs (1957)*.
28 *Niskanen (1971)*.
29 Von der Möglichkeit, Anreizverträge abzuschließen soll hier abstrahiert werden. Im Grunde müsste man dann das Gehalt von Politikern und Bürokraten an die von ihnen erzeugte Wohlfahrt koppeln. Zur praktischen Unmöglichkeit dieses Unterfangens vgl. z.B. *Bös (1991)*, S. 100 ff.

essen anderen Bevölkerungsteilen anzulasten, wird das Interesse dieser Gruppe an einer staatlichen Ausgabenexpansion größer sein als an einem insgesamt wirtschaftlichen Staatsgebaren.

Vor diesem Hintergrund lohnt es sich also für bestimmte Gruppierungen, politische Entscheidungen in ihrem Interesse zu beeinflussen. Damit findet in einem gewissen Sinne doch eine Kontrolle oder Beeinflussung von Politikern statt, die allerdings eher mit steigenden als mit sinkenden staatlichen Ausgaben verbunden ist. Da verschiedene Interessen unterschiedlich gut zu organisieren sind, werden bestimmte Interessen gut und andere weniger gut oder gar nicht vertreten.[30]

Die eben getroffenen Aussagen liefern nicht nur eine Beschreibung des politischen Prozesses in westlichen Demokratien im allgemeinen, sie sind auch speziell für Public Private Partnership relevant. Weil sich der Staat eben nicht neutral gegenüber den verschiedenen einzelnen Interessen verhält, ist es für die tatsächlichen oder potentiellen Empfänger öffentlicher Aufträge bzw. „Partner" u.U. lohnend, auf den Staat einzuwirken. So ist möglicherweise opportunistisches Verhalten im Sinne der Transaktionskostentheorie gar nicht notwendig, wenn es über politische Einflussnahme gelingt, bei öffentlichen Aufträgen – sei es im Rahmen von Einzelverträgen oder über generelle Regelungen wie die Verdingungsordnungen[31] und Regulierungsregeln[32] – günstige Vertrags- bzw. Betätigungskonditionen zu erhalten. Mit anderen Worten: Inwieweit PPP zu kostengünstigeren und wirtschaftlicheren Leistungen als die staatliche Eigenfertigung führen, hängt maßgeblich davon ab, ob es gelingt, den politischen Einfluss der privaten „Partner" zu begrenzen. Wenn dies nicht gelingt, ist aus polit-ökonomischer Sicht kaum zu erwarten, dass PPP zu

---

30 Vgl. hierzu *Olson (1965)*.
31 Vielleicht lassen sich dadurch z.B. die gegenüber den Vorschriften des Bürgerlichen Gesetzbuches (BGB) schlechteren Konditionen für Bauherren bei Anwendung der Verdingungsordnung für Bauleistungen (VOB) erklären. Beispielsweise beträgt gemäß § 634a Abs. 1 Nr. 2 BGB die Gewährleistungsfrist für Bauleistungen 5 Jahre. Nach einer eventuellen Mängelbeseitigung gilt für diese wiederum eine Gewährleistungsfrist von 5 Jahren (§ 634). Nach § 13 Nr. 4 VOB Teil B betrug die Verjährungsfrist für Bauwerke bis 2002 lediglich 2 Jahre. Erst seit Inkrafttreten der VOB 2002 beträgt die Verjährungsfrist dort nunmehr 4 Jahre. Für Mängelbeseitigungsleistungen gilt jedoch nur eine zweijährige Gewährleistung (§ 13 Nr. 5 Abs. 1 VOB 2002 Teil B).
32 In der ökonomischen Theorie wird das Phänomen der Einflussnahme von Unternehmen (und anderen Interessengruppen) auf die öffentliche Hand seit mindestens gut 30 Jahren analysiert. Die ersten Beiträge in dieser Richtung sind wohl auf dem Gebiet der Regulierungstheorie verfasst worden (vgl. *Stiegler (1971)*, *Posner (1975)*, *Peltzman (1976)* und *Williamson (1976)*.

geringeren Staatsausgaben und Gebühren führen als die öffentliche Produktion.[33]

Denkbar ist sogar eine Interessenharmonie von Politikern, Bürokraten bzw. Beschäftigten und privaten Partnern. Politiker dürften unter dem Gesichtspunkt der Wählerstimmengewinnung an der Schaffung bzw. am Erhalt von Arbeitsplätzen interessiert sein. Bürokraten bzw. Beschäftigte teilen dieses Ziel. Private Partner dagegen möchten Gewinne erzielen. Wenn es den Beteiligten gelingt, eine Public Private Partnership unter monopolartigen Bedingungen zu betreiben, kann den Interessen aller drei Gruppieren zu Lasten der Kunden, die überhöhte Preise zahlen, und der Steuerzahler, die eventuelle Defizite tragen müssen, gedient werden.[34]

Insgesamt stimmt eine polit-ökonomische Betrachtung von PPP wenigstens in Hinblick auf Effizienzziele nicht sehr optimistisch. Anstelle des tatsächlich oder vermeintlich ineffizienten Staates werden private Anbieter mit Hilfe legaler und auch illegaler (insbesondere Korruption) Maßnahmen versuchen, in monopolistisch strukturierte Märkte einzudringen und dabei mit nicht geringen Erfolgsaussichten versuchen, die Vertrags- bzw. Regulierungskonditionen über politische Kanäle zu ihren Gunsten zu beeinflussen.

V. Fazit

Im vorliegenden Beitrag wurden Public Private Partnerships aus der Perspektive der Transaktionskostentheorie und der Sicht der sog. Neuen Politischen Ökonomie analysiert. Ausgangspunkt der Betrachtung ist die Überlegung, dass Aktivitäten der öffentlichen Hand – aus normativer ökonomischer Sicht – Marktversagen bzw. Marktunvollkommenheiten voraussetzen. Die Aufgabe der öffentlichen Hand besteht dann in der Beseitigung von Marktunvollkommenheiten – soweit möglich.

Da entsprechend der der positiven ökonomischen Theorie zuzuordnenden sog. Neuen Politischen Ökonomie neben Marktversagen auch Staatsversagen existiert, stellen Marktunvollkommenheiten keine ausreichende Bedingung für staatliche Aktivitäten dar. Vielmehr muss darüber hinaus sichergestellt sein, dass staatliche Aktivitäten wenigstens zu einer Verbesserung der Marktergebnisse führen. Diesem Postulat unterliegt natürlich auch der Einsatz privater Partner zur Erfüllung öffentlicher Aufgaben.

---

33 Man müsste erwarten, dass private Unternehmen betrieblich effizienter agieren als öffentliche Einrichtungen, aber Preise durchsetzen, die nicht unbedingt unter den Kosten der öffentlichen Produktion liegen.
34 So argumentieren auch *Bös/Schneider (1996)*.

Es wurde dargelegt, dass es grundsätzlich möglich ist, (nahezu) alle öffentlichen Aufgaben mit Hilfe von privaten Partnern wahrzunehmen. Daraus ist jedoch nicht automatisch zu folgern, dass dies immer sinnvoll ist. Ein fundamentales Entscheidungskalkül liefert die – ursprünglich auf den privaten Sektor bezogene – Transaktionskostentheorie. Nach dem Verständnis der Transaktionskostentheorie reicht ein Vergleich der Produktionskosten und eventuell der Nutzen von öffentlichen Leistungen im Falle einer öffentlichen Produktion mit denen einer privaten Produktion nicht aus. Vielmehr sind neben den Produktionskosten auch die Transaktionskosten infolge der Vertragsanbahnung, des Vertragsabschlusses, der Vertragsüberwachung und der Vertragsdurchsetzung zu beachten. Die Einbeziehung privater Partner ist also aus der Perspektive der Transaktionskostentheorie nur dann angebracht, wenn die Summe aus Produktions- und Transaktionskosten geringer ist als bei einer rein öffentlichen Aufgabenwahrnehmung.

Die Höhe der Transaktionskosten hängt vor allem von der Spezifität des für eine Transaktion einzusetzenden Kapitals ab. Grundsätzlich sagt die Transaktionskostentheorie, dass mit zunehmendem Umfang spezifischen Kapitals eher integrierte Lösungen bzw. das institutionelle Arrangement „Hierarchie" zu wählen ist. PPP sind demnach bei spezifischen Investitionen bzw. großer Abhängigkeit von der Einhaltung des Vertrags bzw. vom Zustandekommen der ursprünglich geplanten Transaktionsbeziehung problematisch. Demzufolge ist es z.B. einfacher, Reinigungsdienstleistungen als Klärwerke oder Armeen privaten Anbietern zu überlassen.

Nun ist in der einschlägigen Literatur, die von gewinnorientierten privaten Vertragspartnern ausgeht, herausgearbeitet worden, dass sich spezifische Investitionen grundsätzlich durch bestimmte Vertragsformen besichern lassen, so dass zur Gewährleistung spezifischer Investitionen nicht in jedem Fall eine Hierarchie notwendig ist. Übertragen auf öffentliche Aufgaben scheint dieses Ergebnis auf den ersten Blick zu implizieren, dass die Einschaltung Privater bei der Erfüllung öffentlicher Aufgaben ebenfalls ein entsprechend lösbares vertragliches Problem darstellt. Sofern sich die öffentliche Hand anstelle der Gewinnerzielung der Wohlfahrtsmaximierung verschreibt, verfügt sie jedoch über einen geringeren (Ver-)Handlungsspielraum als Private, mit der Folge, dass sie unter Umständen keine effizienten Verträge abzuschließen vermag. Nicht zu vergessen ist ferner die Anreizasymmetrie zwischen öffentlichen und privaten Vertragspartnern zur Nutzung der Möglichkeiten zur Besicherung spezifischer Investitionen und bei Nachverhandlungen. Infolgedessen ist zu erwarten, dass Verträge zwischen der öffentlichen Hand und Privaten tendenziell zu ungunsten der öffentlichen Hand ausfallen.

Überlegungen der Neuen Politischen Ökonomie unterstreichen diesen Aspekt. Danach dient das staatliche Budget Politikern zur Gewinnung von Wählerstimmen und Bürokraten zur Befriedigung ihrer Bedürfnisse. Wählerstimmen werden durch die Bedienung von Interessengruppen gewonnen. Da sich Interessen zur Aneignung von Teilen des staatlichen Budgets leichter organisieren lassen als das allgemeine Interesse an einem wirtschaftlich handelnden Staat, ist letztgenanntes Ziel kaum erreichbar. Bei der Frage, ob staatliche Aufgaben durch die öffentliche Hand selbst oder durch Beauftragung von oder Kooperationen mit Privaten wahrgenommen werden sollen, rivalisieren eventuell die Interessen öffentlich Bediensteter mit den Interessen potentieller Auftragnehmer respektive Kooperationspartner. Bildlich gesprochen wollen beide Gruppierungen einen möglichst großen Teil vom öffentlichen Budgetkuchen. Denkbar sind jedoch auch Koalitionen von Politikern, öffentlichen Bediensteten und Privaten im Rahmen von PPP. Insofern stellt sich die Frage, ob die Therapie PPP nicht schlimmer ist als die Krankheit. Statt durch Politiker und öffentliche Bedienstete könnten die Steuerzahler und Bürger durch die von staatlichen Aufgaben lebenden Privatanbieter oder sogar von einer „großen Koalition" aus Politikern, Bürokraten und privaten Leistungserbringern ausgebeutet werden.

Man kann darüber streiten, ob das skizzierte Szenario pessimistisch oder realistisch ist. Auf jeden Fall wird man davon ausgehen dürfen, dass PPP in vielen Fällen nicht die erhofften oder versprochenen Heilkräfte entfalten werden.

Literaturverzeichnis

Böckem/Schiller (2004): S. Böckem u. U. Schiller, Transfer Pricing and Hold-Ups in Supply Chains, in: German Economic Review, Vol. 5, No. 2, S. 211-230.

Bös (1991): D. Bös, Privatization – A Theoretical Treatment, Oxford 1991.

Bös (2001a): D. Bös, Incomplete Contracts in Public Procurement, in: T. Negishi, R.V. Ramachandran u. K. Mino (Hrsg.): Economic Theory, Dynamics and Markets – Essays in Honor of Ryuzo Sato, Kluwer, Boston-Dordrecht-London 2001, S. 105-119. [*www.fiwi.uni-bonn.de*]

Bös (2001b): D. Bös, A Note on Public Procurement – Separation Between Award and Actual Contract, Bonn. [*www.fiwi.uni-bonn.de*]

Bös/Lülfesmann (1996): D. Bös u. C. Lülfesmann, The Hold-up Problem in Government Contracting, in: Scandinavian Journal of Economics, Vol. 98, No. 1, S. 53-74.

Bös/Lülfesmann (2001): D. Bös u. C. Lülfesmann, Holdups, Quality Choice, and the Achilles' Heel in Government Contracting, Bonn Econ Discussion Paper 28/2001, Bonn. [*www.bgse.uni-bonn.de*]

Bös/Schneider (1996): D. Bös u. F. Schneider, Private Public Partnership – Gemeinschaftsunternehmen zwischen Privaten und der öffentlichen Hand, in: Zeitschrift für Unternehmens- und Gesellschaftsrecht, 25. Jg., H. 3, S. 519-543.

Coase (1937): R. H. Coase, The Nature of the Firm, in: Economica, Vol. 4, S. 386-405.

Downs (1957): A. Downs, An Economic Theory of Democracy, New York 1957.

Edlin/Reichelstein (1996): A. S. Edlin u. S. Reichelstein, Holdups, Standard Breach Remedies, and Optimal Investment, in: American Economic Review, Vol. 86, No. 3, S. 478-501.

Fritsch u.a. (2003): M. Fritsch, T. Wein u. H.-J. Ewers, Marktversagen und Wirtschaftspolitik – Mikroökonomische Grundlagen staatlichen Handelns, 5. Aufl., München 2003.

Kinkel (2004): S. Kinkel, Das Rad nicht zu weit drehen – Von der Suche nach der wirtschaftlich sinnvollen Leistungstiefe, in: ifo-Schnelldienst, H. 7/2004, S. 10-14.

Mühlenkamp (1999): H. Mühlenkamp, Eine ökonomische Analyse ausgewählter institutioneller Arrangements zur Erfüllung öffentlicher Aufgaben, Baden-Baden 1999.

Mühlenkamp (2002): H. Mühlenkamp, „Marktversagen" als ökonomische Begründung für Interventionen der öffentlichen Hand, in: R. Hrbek u. M. Nettesheim, Europäische Union und mitgliedschaftliche Daseinsvorsorge, Baden-Baden, S. 65-78.

Niskanen (1971): W. A. Niskanen, Bureaucracy and Representative Government, Chicago 1971.

Nöldecke/Schmidt (1995): G. Nöldecke u. K. M. Schmidt, Option Contracts and Renegotiation – A Solution to the Hold-up Problem, in: RAND Journal of Economics, Vol. 26, No. 2, S. 163-179.

Olson (1965): M. Olson, The Logic of Collective Action – Public Goods and the Theory of Groups, Cambridge, MA 1965.

Peltzman (1976): S. Peltzman, Towards a More General Theory of Regulation?, in: Journal of Law and Economics, Vol. 19, S. 211-240.

Posner (1975): R. A. Posner, The Social Costs of Monopoly and Regulation, in: Journal of Political Economy, Vol. 3, S. 803-827.

Schäfer/Ott (2000): H.-B. Schäfer u. C. Ott, Lehrbuch der ökonomischen Analyse des Zivilrechts, 3. Aufl., Berlin u.a.

Scholl/Thöne (1998): R. Scholl u. M. Thöne, Eigenerstellung oder Fremdbezug kommunaler Leistungen – Theoretische Grundlegung, empirische Untersuchungen, Stuttgart 1998.

Schuppert (2001): G. F. Schuppert, Grundzüge eines zu entwickelnden Verwaltungskooperationsrechts – Regelungsbedarf und Handlungsoptionen eines Rechtsrahmens für Public Private Partnership, Gutachten im Auftrag des Bundesministeriums des Innern, 2001.

Stiegler (1971): G. J. Stiegler, The Theory of Economic Regulation, in: Bell Journal of Economics and Management Science, Vol. 2, S. 137-146.

Villalonga. (2000): B. Villalonga, Privatization and Efficiency – Differentiating Ownership Effects from Political, Organizational, and Dynamic Effects, in: Journal of Economic Behavior and Organization, Vol. 42, S. 43-74.

Williamson (1975): O. E.. Williamson, Markets and Hierarchies, New York/London 1975.

Williamson (1976): O. E. Williamson, Franchise Bidding for Natural Monopolies – In General and with Respect to CATV, in: Bell Journal of Economics, Vol. 7, No. 1, S. 73-104.

Williamson (1985): O. E. Williamson, The Economic Institutions of Capitalism, New York 1985.

Williamson (1991): O. E. Williamson, Comparative Economic Organization – The Analysis of Discrete Structural Analysis, in: Administrative Science Quarterly, Vol. 36, S. 269-296.

Ziekow (2003): J. Ziekow (Hrsg.), Public Private Partnership – Projekte, Probleme, Perspektiven, Speyer 2003.

Zweites Kapitel:

Verbreitung von PPP
in Deutschland

Detlef Sack

Eine Bestandsaufnahme der Verbreitung, Regelungen und Kooperationspfade vertraglicher PPP in Deutschland – Effizienz, Kooperation und relationaler Vertrag

Gliederung

I. Vertragliche PPP auf der Agenda – Einleitung
II. Dimensionen vertraglicher PPP – Definition
III. In allen Aufgabenfeldern PPP? – Zur quantitativen Verbreitung vertraglicher PPP
IV. Personen, Kommissionen und Beiräte – Fallbeispiele vertraglicher PPP
V. Regelungen, Motive und Kooperationsszenarien – Aspekte sektorübergreifender Kooperation
VI. Kapazitäten öffentlicher Verwaltungen – Schlussfolgerungen
Literaturverzeichnis

I. Vertragliche PPP auf der Agenda – Einleitung

Anfang April 2004 wurde im Deutschen Bundestag ein gemeinsamer Antrag der Fraktionen von SPD und Bündnis90/Die Grünen debattiert. Gegenstand war die Förderung Öffentlich Privater Partnerschaften (ÖPP) als „ein wichtiger Baustein bei der Modernisierung unseres Staatswesens". ÖPP sollen sich – neben der Entwicklungszusammenarbeit – vor allem im Verkehrsinfrastrukturbereich, im öffentlichen Hoch- und Tiefbau, im eGovernment, im Bereich Soziale Dienste, im Verteidigungs- sowie im Forschungs-, Bildungs- und Kulturbereich entwickeln. Die rechtlichen Rahmenbedingungen für ÖPP seien zu überprüfen, eine entsprechende Implementierungsstrategie zu entwickeln sowie ÖPP-Kompetenz- und Servicestrukturen zu schaffen, dezentrale ÖPP-Servicestäbe einzurichten und ein bundeseinheitlicher Wirtschaftlichkeitsvergleich einzurichten.[1] Während sich die Aufmerksamkeit in den späten 1980er und frühen 1990er Jahren eher auf organisatorische Public Private Partnerships (PPP) vor allem im Sinne gemischtwirtschaftlicher Unternehmen, z.B. in

---
1 BT-Drucksache 15/1400.

der Stadtentwicklung oder in diversen Infrastrukturbereichen, richtete, so ist die neue Thematisierung von PPP durch ein anderes Verständnis geprägt: Öffentlich Private Partnerschaften werden vor allem als langfristige Vertragsbeziehungen zwischen Verwaltung und Unternehmen verstanden.[2]

Der Antrag zur Förderung Öffentlich Privater Partnerschaften bettet sich in eine Vielzahl bundes- oder einzelstaatlicher Initiativen zur Förderung von PPP ein, die seit Ende der 1990er Jahre initiiert wurden. Zu nennen sind hier insbesondere die Tätigkeit einer entsprechenden Lenkungsgruppe beim Bundesministerium für Bau, Wohnungswesen und Verkehr (BMVBW), die im August 2003 in die Vorlage eines breit rezipierten praxisorientierten Gutachtens zu „PPP im öffentlichen Hochbau" mündete[3], die gutachterliche Überprüfung des Verwaltungsverfahrensrechts hinsichtlich öffentlich-privater Kooperation im Rahmen des 1999 aufgesetzten Programms „Moderner Staat – Moderne Verwaltung", die 2002 beim nordrhein-westfälischen Finanzministerium eingerichtete PPP-Task Force sowie eine Fülle von Leitfäden und Ausschreibungen, die aus einem Netzwerk von Organisationen wie der Verwaltungshochschule in Speyer, der Bertelsmann-Stiftung, der Arbeitsgemeinschaft für wirtschaftliche Verwaltung, organisationsübergreifenden Zusammenschlüssen wie beispielsweise der D21-Initiative oder dem Anfang 2004 gegründetem Bundesverband PPP, Industrie- und Bauverbänden sowie Unternehmensberatungen initiiert wurden.

Auch wenn hinsichtlich der institutionellen Förderung von PPP im deutschen Kontext angesichts einer offenkundigen Fragmentierung nach wie vor von

---

2 Diese Auffassung orientiert sich vordergründig an dem Beispiel des britischen Programms „Private Finance Initiative" (PFI). Dieses wurde 1992 von der damaligen konservativen britischen Regierung ins Leben gerufen, um den Infrastrukturbedarf im öffentlichen Sektor durch die Mobilisierung privaten Kapitals und Wissens zu bewältigen. Nach einer Revision wurde das Programm von der seit 1997 regierenden Labour-Regierung fortgeführt. In der Perspektive von „New Labour" – und daran lehnt sich beispielsweise die Argumentation in der entsprechenden Arbeitsgruppe der SPD-Bundestagsfraktion explizit an – war PFI ein Instrument, um dem politischen Ziel näher zu kommen, der „legacy of under-investment" zu begegnen und die Versorgung der britischen Bevölkerung mit essentiellen Dienstleistungen und Gütern, sei es im Transport-, Gesundheits- oder Bildungsbereich, zu verbessern. Nach Einschätzung des britischen Finanzministeriums eignet sich PFI insbesondere für Projekte, bei denen dem privaten Sektor auf der Basis langfristiger Verträge nicht nur die Realisierung und Aufrechterhaltung von Infrastrukturen, sondern auch deren Betrieb und die entsprechenden Dienstleistungen, vor allem jedoch die Risiken, festgeschriebene Standards zu erfüllen, Mehrkosten zu finanzieren und Zeitpläne einzuhalten, übertragen werden können (*HM Treasury (2003)*).
3 *BMVBW (2003).*

einer „zerklüfteten Landschaft"[4] die Rede sein muss, so zeigt sich insgesamt, dass in den letzten Jahren eine Debatte um die Rolle und das Leistungsvermögen vertraglicher PPP im Öffentlichen Sektor vorangetrieben wurde. In diesem Zusammenhang zielt der vorliegende Artikel darauf ab, einen Überblick über die Verbreitung von Vertrags-PPP in Deutschland zu geben, beispielhaft entsprechende Vertragsvereinbarungen vorzustellen, um abschließend Kooperationserfahrungen und mögliche Entwicklungspfade ebenso zu skizzieren wie Anforderungen, die sich im Rahmen von Vertrags-PPP stellen.

II. Dimensionen vertraglicher PPP – Definition

Grundsätzlich sind PPP in ihrer Gesamtheit als dauerhafte Kooperation zwischen Akteuren unterschiedlicher institutioneller Herkunft und Prägung zu definieren, die zwecks Ereichung eines als gemeinsam definierten Ziels zusammenarbeiten, ggf. eine gemeinsame Einrichtung (z.B. eine GmbH, einen Verein oder einen Verbund) gründen, jedoch ihre ursprüngliche organisatorische Eigenständigkeit behalten. Davon ausgehend ist eine Reihe von Begriffsbestimmungen vorgestellt worden.[5] Diese Definitionsangebote lassen sich dahingehend zusammenfassen, dass eine Analyse öffentlich privater Kooperation zumindest die fünf folgenden Untersuchungsdimensionen einzubeziehen hat: Eigenständige Akteure erwägen und realisieren aufgrund individueller Zieldefinitionen eine sektorübergreifende Zusammenarbeit, bleiben jedoch organisatorisch autonom und damit auch ihren institutionellen Normen, Rollen und Routinen verhaftet (*Akteursdimension*). Die Dimension der *Kooperation* beinhaltet die Beziehungen der Akteure sowie deren Formalisierungsgrad und -ausprägung. Hier wird die *Funktion* der PPP festgelegt, d.h. der Gegenstand der PPP sowie die Zielsetzung, die gemeinsam verfolgt wird. Die Kooperation erstreckt sich über unterschiedliche *Phasen*, die sich – in Anlehnung an zyklische Modelle von Entscheidungsprozessen[6] – in eine Vor-Kontakt-Phase, ggf. eine gemeinsame Initialisierung, eine Verhandlungs-, eine gemeinsame Arbeits-, Realisierungs- und Überprüfungsphase unterteilen lassen. Schließlich sind PPP sektorübergreifende Kooperationen, die in einen *institutionellen Kontext* eingebettet, d.h. mit rechtlichen Rahmenbedingungen konfrontiert sind, wie etwa den Erfordernissen des Vergabe- und Haushaltsrechts oder aber aufgabenspezifischenden Regelungen, bereichsspezifischen Marktstrukturen sowie politisch-gesellschaftlichen Debatten um Fragen der Leistungsdefinition und -erbringung.

---

4 *Sack (2003)*.
5 Z.B. *Kouwenhoven (1993)*; *Budäus/Grüning (1997)*; *Klijn/Teisman (2000)*.
6 Zusammenfassend *Quinn/Cameron (1983)*.

Mit Blick auf diese fünf Analysedimensionen (Akteurs-, Kooperations-, Funktions-, Phasen- und Kontextdimension) unterscheiden sich Formen öffentlich-privater Kooperation insbesondere bezüglich der Gestaltung der dauerhaften Akteursbeziehungen und der Aufgabenbeschreibung: Gegenüber PPP, bei denen die Finanzierung von Gütern und Dienstleistungen im öffentlichen Sektor im Vordergrund steht, und gegenüber öffentlich-privaten Kooperationen, die eine gemeinsame Organisation gründen, zeichnen sich vertragliche PPP durch die (relative) Gegenstands- und Zeitbegrenzung ihrer Funktion aus, d.h. es werden i.d.R. zeitlich befristete und sachlich weitgehend, aber inhaltlich nicht vollständig bestimmte Projekte bearbeitet. Die Kooperationsdimension vertraglicher PPP ist durch eine Prinzipal-Agent-Beziehung geprägt, insofern die öffentliche Verwaltung als Auftraggeber fungiert, während der private Auftragnehmer für die Umsetzung der Ziele zuständig ist.[7] Charakterisiert sind diese öffentlich-privaten Kooperationsbeziehungen, die auch als komplexes Contracting-out bezeichnet werden, durch die Existenz unvollständiger bzw. relationaler Verträge.[8] Dadurch werden häufige Verhandlungen oder – in einem anderen Sprachgebrauch – „Partnerschaftsbeziehungen" notwendig. Planung, Realisierung, Erhalt und Betrieb der jeweiligen Projekte, z.B. Straßenabschnitte, Gebäude oder eine IT-Dienstleistung, machen die dauernde Abstimmung zwischen Auftraggeber und -nehmer notwendig; diese häufige Kooperation wird vertraglich bereits festgelegt.[9,10]

---

7   Die entsprechenden Betreiber- und Konzessionsmodelle unterscheiden sich insbesondere dadurch, dass im ersten Fall das Risiko der Refinanzierung durch die Nutzung beim (öffentlichen) Auftraggeber liegt, während im zweiten Fall der private Betreiber direkt auf die Entgelte der Nutzer/innen angewiesen ist.
8   Diesem in der Transaktionskostenökonomik entwickelten Vertragskonzept ist eigen, dass die einzelne Transaktion Teil einer dauerhaften Vielzahl von Tauschvorgängen ist, deren Umfang und Ausprägung nicht ex ante detailliert und vollständig definiert werden kann, sondern (auch) einem prozessualen Definitionsprozess unterliegt (*Voigt (2002)*, S. 111).
9   *Budäus (2003)*, S. 219-220; *Budäus (2004)*, S. 16-17.
10 Auch wenn der folgende Artikel insbesondere auf die Verteilung und Ausprägung vertraglicher PPP in Deutschland eingeht, so bleibt – im Vorgriff auf die empirischen Ergebnisse – hinsichtlich der Definition von PPP jedoch auch festzuhalten, dass die häufig angemerkte Unschärfe der entsprechenden Debatte und das „Schillernde" des PPP-Begriffs auch dadurch begründet ist, dass sich die Vertrags- und Beziehungsgefüge empirisch vorfindlicher Kooperationsformen häufig einer strengen Typisierung entziehen, dass sich in unterschiedlichen Ausmaßen Elemente finanzieller, organisatorischer und vertraglicher PPP vermischen (für ein beispielhaftes Vertragsgefüge im eGovernment siehe *Schellenberg u.a. (2001)*).

III. In allen Aufgabenfeldern PPP? – Zur quantitativen Verbreitung vertraglicher PPP

Hinsichtlich der aktuellen Verbreitung unspezifisch definierter Formen öffentlich-privater Kooperationen weist zunächst eine Umfrage des Deutschen Städtetags unter seinen Mitgliedstädten aus, dass im ersten Halbjahr 2002 53 % der antwortenden Verwaltungen PPP/PFI-Projekte durchführten; dies galt – damit ist die Streuung dargestellt – für 100 % der hessischen Städte, die antworteten, und für 33 % der nordrhein-westfälischen.[11] PPP sind in deutschen Städten und Gemeinden offenkundig ein relevantes Thema. Dieser Verbreitungsgrad markiert einen Entwicklungsstand zu Beginn der laufenden Dekade, der aus drei kumulierenden Phasen (bundes-)deutscher PPP-Entwicklung hervorgeht: Öffentlich-private Kooperationen haben sich in den 1980er Jahren zunächst in einem „bottom-up-Prozess" entwickelt, d.h. lokale Akteure in Städten und Gemeinden haben insbesondere in der Stadtentwicklungspolitik im Rahmen interkommunaler Standortkonkurrenz „große Projekte" mit privaten Unternehmen initiiert. In den 1990er Jahren hat sich dann aufgrund der Liberalisierungspolitik der Europäischen Union und des Bundes in wichtigen Infrastruktursektoren sowie einer Förderpolitik für öffentlich-private Kooperationen in der regionalen und kommunalen Strukturpolitik ein neuer, nun „von oben" induzierter Schub für die Verbreitung von PPP ergeben. Dieser wurde durch die seit Ende der 1990er Jahre begonnenen und aktuell in der Realisierung befindlichen PPP-Förderinitiativen von Bund und Ländern, die eingangs angesprochen wurden, verstärkt.[12] Während sich nun neue PPP im Gründungsprozess befinden – mithin eine stetige Verbreitung von PPP unterstellt werden könnte –, gibt es jedoch auch Indizien dafür, dass diese Entwicklung durchaus diskontinuierlich verlaufen könnte: Im November/Dezember 2003, mittlerweile war das Scheitern der PPP zwischen BMVBW und dem Konsortium „Toll Collect" in der öffentlichen Diskussion, wurde dann von der Mummert Consulting und der Zeitschrift „Innovative Verwaltung" eine Umfrage durchgeführt, nach der nur jede zehnte öffentliche Verwaltung PPP-Projekte im Jahr 2004 forcieren wollte.[13]

Wenn man die fachwissenschaftliche Diskussion zum Thema PPP seit Beginn dieser Dekade betrachtet, dann fallen spezifische Schwerpunktsetzungen in

---

11 Es wurden 235 Städte angefragt, die Rücklaufquote betrug ca. 80 %.
12 *Sack (2003)*, S. 358-361.
13 Aufgrund der Methode ist diese nur eingegrenzt aussagekräftig: Im Rahmen der Online-Umfrage antworteten 97 „Fach- und Führungskräften aus dem öffentlichen Sektor" (*Wollenweber (2004)*, S. 10).

den entsprechenden Organisationen[14] und auf den jeweiligen Tagungen[15] ins Auge. Neben dem häufigen Bezug auf das britische PFI-Beispiel sowie der Thematisierung rechtlicher und finanzieller Aspekte werden *durchgängig* die Bereiche Verkehr und öffentlicher Hochbau (Schulen, Verwaltungsgebäude, Justizvollzugsanstalten) angeführt, in denen öffentlich-private Kooperationen umgesetzt werden sollen. Häufige Thematisierungen erfahren PPP in den Bereichen Verteidigung und Innere Sicherheit, eGovernment und IT-Dienstleistungen, im Entsorgungs- und Infrastrukturbereich, in den Feldern Kultur, Sport und Freizeit sowie Bildung und Forschung. Vereinzelt werden öffentlich-private Kooperationen im Bereich Gesundheit und Soziales und in der Entwicklungspolitik genannt.

Diese funktionale Schwerpunktsetzung wird etwas anders akzentuiert, wenn man die Ausgaben 1/2000 bis 6/2004 der Zeitschriften „Der Städtetag", „Stadt und Gemeinde", „Verwaltung und Management" und der „Zeitschrift für öffentliche und gemeinwirtschaftliche Unternehmen" auswertet.[16] Von den 22 dort genannten organisatorischen und vertraglichen PPP sind allein fünf dem Entsorgungs- und Infrastruktursektor zuzuordnen (Entsorgung und Energie), vier dem Bereich der Inneren Sicherheit/Ordnungsaufgaben, jeweils drei dem Feld der Stadt- und Regionalentwicklung sowie dem von Gesundheit und Soziales.

Widmen wir uns einzelnen Aufgabenfeldern im Überblick: Im Bereich des *Verkehrs* wird kaum die mittlerweile vielfältige Landschaft organisatorischer und vertraglicher PPP im Bereich des ÖPNV und des Schiengüterverkehrs, im Flugverkehr oder bei der Realisierung und dem Betrieb intermodaler Güterverkehrszentren diskutiert, sondern es geraten einerseits skandalträchtige Beispiele in den Blick; zuletzt im Zusammenhang mit der Einführung der LKW-

---

14 Z.B. die bereits erwähnte Arbeitsgruppe der SPD-Bundestagsfraktion, die nordrhein-westfälische PPP-TaskForce oder der Anfang 2004 gegründete Bundesverband Public Private Partnership.
15 Z.B. des Forschungsinstituts für Öffentliche Verwaltung aus Speyer, des Bundesministeriums des Innern und der Initiative D 21 im Oktober 2001, der Gesellschaft für öffentliche Wirtschaft, des Verbandes kommunaler Unternehmen, der Deutschen Sektion des Europäischen Zentralverbandes der öffentlichen Wirtschaft (CEEP) und des Deutschen Städtetages im Oktober 2003 in Berlin oder des FINANCE-Magazins, des F.A.Z.-Instituts und der ConVent GmbH im Mai 2004 in Frankfurt am Main.
16 Es wurden Informationen zu PPP aus jenen Artikeln erhoben, die in Titel und Untertitel Schlagwörter enthielten (z.B. PPP, öffentlich private Partnerschaft, Kooperationen/neue Kooperationsformen, Allianz, [Teil-] Privatisierung/Liberalisierung), die auf umfassendere Informationen und Argumente zum Thema schließen ließen; es handelt sich also nicht um eine Volltextanalyse der Zeitschriften. Mit diesem Vorgehen ist die Einschränkung verbunden, dass die Definition einer PPP und die Thematisierung des Partnerschaftsaspektes den jeweiligen Autor/innen überlassen wurde.

Maut.[17] Zum Zweiten fungieren vertragliche PPP angesichts des diagnostizierten hohen Investitionsbedarfs im Straßenverkehr insbesondere in diesem Aufgabenfeld als „Hoffnungsträger" und erfahren entsprechende Aufmerksamkeit. Mit dem 1994 verabschiedeten und 2002 novellierten Fernstraßenbauprivatfinanzierungsgesetz wurden die gesetzlichen Grundlagen dafür geschaffen, den Bau, Erhalt, Betrieb und die Finanzierung von Brücken, Tunneln, Gebirgspässen und mehrspurigen Bundesfernstraßen im Rahmen eines Konzessionsvertrags an private Unternehmen zu übertragen, die dann auf gebührenrechtlicher Grundlage ein eigenes Entgelt erheben können. Zu diesen sogenannten F-Modellen zählen der derzeit im Bau befindliche Herrentunnel zur Travequerung in Lübeck, der von einem Konsortium der international tätigen Baufirmen Hochtief und Bilfinger Berger erstellt wird, sowie die seit September 2003 in Betrieb befindliche Warnowquerung in Rostock (s.u.).[18] Neben diesen F-Modellen sollen zukünftig auch sogenannte A-Modelle möglich sein, d.h. Private erhalten eine Konzession zum mehrstreifigen Ausbau von Bundesautobahnen, deren Erhalt und Betrieb. Die entsprechende Refinanzierung erfolgt über Einnahmen aus der allgemeinen Maut für den Schwerlastverkehr, ist also an ein funktionstüchtiges Erfassungs- und Zahlsystem gebunden, welches im Rahmen einer weiteren Vertrags-PPP zwischen Bundesverkehrsministerium und der Toll Collect als Unternehmen von Daimler Chrysler, Deutscher Telekom und dem französischen Konzern Cofiroute realisiert wird. Insgesamt 12 Projekte sind als A-Modelle in der Diskussion.[19]

In besonderem Maße hat sich in den letzten Jahren der Bereich des *Öffentlichen Hochbaus* als ein Feld hervorgetan, in dem die Planung und Realisierung von Bauvorhaben im Rahmen des komplexen Contracting-Out diskutiert wird. Die bundesweit beachtete nordrhein-westfälische PPP-TaskForce weist allein fünf entsprechende Pilotprojekte im Bereich Schulneubau und -sanierung aus. Ohne Anspruch auf Vollständigkeit lassen sich bundesweit im Bereich des Schulneubaus und -ausbaus, der Sanierung und des Betriebs entsprechende Initiativen für vertragliche PPP in Freiburg, Halle, Köln, Leverkusen, Magdeburg, Meschede, Monheim, dem Rhein-Erft-Kreis, im Landkreis Offenbach und in Witten identifizieren. Der Realisierungsgrad reicht derzeit von der parlamentarisch noch nicht abgestimmten Vorstudie in Freiburg bis hin zu Vertragsunterzeichnungen im Kreis Offenbach, in Monheim und im Rhein-Erft-Kreis.[20] Neben Schulen werden vertragliche PPP im Öffentlichen Hochbau auch für allgemeine Verwaltungsgebäude, z.B. in Unna und Glad-

---

17 *Rügemer (2004)*.
18 Daneben befinden sich sieben weitere Vorhaben in der Planungsphase (*Scherer-Leydecker (2004)*, S. 112-113).
19 *Zapp (2003)*, S. 628.
20 *Euwid (2004)*.

beck oder ein neues Gerichtszentrum in Chemnitz-Kaßberg, diskutiert. Ein weiteres Aufgabenfeld ist die Errichtung und der Betrieb von Justizvollzugsanstalten (JVA). Zu den Pilotprojekten der nordrhein-westfälischen PPP-TaskForce gehört auch der Neubau einer JVA in Ratingen bei Düsseldorf; diese soll die sanierungsbedürftigen Einrichtungen in Düsseldorf, Duisburg und Oberhausen ersetzen und Platz für 845 Gefangene bieten. Planung, Bau und Finanzierung des Neubaus sowie ein Teil der vollzugsnahen Leistungen (allgemeine Verwaltung, Arbeitsverwaltung, Gebäudebewirtschaftung, Kraftfahrzeugwesen, Küche, Fernsprechvermittlung, Lagerverwaltung etc.) sollen über eine Laufzeit von 25 Jahren an einen privaten Generalunternehmer vergeben werden.[21]

Mit der Übernahme von Dienstleistungen im aktuellen Betrieb der JVA werden die Übergänge zwischen der Bautätigkeit und dem Tätigwerden privater Unternehmen im hoheitlichen Bereich der *Inneren Sicherheit und der Verteidigung* angesprochen. Während im Bereich der lokalen Sicherheitspolitik seit Mitte der 1990er Jahre in vielen Kommunen organisatorische PPP in einem weiten, d.h. eher gering formalisierten Sinne unter dem Titel der „Kommunalen Präventionsräte" entstanden, wurden in diesem Feld auch Vertragsverhältnisse mit privaten Unternehmen ausgeweitet. Private Sicherheitsdienste übernahmen, z.B. in Augsburg, Celle, Saarbrücken oder Suhl, dauerhaft Ordnungsaufgaben in den Städten und Gemeinden.[22] Die sensible und umstrittene Neuabgrenzung zwischen hoheitlichen und privatisierungsfähigen Aufgaben in diesem Aufgabenfeld wird auch im Zuge der Restrukturierung der Bundeswehr neu verhandelt. In dem Rahmenvertrag „Innovation, Investition und Wirtschaftlichkeit in der Bundeswehr" vom Dezember 1999 wurde zwischen dem Bund und den unterzeichnenden Unternehmen eine engere Kooperation bei Betriebs- und Beschaffungsabläufen im Militär vereinbart. Als Pilotprojekt 9.6. dieser Rahmenvereinbarung ist der Betrieb des Gefechtsübungszentrums Heer (GÜZ) in der Altmark ausgewiesen. Dieser wurde in den Jahren 2001 und 2003 an ein privates Konsortium von den Unternehmen Diehl/IWS, EADS Dornier und Rheinmetall Defence Electronics vergeben, 2003 erwartungsgemäß neu ausgeschrieben und nach „Querelen" und „Friktionen"[23] an

---

21 Derzeit befindet sich dieses Projekt in der Vorbereitung, das EU-weite Vergabeverfahren soll Ende 2004 beginnen, eine Inbetriebnahme der JVA wird für Ende 2007 anvisiert (*www.justiz.nrw.de*, abgerufen am 04.08.2004). Auch im osthessischen Hünfeld sollen Dienst- und Servicedienstleistungen im weiteren Sinne ohne Eingriffsbefugnisse gegenüber Gefangenen, d.h. Haus-, Versorgungs- und Betreuungsmanagement von privaten Betreibern, erbracht werden (*www.hmdj.justiz.hesen.de*, abgerufen am 04.08.2004).
22 *Olschok (2001)*, S. 493.
23 *Erbe (2004)*, S. 27-28.

ein Konsortium der Firma Serco und der schwedischen SAAB Trainings Systems AB für eine fünfjährige Laufzeit (2004-2008) übertragen.[24]

Das Aufgabenfeld des *eGovernment* zählt zu jenen, in denen in besonderem Maße eine Leistungserbringung im Rahmen von PPP diskutiert und realisiert wird.[25] Dem Variantenreichtum der verschiedenen Projekte sind kaum Grenzen gesetzt, auch Formen des dauerhaften Outsourcings sind vorzufinden. So ist das Landratsamt Ludwigslust einen langfristigen Betreibervertrag mit der Deutschen Telekom eingegangen, die alle entsprechenden Dienstleistungen und Hardware gegen Entgelt zur Verfügung stellt. Ein Beispiel – so Christoph Andersen –, bei dem „hochspezifische und somit wenig standardisierbare Dienstleistungen [...] bzw. hochstrategische Leistungen [...] anzutreffen [sind], wo die Leistungsspezifikation (z.B. Pflichtenheft) in Kooperation von Auftraggeber und Auftragnehmer durchzuführen ist."[26] Verbreiteter scheint jedoch zum jetzigen Zeitpunkt angesichts der Komplexität der Dienstleistung und der Dynamik der technologischen Entwicklung – damit einhergehend der nicht dauerhaft festzulegenden Leistungsbeschreibung und Risikoallokation – eine PPP-Konstruktion zu sein, bei der eine öffentlich-private Betreibergesellschaft gegründet wird, die wiederum langfristige Betreiberverträge abschließt.[27]

Im Bereich der *technischen Infrastruktur* gibt eine Kommunalstudie von PricewaterhouseCoopers aus dem Jahr 2002 einen allgemeinen Überblick, insofern ausgeführt wird, dass (unspezifizierte) Kooperationen zwischen bundesdeutschen Kommunen und Privaten vor allem in der Energieversorgung (62 % der befragten Kommunen) und im Nahverkehr (53 %), nachfolgend in der Wasserver- (43 %) sowie in der Abfallentsorgung (39 %) vorzufinden sind.[28] An dieser Stelle können die einzelnen Teilbereiche nicht im Hinblick

---

24 Zu dem prominentesten (Teil-)Privatisierungsprojekt im Zuge der Bundeswehrreform gehört das Projekt „Herkules": Die nicht militärische Informationstechnologie der Bundeswehr soll über eine Dauer von zehn Jahren von privater Seite zur Verfügung gestellt werden, Verhandlungen mit einem privaten Konsortium scheiterten im Juli 2004 (*www.bundeswehr.de*, abgerufen am 04.08.2004).
25 Bereits im Winter 2000/2001 hat eine Befragung des Deutschen Instituts für Urbanistik von Großstädten mit mehr als 50.000 Einwohner/innen gezeigt, dass etwa die Hälfte der Städte die Einbeziehung privater Unternehmen in den Aufbau virtueller Rathäuser und Marktplätze einbinden sollte, hinsichtlich der technischen Infrastruktur 49 %; hinsichtlich der Leistungsangebote ca. 57 % (*Siegfried (2002)*).
26 *Andersen (2004)*, S. 49.
27 Vgl. die Beispiele in: *Schellenberg (2001); Stapel-Schulz/Eifert (2002); Gerstlberger/Sack (2003)*.
28 Es wurden 197 Kommunen mit über 50.000 Einwohner/innen befragt, es konnten 97 Antworten ausgewertet werden, dabei haben von den 15 größten bundesdeutschen Städten zehn an der Befragung teilgenommen (*PwC (2002)*).

auf die Verbreitung von Vertrags-PPP vollständig aufgearbeitet werden. Für die Abfallentsorgung hat B. Höftmann 2001 eine umfassende Studie über verschiedene PPP-Modelle im Entsorgungssektor vorgelegt; hier sind Modelle des komplexen Contracting-out ausgesprochen weit verbreitet. Aufgelistet werden 89 Fälle für dauerhafte öffentlich-private Vertragsbeziehungen bezüglich der Hausmüll-, Papier- und Sperrmüllentsorgung[29], sowie 21 Beispiele für Betreibermodelle im Abfallbereich[30].[31]

Auch der *Freizeit- und Kulturbereich* offenbart ein variantenreiches Spektrum an öffentlich-privaten Kooperationen, auch wenn nur das Segment vertragliche PPP betrachtet wird. So stellt Rainer Pethran für die seit ca. 20 Jahren in diesem Bereich tätige Gesellschaft für Entwicklung und Management von Freizeitsystemen verschiedene langfristige Betreibermodelle in Kempten, Dresden und Bayreuth vor, die in ihrer grundsätzlichen Struktur jenen vertraglichen PPP mit renditeorientierten Unternehmen ähneln, die aus den Infrastruktursektoren bekannt sind.[32] Daneben lebt die Leistungserbringung in diesem Feld jedoch zunehmend davon, dass bürgerschaftliche Einrichtungen, d.h. Stiftungen, Vereine, aber auch Unternehmen im Rahmen einer Corporate Citizenship langfristig Verpflichtungen für den Betrieb von Stadtteilbibliotheken, Sportplätzen, Museen oder die technologische Ausstattung von Jugend- oder Seniorenzentren übernehmen.[33]

IV. Personen, Kommissionen und Beiräte – Fallbeispiele vertraglicher PPP

Das Spektrum der konkreten Ausgestaltung vertraglicher PPP entlang der Akteurs-, der Kooperations- und Phasendimension, lässt sich anhand einzelner

---

29 *Höftmann (2001)*, S. 186-187.
30 Ebenda, S. 219-222.
31 Die aktuellen entsprechenden Referenzlisten und Beteiligungsberichte von Entsorgungsunternehmen wie Harpen AG, Rethmann Entsorgungs AG, SOTEC GmbH und RWE Umwelt weisen eine Fülle unterschiedlicher privat-öffentlicher Kooperationen aus, die teilweise bis in die erste Hälfte der 1990er Jahre zurückgehen und deren Gründung sich in der zweiten Hälfte der 1990er Jahre vor dem Hintergrund des Inkrafttretens gesetzlicher Neuregelungen intensiviert hat. Die Laufzeit entsprechender Betreibermodelle lag zumeist bei ca. 15 Jahren. Leider sind m.W. die öffentlich-privaten Kooperationserfahrungen über die Dauer eines Jahrzehnts weder exemplarisch noch systematisch aufgearbeitet worden; hier ist eine – sicherlich reizvolle – Forschungslücke zu konstatieren.
32 *Pethran (2004)*, S. 192-193.
33 *Evers u.a. (2002)*.

aktuell diskutierter Fallbeispiele illustrieren.[34] Zur Zeit ist die *Warnowquerung* in Rostock, die im September 2003 in Betrieb genommen wurde, das Modell einer vertraglichen PPP im Straßenverkehr, das am weitesten fortgeschritten ist.[35] Nach dem entsprechenden Vertragswerk tritt die Warnowquerung GmbH & Co KG als Konzessionärin auf, deren Komplementär die Warnowquerung Verwaltungs GmbH ist. Deren Gesellschaftsanteile werden zu 30 % von der Bouyges Travaux Publics SA und zu 70 % von der australischen Bank Macquarie getragen. Die Hansestadt trägt laut dem auf 30 Jahre angelegten Konzessionsvertrag auf Veranlassung der finanzierenden Banken eine Risikobeteiligung bei höherer Gewalt, ansonsten liegen alle Planungs-, Bau-, Betriebs-, Finanzierungs- und Refinanzierungsrisiken bei den privaten Unternehmen, die über Kreditvertrag, Ingenieurvertrag und Generalunternehmervertrag miteinander verflochten sind. Die Stadt hat Einsichtsrechte in alle Vertragswerke, die die Konzessionärin abschließt, und als Auftraggeberin ein unmittelbares Zugriffsrecht auf die Bauüberwachung. Besondere Gremien der

---

34 In diesem Zusammenhang wird es nicht darum gehen, die ausgewählten Fälle in der vollen Gänze darzustellen, sondern Aspekte zu skizzieren, die exemplarischen Charakter für vertragliche PPP haben. Im Umgang mit den Fallgeschichten ist zu beachten, dass die Informationen insofern lückenhaft sind, als die Verträge in der Regel vertraulich behandelt werden und somit Fragen der Preis-, Investitions- und Qualitätsfestlegung ebenso selektiv veröffentlicht werden wie Einzelheiten der Verhandlungen der Partner. Zudem zeigt sich, dass in Selbstdarstellungen und Forschungen insbesondere die Vor-Kontakt-Phase und die Verhandlungsphase der PPP in den Blick genommen werden. Eine Einschätzung der dauerhaften Kooperationserfahrungen von PPP stellt sich aus verschiedenen Gründen als schwierig dar: Erste Pilotprojekte stehen unter hohem Legitimationsdruck. Zudem liegt die Handlungskompetenz in der Anfangsphase bei jenen Abteilungen der Verwaltung, die in einer Praxis öffentlicher Kommunikation eher routiniert sind. Im weiteren Verlauf der langfristigen öffentlich-privaten Beziehungen geht die Zuständigkeit zunehmend auf Fachverwaltungen über, die mit den privaten Unternehmen meistenteils unaufgeregte Routinen der Kooperation entwickeln, die aber kaum mehr dargestellt und gerechtfertigt werden.

35 Entsprechende Vorhaben lassen sich bis in die Mitte der 1970er Jahre zurückverfolgen. 1994 schrieb die Hansestadt Rostock die Planung, die Finanzierung, den Bau und den Betrieb eines Tunnels aus; den Zuschlag erhielt der französische Konzern Bouyges, mit dem im Juli 1996 ein Konzessionsvertrag unterschrieben wurde. Das Projekt war ursprünglich auf eine gänzlich private Finanzierung ohne öffentliche Anschubfinanzierung ausgelegt. Diese städtische Verhandlungsposition ließ sich im Laufe der Verhandlungen nicht durchhalten. Bei der EU-Kommission konnte die Stadt Fördermittel im Rahmen des Programms „TransEuropean Network" akquirieren, so dass insgesamt 12 % der Baukosten (27 Mio. € von 215 Mio. €) der Warnowquerung öffentlich bezuschusst wurden. 20 % Eigenkapital (41 Mio. €) hatten laut Vertrag die konzessionierten Unternehmen beizusteuern, die weitere Finanzierung erfolgte über den Kapitalmarkt. Zudem wurden von der Stadt Kostenanteile aus der ursprünglichen Vereinbarung herausgenommen und der Stadt zugeordnet, weil, so ein städtischer Vertreter, aufgrund anderer lokaler Bauprojekte „eben eine Zuordnung nach dem Verursacherprinzip" (*Schörken (2004)*, S. 96) stattfand.

öffentlich-privaten Kooperation sind nicht festgeschrieben, die entsprechende Koordination sowohl in der Verhandlungs- als auch in der derzeitigen Arbeitsphase erfolgt auf personaler Ebene, d.h. über die Beauftragten der Unternehmen und den Oberbürgermeister bzw. den Wirtschaftssenator der Hansestadt. Letztere leiten dann ggf. Änderungen des Vertragswerks, z.B. hinsichtlich einer Gewährleistungsbürgschaft im Sommer 2004, an den Rat der Stadt weiter, übernehmen also die politische Koordination. Die Kooperation zwischen Stadt und Betreibergesellschaft wird sowohl aus öffentlicher als auch aus privater Sicht als „außerordentlich gut" beschrieben; hervorgehoben wird zudem die schnelle Realisierung des Projekts.[36]

Ein besonderes Moment öffentlich-privater Kooperation dieser vertraglichen PPP stellt die Festlegung der Maut dar. Eine Kommission unter Leitung von PricewaterhouseCoopers, die nach einer europaweiten Ausschreibung vom Bundesverkehrsministerium beauftragt wurde, legt die Maut auf gebührenrechtlicher Grundlage fest; maßgeblich für die Mautfestsetzung sind mithin die Kosten und eine angemessene Eigenkapitalverzinsung für die private Betreibergesellschaft. Realiter findet ein Verhandlungsprozess zwischen Betreibergesellschaft und Bundesverkehrsministerium statt: Die Berechnungsgrundlagen der privaten Betreibergesellschaft gingen von zu optimistischen Verkehrsprognosen aus[37], beruhten auf Analogierechnungen aus internationalen Vergleichsprojekten, berücksichtigten die lokale Situation nicht hinreichend und veränderten sich auch durch Gespräche mit dem örtlichen Speditionsgewerbe über den Preis des Zeitvorteils bei Tunnelnutzung. In diesem Aushandlungsprozess der Maut wird von den privaten Betreibern und der lokalen Administration allen Beteiligten ein wechselseitiger Lernprozess zugebilligt, gleichwohl die Festlegung auf das Gebührenrecht als unangemessene Einschränkung gesehen, die eine Rentabilität des Projekts nachhaltig beeinträchtigt. Ein Vertreter der Stadt pointiert die Kritik dergestalt, „dass von einem privaten Investor erwartet wird, mehrstellige Millionenbeiträge zu investieren, ohne Einfluss auf die Refinanzierungsbedingungen zu haben".[38]

Die Vorbereitung einer entsprechenden vertraglichen PPP, d.h. die Vor-Kontakt-Phase, in der öffentliche Akteure das jeweilige Leistungsspektrum fest-

---

36 Ebenda, S. 91.
37 Hinsichtlich der Refinanzierung der Warnowquerung ist ersichtlich, dass der private Betreiber, in dessen Zuständigkeit die Verkehrsprognose lag, die Anlaufphase unterschätzt hat, d.h. zunächst auf zwei Jahre veranschlagte, anstatt von der bei international vergleichbaren Projekten üblichen Anlaufphase von vier bis fünf Jahren auszugehen. So bleibt das derzeitige Verkehrsaufkommen unter den – für die Refinanzierung prognostizierten – Erwartungen, es ist zwischen Anfang und der Mitte 2004 von ca. 6.500 auf ca. 8.500 Fahrzeuge pro Tag gestiegen, für die Zeit von 10 Jahren nach Eröffnung werden weiterhin 20.000 Fahrzeuge angenommen.
38 *Schörken (2004)*, S. 100.

legen und damit die Verhandlungsphase vorbereiten, kann beispielhaft für den *Rhein-Erft-Kreis* vorgestellt werden. Im Februar 2004 wurden die Verträge zwischen dem Rhein-Erft-Kreis und einer privaten Bietergemeinschaft geschlossen, die den Neubau einer Sonderschule für geistig Behinderte sowie einer Dreifachsporthalle und deren Unterhalt und Bewirtschaftung über einen Zeitraum von 25 Jahren zum Inhalt hatte.[39] Nachdem im Mai 2002 der Kreistag die Administration mit der Realisierung des PPP-Projekts beauftragt hatte, wurde unter Leitung des damaligen Kreisdirektors – der gleichzeitig Kreiskämmerer war – eine fünfköpfige Arbeitsgruppe gebildet, die das Projektmanagement übernahm. Da in den letzten Jahren das Verwaltungspersonal um 12 % reduziert worden war, wurde für eine rasche Bearbeitung des Projekts eine externe Beratung als unerlässlich angesehen und entsprechend beauftragt. Der Vorbereitung der PPP kam sodann zugute, dass der Schulneubau als nordrhein-westfälisches PPP-Pilotprojekt aufgenommen und entsprechend finanziell gefördert wurde. Zudem wurde eine interfraktionelle Lenkungsgruppe des Kreistags installiert, die zur politischen Legitimation des Projekts beitrug. Beschlüsse, die das PPP-Projekt betrafen, wurden bislang vom Kreistag einstimmig gefasst. Im Zusammenspiel der administrativen Arbeitsgruppe, der interfraktionellen Lenkungsgruppe und des Beratungsunternehmens wurden das entsprechende Raumbuch sowie detaillierte Leistungsbeschreibungen für die Neubauvorhaben und die Serviceleistungen erstellt sowie die Verträge weitgehend ausformuliert. Hilfreich war in dieser Vorbereitungsphase sowie in den dann folgenden Verhandlungen mit den Bietern, dass sich auf ein Referenzobjekt bezogen werden konnte, an dem sich Leistungsbeschreibungen konkretisieren ließen.[40] Neben der Spezifizierung der Leistungen, der politischen Abstimmung und der Vorbereitung des Vertragswerks war es in der Vor-Kontakt- und Verhandlungsphase – hier klingen spezifische mikropolitische Schwierigkeiten an – innerhalb der Verwaltung „keineswegs selbstverständlich, diesen neuen Überlegungen vorurteilsfrei näher zu treten".[41]

Ein Beispiel für eine formale Festlegung der öffentlich-privaten Koordination, wie sie – gegenüber der an Personen orientierten Praxis bei der Warnow-

---

39 In einer europaweiten Ausschreibung, an der fünf Bietergemeinschaften teilnahmen, hat sich ein Konsortium des Bauunternehmens Müller-Altvatter, der Wayss und Freytag Schlüsselfertigbau AG, der Landesbank Baden-Württemberg und der Lufthansa Gebäudemanagement GmbH durchgesetzt. Die von diesen Unternehmen gegründete VICO Grundstücksverwaltungsgesellschaft übernimmt Bau und Unterhalt der Gebäude und rechnet in der Bauphase mit einem Investitionsvolumen von 14 Mio. €; der Kreis zahlt für die Nutzung eine jährliche Miete in Höhe von 1,9 Mio. €. Ende April des Jahres fand der erste Spatenstich statt. Die Gemeinde rechnet mit einem Kostenvorteil von 10,3 % gegenüber der Eigenerstellung, d.h. ca. 300.000,- € jährlich.
40 *Euwid (2004)*, S. 15-16; *Hoffman (2004)*.
41 *Hoffman (2004)*, S. 81.

querung – in der Verhandlungsphase festgelegt wurde, kann am Beispiel der vertraglichen PPP im Schulbereich des *Kreises Offenbach* skizziert werden. Dort wurde im Juni 2004 ein Vertragswerk mit der SKE, einer Tochter der französischen Vinci-Gruppe, unterzeichnet, in dem die Aufgaben und Risiken hinsichtlich der Sanierung und des Unterhalts von 41 von 88 Schulen im Landkreis geregelt werden. An einer zum 1. Oktober 2004 zu gründenden Projektgesellschaft mit Namen „SKE Schul-Facility-Management GmbH" wird der Kreis über seine Beteiligungsgesellschaft 5,1 % der Anteile halten, um sich so Vetorechte für grundlegende Beschlüsse zu sichern. Zudem wird in einer Rahmenvereinbarung festgelegt, dass der Kreis in den ersten zwei Jahren einen zweiten Geschäftsführer der Gesellschaft stellt, im entsprechende Aufsichtsrat zwei vom Kreis bestellte Mitglieder und ein- von den Beschäftigten ernanntes Mitglied Einsitz halten und zudem ein 20köpfiger Beirat eingerichtet wird; 18 Mitglieder werden vom Kreis ernannt und repräsentieren die mit der Schulentwicklung befassten gesellschaftlichen Gruppen. Zusätzlich richtet der Kreis in seiner Administration ein Bau- und Vertragscontrolling neu ein.[42]

Eine ähnliche Konstruktion prägt die öffentlich-private Koordination beim Schulprojekt der *Stadt Monheim*.[43] Die Stadt sichert sich ihre Informations-

---

42 Das Vertragswerk gilt für 15 Jahre und legt in einem Sanierungsvertrag nach dem Mogendorfer Modell die genau spezifizierten Leistungen der Instandsetzung und in einem Facility-Management-Vertrag die ebenfalls qualitativ wie terminlich detailliert geregelte Bewirtschaftung und die Instandhaltung fest. Sämtliche Risiken, die mit der Finanzierung, der Einhaltung von Qualitäts- und Terminvorgaben, baulichen Probleme wie z.B. Altlasten und/oder Sachbeschädigungen zu tun haben, liegen bei der SKE, die dafür eine jährliche Leistungsvergütung erhält, welche an Preisindices sowie veränderten Leistungsumfang angepasst werden kann. Gegenüber den bisherigen Ansätzen des Verwaltungshaushalts 2004 bedeuten die jährlichen Leistungsentgelte Mehraufwendungen von 2,4 %, jedoch sind bisher dringliche Maßnahmen zur Verbesserung der Sicherheit und des Brandschutzes nicht kalkuliert. Werden diese einbezogen, so ergibt sich aus Sicht des Kreises durch die PPP gegenüber einer Eigenerledigung des gleichen Leistungsumfangs ein Vorteil von 19 % (ca. 88,4 Mio. €); die Firma SKE beziffert das Investitionsvolumen insgesamt auf 370,3 Mio. €. In das Vertragswerk ist zudem ein Personalkonzept für die ca. 55 übergeleiteten Mitarbeiter/innen ebenso integriert wie die – soweit wettbewerbsrechtlich zulässige – Bevorzugung lokaler mittelständischer Unternehmen (*Kreis Offenbach (2004)*).
43 Diese ist Trägerin von 13 stark sanierungsbedürftigen, z.T. PCB-kontaminierten Schulen und Turnhallen. Auftragnehmer ist in dem Monheimer PPP-Modell die Projektgesellschaft „PPP Schulen Monheim am Rhein", deren alleinige Gesellschafterin die Hermann Kirchner GmbH aus Bad Hersfeld ist. Diese Gesellschaft übernimmt das Projektmanagement und garantiert Sanierung, Neu- und Umbau sowie Betrieb der Monheimer Schulen und angegliederten Sportstätten. Die Stadt bleibt Eigentümerin der Schulgebäude und der Grundstücke. Es werden insgesamt ca. 75 Mio. € über die Vertragsdauer von 25 Jahren aufgebracht; neben den anfänglichen Bauinvestitionen werden jährliche Bauunterhaltungsbudgets gebildet. Die Projektgesellschaft erhält von der Stadt Monheim ein jährliches Entgelt in Höhe von 3 Mio. € (davon stammt 1 Mio. € aus der Schulpauschale des Landes). Während die hessische Firma die Bauausführungen über-

und Mitwirkungsrechte durch einen Partnerschafts- und Garantievertrag. Demzufolge wurde ein Vertragsbeirat eingerichtet, dessen Vorsitz die städtische Verwaltung innehat und der paritätisch besetzt ist. Hier werden offene Fragen behandelt, die nicht den städtischen Weisungs- und Kontrollrechten obliegen. Grundsätzlich gelten im Konfliktfall einfache Mehrheiten, Einstimmigkeit ist bei Veränderungen von Entgelten, bei Beteiligungsveränderungen der ProjektGmbH, bei der Budgetverwendung, bei der Bauunterhaltung sowie bei sonstigen grundsätzlichen Angelegenheiten notwendig. Der Vertragsbeirat, der einmal im Jahr tagt, entscheidet über die Verwendung der Baubudgets und setzt sich aus sechs öffentlichen Vertretern (Schulverwaltung, Gebäudemanagement, Vertreter der vier Fraktionen) sowie sechs Vertretern der Kirchner Gruppe zusammen. Zum anderen bündelt die Stadt die Tätigkeit der unterschiedlichen mit der Schulentwicklung befassten politischen und administrativen Einheiten und bestellt einen „Vertragsbeauftragten der Stadt" als öffentlichen Geschäftsführer, der Befugnis-, Weisungs-, Kontroll- und Informationsrechte der Stadt wahrnimmt, alle Einsichtsrechte hat und zwischen den Vertragspartnern vermittelt, bevor ein Konflikt in die Schiedsstelle geht. In der bisherigen Arbeitsphase dieses Projekts sind verschiedene Konfliktfälle, z.B. um nicht aufgelistete, da bisher unbekannte Altlasten, in einem Gremium aus Geschäftsführung und Projektleitung der Betreibergesellschaft sowie Mitgliedern des städtischen Verwaltungsvorstands (Bürgermeister, Kämmerer, Leiter Zentrale Dienste) ohne anwaltlichen Beistand und Schiedsstelle geregelt worden. Zudem finden wöchentliche Koordinationstreffen statt. Kennzeichnend für die Arbeitsphase ist zudem, dass sich der Aufwand in der Stadt für das Projekt zunehmend auf die Abteilung Gebäudemanagement verlagert und damit der „Vertragsbeauftragte der Stadt" von der Befassung mit der vertraglichen PPP entlastet wird.[44]

Eine ähnliche Entwicklung hat das Projekt „Digitales Ruhrgebiet" vollzogen. Dieses eGovernment-Projekt, das im Kern auf die kommunikationstechnologische Vernetzung der Verwaltungen der Region und die Überwindung bisher vorherrschender IT-Insellösungen abzielt sowie entsprechende Produkte neu entwickelt, wurde vor allem aus einer strukturpolitischen Motivation heraus von der landeseigenen Projektruhr GmbH initiiert.[45] Das – für Beitritte weite-

---

nimmt, beauftragt die Projektgesellschaft das Bonner Dienstleistungsunternehmen Serco – seit 1999 Teil des transnationalen Serco-Konzerns mit Sitz in London – mit dem Unterhalt der Immobilien und Anlagen.

44 Zum Schulprojekt Monheim siehe: *Dünchheim (2004)*.
45 Als Vertragspartner treten sich ein öffentliches Konsortium, an dem mittlerweile ca. 70 Gebietskörperschaften beteiligt sind, und ein privates Konsortium, das von Cap Gemini Ernst & Young Deutschland sowie der cosinex GmbH getragen wird, gegenüber. Letzterem haben sich weitere Unternehmen wie RAG Informatik, Sparkassen Informatik, Triaton, cv cryptovision und Prosoz angeschlossen. Gut ein Jahr nach der Gründung

rer Gebietskörperschaften offene – öffentliche Konsortium ist mit 80 % Anteilen Träger einer Besitzgesellschaft, bei der die Trägerschaft und alle Nutzungsrechte der Plattform sowie die Steuerung des Gesamtprojekts liegen. Hier werden die Einzelprojekte priorisiert, die Finanzierung geklärt, Dienstleistungsstandards festgelegt und die Betriebsgesellschaft beauftragt werden. In das Konsortium treten die Gebietskörperschaften durch einen Anteilserwerb an der Besitzgesellschaft sowie durch den Abschluss eines Plattformvertrags ein, in dem der Leistungsaustausch mit der Besitzgesellschaft geregelt wird. Die Besitzgesellschaft verfügt zudem über einen aus dem Konsortium gewählten Beirat, der – ebenso wie eingerichtete Fachausschüsse – die Tätigkeit der Besitzgesellschaft begleitet. An dieser ist zu 20 % das private Konsortium beteiligt. Dieses trägt aber vor allem alleinig die Betriebsgesellschaft, der das operative Geschäft der d-nrw obliegt, d.h. die Entwicklung, der Betrieb, das Marketing, die Finanzierung und die Evaluation der IT-Leistungen. Diese beiden Gesellschaften sind über einen zunächst bis Ende 2007 befristeten, mit Verlängerungsoptionen versehenen Grundlagenvertrag verbunden. In der bisherigen Praxis der öffentlich-privaten Interaktion zeigt sich, dass die strikte Trennung zwischen operativen und strategischen Aufgaben dadurch aufgehoben wird, dass beide Seiten in vielfältigen Kommunikationsschleifen Ideen und Vorschläge für Anwendungen entwickeln sowie permanent aushandeln, in welche Vorleistungen die jeweilige Seite geht. Für die öffentliche Seite, die jüngst eine kleine informelle Lenkungsgruppe einsetzte, ist wesentlich, dass sie das entsprechende technologische und marktliche Wissen vorhält, um Angebote beurteilen zu können, und ggf. Leistungen auch ausschreiben kann. Zudem befindet sie sich aktuell in einer eher gesicherten Position, da das Land Fördermittel für Technologieprojekte (25 Mio. €) eingestellt hat und insofern ein gewisser „Einigungszwang" gegeben ist.[46]

---

dieses PPP-Modells sind in das gesamte Projekt von öffentlicher Seite 1 Mio. € und vom privaten Konsortium sowie dessen Partnern 3,1 Mio. € investiert worden. Von öffentlicher Seite wird betont, dass private Finanzierung und Know-How neue IT-Dienstleistungen ermöglichen, dass jedoch auch der Zusammenschluss von Gebietskörperschaften im öffentlichen Konsortium ebenso zu einer Vermeidung von Mehrfachinvestitionen führt, wie durch eine Anbietergemeinschaft eine bessere Marktposition geschaffen wurde. Als Herausforderungen des Projekts sind insbesondere die Komplexität und der hohe Initiierungsaufwand, nicht eindeutige rechtliche Rahmenbedingungen und der Umgang mit unterschiedlichen, divergierenden Interessen sowohl in öffentlich-privaten als auch in öffentlich-öffentlichen Beziehungen genannt worden.

46 *www.d-nrw.de*

V. Regelungen, Motive und Kooperationsszenarien – Aspekte sektorübergreifender Kooperation

Aus der vorliegenden Literatur lässt sich zwar kein belastbarer quantitativer Überblick über die aufgabenfeldspezifische Verteilung unterschiedlicher PPP-Formen im öffentlichen Sektor gewinnen, aber gegenüber einer eher skeptischen Einschätzung des Leistungsvermögens öffentlich-privater Kooperationsformen bleibt festzuhalten, dass diese sowohl auf nationalstaatlicher als auch auf regionaler und lokaler Ebene durch entsprechende (fach-)öffentliche Debatten, institutionelle Regelungen (Förderprogramme, Kompetenzzentren) und Pilotprojekte eine gewisse Aufmerksamkeit erfahren. PPP werden als *eine* Leistungserbringungsform unter anderen wettbewerbs- und hierarchieorientierten Instrumenten im Zuge aktueller Steuerungs- und Verwaltungsreformdebatten vorgestellt, deren Nutzen empirisch erprobt werden soll. Öffentlich-privaten Kooperationen wird jedoch weder normative noch quantitative Dominanz hinsichtlich der Erbringung von Dienstleistungen im allgemeinen Interesse zugeschrieben. Zudem zeigt sich, dass der „schillernde Begriff" PPP zwar durch Typisierungen strukturiert werden kann, die empirische Wirklichkeit aber bei vielen Fallgeschichten von einer bunten Mixtur unterschiedlicher Elemente organisatorischer, finanzieller und vertraglicher PPP geprägt ist.[47] Für den letztgenannten Typus zeigt sich in den hier skizzierten Fällen eine Reihe von ähnlichen *Regelungen*.

Typischerweise schließen öffentliche Verwaltungen im Rahmen der aktuell diskutierten vertraglichen PPP mit eigens gegründeten Betreibergesellschaften privater Konsortien komplexe Vertragswerke ab, in denen die entsprechenden Leistungen soweit wie möglich spezifiziert und gelistet sowie über den gesamten Lebenszyklus des Projekts erfasst werden. Die Refinanzierung der Projekte beinhaltet neben festgelegten Vergütungen auch variable Preisanteile, die sich an zusätzlichen Leistungen und Transaktionen orientieren. Innerhalb des festgeschriebenen Leistungsprofils gehen alle Betriebs- und Finanzierungsrisiken auf die privaten Unternehmen über. Die öffentliche Hand versucht, über eine Reihe organisatorischer Vorkehrungen ihren Einfluss über die Beschreibung des Leistungsprofils hinaus abzusichern. Eigentumsrechte an Gebäude, Grundstücken oder domains verbleiben bei ihr, innerhalb oder gegenüber Betreibergesellschaften werden Vetopositionen hinsichtlich grundsätzlicher Änderungen der Geschäftspolitik festgeschrieben. Bezüglich des eigentlichen Partnerschaftsaspekts vertraglicher PPP, der Verhandlung um

---

47 Zugleich werden die Projekte auch für die Erprobung und Einführung von Instrumenten, z.B. der Lebenszyklusbetrachtung von Projekten oder der Kooperation von Gebietskörperschaften genutzt, die nicht logisch mit öffentlich-privater Kooperation zusammenhängen.

jene Leistungen und Vergütungen, die erst im Entwicklungsprozess der Projekte festgelegt werden können, sind unterschiedliche Formalisierungsgrade ersichtlich. Relativ komplexe Konstruktionen mit Beiräten, Kommissionen, Lenkungsgruppen und Schiedsgerichten, in denen die Mitsprache und der Einfluss gesellschaftspolitischer Akteure dauerhaft gesichert werden sollen, stehen neben eher informellen, personal ausgerichteten Kooperationsverhältnissen.

Die Spanne der „Partner" der öffentlichen Verwaltung ist groß: Sie reicht von international agierenden Konzernen wie etwa Bilfinger und Berger oder der Hochtief AG im Verkehr und öffentlichen Hochbau über mittelständische Unternehmen und regionale Banken bis hin zu bürgerschaftlichen Vereinen. Dementsprechend erstrecken sich deren *Motive* von dem gemeinschaftsorientierten Engagement bürgerschaftlicher Gruppen bis hin zur Renditeorientierung privater Unternehmen. Letztere sehen in vertraglichen PPP einen Weg, ihr jeweiliges Geschäftsfeld auszuweiten, Zugang zu neuen Kompetenzen und Kapazitäten zu erlangen bzw. sich auf dem Markt gegenüber Konkurrenten neu zu positionieren, d.h. es geht letztlich um ein „Eintrittsticket in ein sehr viel umfangreicheres Geschäftsfeld".[48]

Für die öffentlichen Akteure stehen die in Wirtschaftlichkeitsvergleichen gemessenen Effizienzvorteile im Vordergrund, dahinter rangieren die Generierung privatwirtschaftlichen Know-Hows und die Nutzung vertraglicher PPP im Zuge von Verwaltungsreformen und der Reduktion der Administration auf ihre Kernkompetenzen und ihre Gewährleistungs- und Kontrollfunktion. Ausschlaggebend ist auf öffentlicher Seite vor allem das Dilemma zwischen Investitionsdruck im öffentlichen Sektor und der Knappheit öffentlicher Haushalte; PPP werden „aus der Not geboren". Streng genommen müssten jedoch der Liberalisierungsdruck in den verschiedenen Infrastruktur- und Dienstleistungssektoren sowie die Austeritätspolitik bezüglich öffentlicher Haushalte und die Lastabwälzungsstrategien im europäischen Mehrebenensystem eher zu vollständigen Privatisierungen und Kontraktualisierungen, denn zu organisatorischen wie vertraglichen PPP führen; noch dazu wenn im Rahmen eines weiterhin geltenden Paradigmas des New Public Managements eine normative Dominanz von Effizienz- gegenüber Gerechtigkeits- und Partizipationsüberlegungen unterstellt werden kann und öffentlich-private Kooperationen mit eher hohen Transaktionskosten belastet sind. Warum werden dennoch PPP eingegangen?

Zunächst zielen spezifische Anreizstrukturen auf die Initiierung und Realisierung von PPP ab, die zwei regulative Aspekte – einen fachspezifischen (in einem Aufgabenfeld müssen Standards erreicht oder gehalten werden) und einen formspezifischen (bei der Leistungserbringung sind nicht-staatliche

---

48 *Rügemer (2004)*, S. 420.

Akteure einzubinden) – mit einem distributiven verbinden: Finanzielle Förderungen und Wissenstransfer sollen Transaktionskosten reduzieren und kompensieren. Und Förderprogramme zeigen nicht nur Thematisierungskonjunkturen an, sondern führen zu „Mitnahmeeffekten". Darüber hinaus erscheinen mir zwei Kernargumente ausschlaggebend für die Wahl dieser spezifischen Form der vertraglichen öffentlich-privaten Kooperation.

Dietrich Budäus spricht von „schlecht strukturierten Ausgangssituationen [...], die im Zeitablauf zu gut strukturierten Handlungssituationen für den operativen Ressourceneinsatz transformiert werden müssen".[49] Paraphrasiert geht es um das Problem der unvollständigen Information über die zukünftige Entwicklung von Anforderungen und Qualitäten der Güter und Dienstleistungen. In den verschiedenen technologischen Bereichen, besonders etwa im Bereich des eGovernment, erlauben die Komplexität und Dynamik der technologischen Entwicklung keine vollständige Definition von Leistungspaketen und lassen über die lange Dauer entsprechende kontinuierliche Nachverhandlungen sinnvoll erscheinen. Folgt man diesem Argument der relativen Unsicherheit über die Entwicklung der Dienstleistungen im öffentlichen Interesse, so markiert eine vertragliche gegenüber einer organisatorischen PPP insofern einen höheren Grad stabilisierter Zukunftserwartung, als Leistungspakete und Entgelte in einer vertraglichen PPP zu einem höheren Grad festgelegt sind und die Risiken der Leistungserbringung bei den privaten Unternehmen liegen. Verhandlungen erfolgen on top, d.h. für zusätzliche Leistungen. Dieses Argument unterstellt jedoch eine weitgehende Problemlösungsorientierung der beteiligten Akteure, die sich an den angenommenen Eigenschaften des joint good orientiert.

Vertragliche PPP gründen nicht allein auf unvollständiger Information über die Charakteristika von Gütern und Dienstleistungen und dem Anreiz durch Förderprogramme, sondern auch auf strategischen Kalkülen der beteiligten Akteure. Sie können als notwendiges „Durchgangsstadium zur vollständigen Privatisierung"[50] betrachtet werden und der politischen Legitimationsbeschaffung dienen, sofern kein Konsens bzw. keine Mehrheiten in den Parlamenten bzw. in der Wahlbevölkerung für vollständige Privatisierungen erreichbar ist. Darüber hinaus kann die Festschreibung von zumindest graduellen Einflussmöglichkeiten auf die Definition von Standards und Leistungserbringung auch dem Primat folgen, dass die strategische Entscheidung zumindest in Maßen aus einem demokratietheoretischen Primat heraus reversibel sein muss, soll heißen, dass einer souveränen Bestimmung über veränderte Anforderungen an Güter und Dienstleistungen durch die Bürgerschaft auch bei langfristiger Ver-

---

49 *Budäus (2003)*, S. 218-219.
50 Ebenda, S. 216.

tragsbindung entsprechender Raum gegeben werden muss. Insofern ist die Initiierung vertraglicher PPP auch in jenen Bereichen erklärbar, in denen sie sich nicht aus zugeschriebenen Eigenschaften des joint good erklären lässt. Entsprechende öffentlich-private Kooperationen folgen dann politisch-strategischen Motiven; der relationale Vertrag reagiert nicht allein auf unvollständige Information, sondern dient der Veränderung von Machtbeziehungen in dem lokalen Gefüge von Akteuren und Institutionen.

Hinsichtlich der *Kooperationserfahrungen* in vertraglichen PPP[51] werden als Positiva stets die Komplementarität von Zielen und Ressourcen, insbesondere Finanzen und Know-How, sowie das wechselseitige Vertrauen betont. Als besondere Herausforderung werden die transaktionskostenaufwändigen Findungs- und Verhandlungsprozesse angesehen. Wenn nun – auf zugegebenermaßen eher dünner empirischer Grundlage – über den Fortgang der Kooperationsbeziehung in einer PPP nachgedacht wird, so zeigen sich vier mögliche Pfade. Diese umfassen Dynamiken, die zum einen in der Interaktionsdimension von PPP angelegt sind – über die Zeit und durch häufige Verhandlungen kann sich das Prinzipal-Agent-Verhältnis erheblich verändern – und zum anderen das Verhältnis der PPP zu ihrem Kontext, d.h. z.B. zum Gefüge der sonstigen lokalen Verwaltungseinheiten, aber auch zur Unternehmensstruktur in den jeweiligen Sektoren, beleuchten.

Im ersten Fall scheitern PPP im Laufe der Tätigkeit aufgrund fehlender Zielerreichung und/oder aufgrund unzureichender Rendite privater Unternehmen; die entsprechenden Verträge werden aufgelöst, die Konditionen, zu denen dies geschieht, reflektieren die dann aktuellen Dependenzbeziehungen zwischen den Akteuren.

Letztere Aussage ist keine Trivialität, da sich, zweitens, im Laufe der Zeit auch eine faktische Neubestimmung des Vertragsverhältnisses ergeben kann: Durch asymmetrisch verteilte Information über Märkte, Gütereigenschaften und Arbeitsprozesse wandelt sich das Prinzipal-Agent-Verhältnis zugunsten der Auftragnehmer dergestalt, dass – auch wenn die strategische Steuerung formal beim öffentlichen Auftraggeber bleibt – sich diese operativ nicht umsetzen lässt, da notwendiges Wissen nicht mehr vorgehalten wird. Oder aber – und hier legen die Konzentrationsprozesse im Energie- und im Abfallbereich beredtes Zeugnis ab – die öffentlichen Prinzipale sind mit der Machtposition von Unternehmen in Oligopolen und nicht funktionierenden Märkten konfrontiert, so dass keine andere Wahl bleibt, als auf veränderte Konditionen einzugehen.

---

51 Zu den diesbezüglichen methodischen Einschränkungen siehe Fn. 32.

Im dritten Szenario wird die grundlegende Kooperationsannahme vor und während der Verhandlungen über die Vertragsdauer realisiert: Die öffentlich-private Zusammenarbeit funktioniert, sie läuft unterschiedlich gut, aber auf Dauer können beide Seiten Vorteile für sich geltend machen. In Selbstdarstellungen auf Tagungen wird dann das Bild der „Ehe" bemüht, im sozialwissenschaftlichen Jargon lässt sich auf mixed-motive-games und die Spielkonstellation des „battle of sexes" verweisen, in der beide dann für sich selber die meisten Vorteile geltend machen können, wenn sie abwechselnd Zugeständnisse machen und eine gewisse Symmetrie in den Beziehungen halten, die eine Übervorteilung unmöglich macht.

Der in diesem Zusammenhang häufig benutzte Begriff des Vertrauens deutet sodann auf einen vierten Pfad, in dem die dichten Beziehungen für das gesamte Gefüge administrativer und politischer Institutionen, aber insbesondere für „schwache" Interessen im öffentlichen Sektor problematisch werden: Die Unvollständigkeit der Verträge und die dauerhafte Praxis wechselseitiger Verhandlungen können in eine informelle Netzwerkwerkbildung und wechselseitige Vorteilsnahme zwischen den spezialisierten Repräsentanten des Prinzipals und den Agenten übergehen, kurz in das – keineswegs PPP-spezifische – Phänomen der Korruption. Britta Bannenberg und Wolfgang Schaupensteiner verweisen darauf, dass „mit der Dauer einer Geschäftsbeziehung" zwischen Öffentlichen und Privaten auch das „gegenseitige Vertrauen", das „Verständnis für die beiderseitigen Probleme" und letztlich „die Bereitschaft zur Korruption" wächst,[52] etwas vorsichtiger ließe sich formulieren: wachsen kann.[53]

VI. Kapazitäten öffentlicher Verwaltungen - Schlussfolgerungen

Welchen dieser Pfade vertragliche PPP jeweils nehmen werden, hängt sicherlich von der Akzeptanz der jeweiligen Güter- oder Dienstleistungsproduktion durch Bürger/innen einerseits und der Stabilität institutioneller Faktoren, z.B. im Gebühren- oder Steuerrecht, anderseits ab. Im Kern einer abschließenden Betrachtung steht aber insbesondere die Interaktion zwischen den beteiligten Akteuren als demjenigen Moment, das vor Ort beeinflusst werden kann. Vertragliche PPP sind nicht allein durch einen befristeten relationalen Vertrag

---

52 *Bannenberg/Schaupensteiner (2004)*, S. 93.
53 So hat sich in den letzten Jahren gerade der Bereich des Hoch- und Tiefbaus als korruptionsanfällig erwiesen, mithin eines der Felder, auf dem aktuell PPP-Pilotprojekte forciert werden. Auch im nordrhein-westfälischen Abfallsektor offenbarte sich ein „Klima diverser Abhängigkeiten", in dem illegitime Vorteilsnahmen auch bei der Gründung organisatorischer PPP wie auch bei Beschaffungs- und Betriebsführungsverträgen verbreitet waren (*Innenministerium NRW (2003)*, S. 43).

charakterisiert, sondern auch durch ein Prinzipal-Agent-Verhältnis, in dem private Akteure eine vergleichsweise „einfache", weil letztlich strikt rentabilitätsorientierte Zielsetzung verfolgen. Damit sollen Risikokalkulationen und Marktzugangserwägungen nicht gering geachtet werden, aber es handelt sich eher um technische, denn normative Komplexitäten. Öffentliche Akteure sind einer vielfältigen und sich mitunter widersprechenden Normenallokation in einem stark verrechtlichten Institutionengefüge verpflichtet, in dem zugleich mikropolitische Machtrationalitäten von Politik und Bürokratie wirken. Aufgrund ihrer Gewährleistungspflicht verantworten letztlich öffentliche Akteure die Produktion und Qualität von Gütern und Dienstleistungen im allgemeinen Interesse. Daraus leiten sich spezifische Anforderungen hinsichtlich der Gestaltung vertraglicher PPP und der jeweiligen Interaktion ab.

Trevor L. Brown und Matthew Potoski nennen für den Problembereich des contracting-out drei entsprechende Kapazitäten, die vorgehalten werden sollten. Sie unterscheiden die „feasibility assessment capacity", d.h. die Fähigkeit zu bestimmen, welches Dienstleistungsangebot in welcher Form angemessen erbracht werden kann, die „implementation capacity", d.h. die Kompetenz, Verträge auszuschreiben, Anbieter auszuwählen und Verträge zu verhandeln, sowie die „evaluation capacity", d.h. die Fähigkeit, die Performanz des Betreibers auch zu überprüfen.[54] Wenn dem oben skizzierten Phasenmodell einer vertraglichen PPP gefolgt wird, dann lassen sich die Anforderungen an öffentliche Akteure zu einer erfolgreichen Gestaltung vertraglicher PPP spezifischer ausführen.

Während der Definition der entsprechenden Güter oder Dienstleistungen in der Vor-Kontakt- und Initialisierungsphase einer vertraglichen PPP erweist sich für öffentliche Akteure ein komplexes Wissen als unabdingbar. Entsprechende Sachkenntnisse, Reflexion der eigenen Ressourcenausstattung, Wirtschaftlichkeitsvergleiche, darüber hinaus aber auch Einblick in die lokale Akzeptanz von Dienstleistungen müssen zunächst von öffentlicher Seite eingebracht werden. In der Verhandlungsphase erweitert sich das Anforderungsprofil um die oben benannte Fähigkeit der Ausschreibung und der Verhandlung von Verträgen sowie der Einschätzung der Glaubwürdigkeit der möglichen privaten Vertragsnehmer. In dieser Phase wirken zudem soziale Mechanismen und persönliche Beziehungen, die nicht allein in eine Kooperationsrationalität, sondern in eine entsprechende Identität und Vertrauensbasis münden. Sind damit weitere, auch psychosoziale Elemente der Akteurskompetenz beschrieben, so wird in dieser Phase zugleich der Aspekt der Akteursstabilität relevant: Sei es eine beharrende „Beamtenkultur", sei es der Konflikt um Ressourcen zwischen Verwaltungseinheiten, sei es die Angst von Beschäf-

---

54 *Brown/Potoski (2003)*, S. 155.

tigten im öffentlichen Sektor um ihre Stelle; Verwaltungen und Politik müssen zur Aufrechterhaltung ihrer Verhandlungsposition intern mikropolitische Konflikte und Veto-Positionen vermitteln. Damit wird nicht nur die Legitimität der vertraglichen PPP, sondern auch ihre weitere Funktionsweise gewährleistet, z.B. im Sinne eines geregelten Know-How-Transfers oder einer transparenten Evaluation. Die Arbeits- und Bewertungsphase stellt schließlich weitere Anforderungen, die außer ständigen Nachverhandlungen – während derer sich in der Bürgerschaft Ansprüche und Akzeptanzen verändern mögen – auch das controlling der vertraglichen PPP und den Schutz vor Korruptionstendenzen einschließen. Neben dem Trend zu kleinen Einheiten, den in den Fallgeschichten genannten Lenkungsgruppen, ist zunehmend eine administrative Re-Zentralisierung des Schnittstellenmanagements und des controllings festzustellen.[55] Inwieweit eine Praxis der Vergabe des controllings vertraglicher PPP an Dritte sich als angemessen erweist, kann empirisch an dieser Stelle nicht beurteilt werden, muss aber theoretisch als problematisch erscheinen. Die Evaluation der öffentlichen Akteure orientiert sich schließlich nicht allein an Effizienzkriterien, sondern – so argumentiert auch Jens Harms in diesem Band[56] – an Fragen der gesellschaftspolitischen Effektivität, also der oben angesprochenen mehrdimensionalen Zielbestimmung öffentlicher Akteure.

Wenn abschließend die Steuerungsperspektive auf die Entwicklung im gesamten öffentlichen Sektor gerichtet wird und sich nicht allein auf einzelne Vertragsverhältnisse beschränkt, dann müssen sich die benannten Kapazitäten auf das gesamte Konglomerat von Ausgliederungen, formellen und materiellen Privatisierungen, organisatorischen und vertraglichen PPP – z.B. im „Konzern Stadt" – erstrecken und den Kontroll- und Zurechenbarkeitsansprüchen einer repräsentativen Demokratie genügen. Damit ist ein ausgesprochen hohes Anforderungsprofil an die Kompetenz und Stabilität öffentlicher Akteure formuliert, die vertragliche PPP eingehen. Und damit ist zugleich verdeutlicht, dass vertragliche PPP sich – wie im eingangs zitierten Entschließungsantrag – als ein Element der Modernisierung im „aktivierenden Staat" erweisen mögen, dessen pragmatische Umsetzung jedoch ausgesprochen voraussetzungsvoll ist.

---

55 Für die lokale Ebene stellen Peter Detemple und Christian Marettek für 72 der 83 deutschen Großstädte einen Trend zur Zentralisierung der Immobilienwirtschaft und des Facility Managements dar, in einem Feld also, in dem u.a. eine zunehmende Verbreitung von PPP diskutiert wird (*Detemple/Marettek (2004)*, S. 30). Für den Bereich der IT-Dienstleistungen und des eGovernment referiert Christoph Andersen entsprechende Entwicklungen (*Andersen (2004)*, S. 49-50).
56 S. 115 ff.

Literaturverzeichnis

Andersen (2004): Christoph Andersen, Vermarktlichung der kommunalen Dienstleistungsproduktion. Ursachen, Stand und Perspektiven, in: Verwaltung und Management, 10. Jg. (2004), H. 1, S. 47-51.

Bannenberg/Schaupensteiner (2004): Britta Bannenberg u. Wolfgang Schaupensteiner, Korruption in Deutschland. Portrait einer Wachstumsbranche, München 2004.

BMVBW (2003): Bundesministerium für Verkehr, Bau und Wohnungswesen, PPP im öffentlichen Hochbau, 3 Bde., Berlin, August 2003.

Brown/Potoski (2003): Trevor L. Brown u. Matthew Potoski, Contract-Management Capacity in Municipal and County Governments, in: Public Administration Review, March/April 2003, Vol. 63, No. 2, S. 153-164.

Budäus (2003): Dietrich Budäus, Neue Kooperationsformen zur Erfüllung öffentlicher Aufgaben – Charakterisierung, Funktionsweise und Systematisierung von Public Private Partnership, in: Jens Harms u. Christoph Reichardt (Hrsg.), Die Ökonomisierung des öffentlichen Sektors: Instrumente und Trends, Baden-Baden, S. 213-233.

Budäus (2004): Dietrich Budäus, Public Private Partnership – Ansätze, Funktionen, Gestaltungsbedarfe, in: *GÖW (2004)*, S. 9-22.

Budäus/Grüning (1997): Dietrich Budäus u. Gernod Grüning, Public Private Partnership – Konzeption und Probleme eines Instrumentes zur Verwaltungsreform aus Sicht der Public Choice Theorie, in: Dietrich Budäus u. Peter Eichhorn (Hrsg.), Public Private Partnership – Neue Formen öffentlicher Aufgabenerfüllung, Baden-Baden, S. 25-66.

Detemple/Marettek (2004): Peter Detemple u. Christian Maretteck, Status Quo des Immobilienmanagments in den 83 deutschen Großstädten. Erste Ergebnisse des PwC-Forschungsprojekts, in: Verwaltung und Management, 10. Jg. (2004), H. 1, S. 47-51.

Dünchheim (2004): Thomas Dünchheim, Das Monheimer Modell zur Schulbausanierung, in: *GÖW (2004)*, S.182-189.

Erbe (2004): Jürgen Erbe, Gefechtszentrum des Heeres, in: Europäische Sicherheit, H. 4/2004, S. 24-28.

Euwid (2004): Euwid-Report Public Private Partnership, Juni 2004.

Evers u.a. (2002): Adalbert Evers, Ulrich Rauch u. Uta Stitz, Von öffentlichen Einrichtungen zu sozialen Unternehmen – Hybride Organisationsformen im Bereich sozialer Dienstleistungen, Berlin 2002.

Frischmuth (2004): Birgit Frischmuth, Kompetenzen aus Sicht des Deutschen Städtetages, in: Detlef Knop (Hrsg.), Public Private Partnership, Jahrbuch 2004, Gemeinsames Jahrbuch des FINANCE-Magazins und Convent, Frankfurt am Main 2004, S. 42-46.

Gerstlberger/Sack (2003): Wolfgang Gerstlberger u. Detlef Sack, Public Private Partnership und E-Government, hrsg. von Bertelsmann Stiftung, Clifford Chance Pünder und Initiative D 21, in: *http://www.begix.de*

GÖW (2004): Gesellschaft für öffentliche Wirtschaft (Hrsg.), Public Private Partnership: Formen – Risiken – Chancen, Beiträge zur öffentlichen Wirtschaft, H. 21, Berlin 2004.

HM Treasury (2003): PFI: meeting the investment challenge, London, July 2003.

Höftmann (2001): Björn Höftmann, Public Private Partnership als Instrument der kooperativen und sektorübergreifenden Leistungsbereitstellung – dargestellt an der neu strukturierten kommunalen Abfallwirtschaft, Lütjensee 2001.

Hoffman (2004): Günter Hoffman, Schule in Frechen, in: Detlef Knop (Hrsg.), Public Private Partnership. Jahrbuch 2004. Gemeinsames Jahrbuch des FINANCE-Magazins und ConVent, Frankfurt am Main 2004, S. 80-83.

Innenministerium NRW (2003), Untersuchungsstab Antikorruption, „Abschlussbericht", Düsseldorf, Juni 2003.

Klijn/Teisman (2000): Erik-Hans Klijn u. Geert R. Teisman, Governing Public-Private Partnerships: Analysing and Managing the Process and Institutional Characteristics of Public-Private Partnerships, in: Stephen P. Osborne (ed.), Public Private Partnerships. Theory and Practice in International Perspective, London/New York 2000, S. 84-104.

Kouwenhoven (1993): Vincent Kouwenhoven, The Rise of the Public Private Partnership – A Model for the Management of Public-Private Coooperation, in: J. Kooiman (Hrsg.), Modern Governance – New Government-Society Interactions, London 1993, S. 119-130.

Kreis Offenbach (2004): Kreis Offenbach / BBD Berliner Beratungsdienste, Neue Wege im Gebäudemanagement. Sanierung, Instandhaltung und Bewirtschaftung von Schulen in Public-Private-Partnership, Offenbach, Juni 2004.

Olschok (2001): Harald Olschok, "Public Private Partnership" für Sicherheit. Die Rolle privater Sicherheitsunternehmen in Städten und Gemeinden, in: Stadt und Gemeinde, H. 12/2001, S. 492-494.

Pethran (2004): Rainer Pethran, Voraussetzungen für den Erfolg von PPP im Freizeitbereich: Offene Augen, Toleranz und Vertrauen auf beiden Seiten, in: *GÖW (2004)*, S.190-196.

PwC (2002): PricewaterhouseCoopers, Deutsche Städte auf dem Weg zum modernen Dienstleister. Kommunalstudie 2002, Frankfurt am Main.

Quinn/Cameron (1983): Robert E. Quinn u. Kim Cameron, Organizational Life Cycles and Shifting Criteria of Effectiveness: Some Preliminary Evidence, in: Management Science, Vol. 29 (1983), S. 33-52.

Rügemer (2004): Werner Rügemer, Toll Collect oder der Ausverkauf der Politik, in: Blätter für deutsche und internationale Politik, H. 4/2004, S. 415-426.

Sack (2003): Detlef Sack, Gratwanderung zwischen Partizipation und Finanzengpässen. Ein Überblick über die deutsche PPP-Entwicklung, in: Zeitschrift für öffentliche und gemeinwirtschaftliche Unternehmen, H. 4/2003, S. 353-370.

Schellenberg (2001): Martin Schellenberg, Die vertragliche Gestaltung einer Public Private Partnership zum Aufbau eines öffentlichen Portals, in: D. Kröger (Hrsg.) Internetstrategien für die Kommunen, Köln 2001, S. 411-421.

Scherer-Leydecker (2004): Christian Scherer-Leydecker, PPP on the Road: Betreibermodelle im Bundesfernstraßenbau, in: Detlef Knop (Hrsg.), Public Private Partnership. Jahrbuch 2004. Gemeinsames Jahrbuch des FINANCE-Magazins und ConVent, Frankfurt am Main 2004, S. 77-79.

Schörken (2004): Dieter Schörken, Warnowquerung – das erste privatfinanzierte Verkehrsprojekt, in: *GÖW (2004)*, S.89-101.

Siegfried (2002): Christine Siegfried, Organisationsformen städtischer Portale, in: *Stapel-Schulz/Eifert(2002)*, S. 4-9.

SPD (2003): SPD-Bundestagsfraktion (Hrsg.), Öffentlich Private Partnerschaften – Ein Positionspapier, Teil 3, Projektarbeitsgruppe „Public Private Partnerships" der SPD-Bundestagsfraktion, Dok. Nr. 04/2003, Berlin.

Stapel-Schulz/Eifert (2002): Claudia Stapel-Schulz u. Martin Eifert (Hrsg.), Organisations- und Kooperationstypen kommunaler Internetauftritte. Arbeitspapiere aus der Begleitforschung zum Städtewettbewerb Multimedia MEDIA@Komm 6/2002.

Voigt (2002): Stefan Voigt, Institutionenökonomik, München 2002.

Wollenweber (2004): Marianne Wollenweber, Public Private Partnership (PPP): Mehr Auf- als Abwind?, in: Kommunalpolitische Blätter, Nr. 5/2004, S. 38-40.

Zapp (2003): Kerstin Zapp, Private könnten öffentliche Kassen entlasten, in: Internationales Verkehrswesen, 55 Jg. (2003), H. 12, S. 626-628.

Christoph Reichard

Organisations-PPP – Typologie und praktische Ausprägungen

Gliederung

I. Begriff und Einordnung in Betriebstypologien
II. Spezifische Merkmale von Organisations-PPPs
III. Organisations-PPPs – eine empirische Bestandsaufnahme
   1. Überblick
   2. Vertiefende Analyse von Organisations-PPPs
      a) OPPPs bei Bund und Ländern
      b) OPPPs auf der kommunalen Ebene
IV. Einige Vermutungen zur Leistungsfähigkeit und Effizienz von Organisations-PPPs
V. Entwicklungstrends
Literaturverzeichnis

I. Begriff und Einordnung in Betriebstypologien

Eine „Organisations-PPP" (OPPP) ist eine auf Dauer angelegte Organisation, die in der Regel in der Form einer Kapitalgesellschaft gebildet wird und an der ein oder mehrere öffentliche sowie ein oder mehrere private Eigentümer beteiligt sind. Sie steht als Variante und als eigenständiger Rechtstyp gleichberechtigt neben der schuld- bzw. vertragsrechtlich gestalteten PPP.[1] Statt der Bezeichnung „Organisations-PPP" ist auch der Begriff „Institutionalisierte PPP" üblich[2]; desgleichen spricht man häufig von „Kooperationsmodell"[3]. Eine Organisations-PPP entspricht im Wesentlichen dem Typus der gemischtwirtschaftlichen Unternehmung (GWU), der unter dieser Bezeichnung seit langem bekannt und in der Praxis verbreitet ist.[4] Nachstehend werden OPPP und GWU gleichgesetzt. Eine OPPP wird zum Bereich der öffentlichen Unternehmungen gerechnet, wenn die öffentliche Hand als Eigentümer maß-

---
1 Siehe den Beitrag von Detlef Sack in diesem Band auf S. 51 ff. sowie *Sack (2003)*.
2 *EU-Kommission (2004)*.
3 *Tettinger (1996)*, S. 766.
4 *Eichhorn (1966), (1987)* u. *(1993); Bolsenkötter (1960); Haeseler (1989); Pauly u.a. (1997)*.

geblichen Einfluss auf diese Unternehmung ausüben kann. Dies äußert sich in der Regel in einem einflusssichernden Eigenkapital- oder Stimmrechtsanteil. Üblicherweise kann dies ab einem Anteil von 50 % angenommen werden. Bei der Aktiengesellschaft oder im Fall entsprechender Satzungsregelungen auch bei der GmbH kann auch ab einer Sperrminorität von 25 % von einem derartigen Einfluss ausgegangen werden. Nicht zum Typ OPPP gerechnet werden üblicherweise andere Formen „gemischter Organisationen", an denen die öffentliche Hand und Nonprofit-Organisationen beteiligt sind (z.B. im Wohlfahrts- oder Kulturbereich).

Der Typus der OPPP bzw. GWU ist wie folgt in ein Kontinuum zwischen Staat und Markt einzuordnen:

Abbildung 1

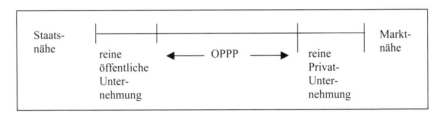

Je nach Stärke des öffentlichen Einflusses ist eine OPPP stärker in Richtung „Staat" oder in Richtung „Markt" positioniert. Bei größerer Marktnähe werden Marktmechanismen und Marktpreise ebenso eine größere Rolle spielen wie die erwerbswirtschaftliche Orientierung und die Ausprägung privatwirtschaftlicher Werte und Verhaltensweisen bei den Akteuren.[5] Umgekehrt dürfte bei grösserer Staatsnähe der Einfluss der Politik auf das Unternehmen beträchtlich sein, bürokratische Regelungsmechanismen dürften ausschlaggebender sein und die Organisationskultur dürfte stärker „etatistisch" geprägt sein.

Auf dem Weg „abnehmender Amtlichkeit", also der Entfernung aus dem Kernbereich des öffentlichen Sektors, belegt die OPPP eine mittlere Position: Im Vergleich zu einem rein öffentlichen Unternehmen ist die OPPP zweifellos in aller Regel staatsferner, im Vergleich zur vollen materiellen Privatisierung bietet sie demgegenüber dem Staat weiterhin direkte Einwirkungsmöglichkeiten jenseits der Regulierung. Im Auswahlspektrum der verschiedenen institutionellen Lösungen, die bei einer Leistungstiefenentscheidung zur Diskussion stehen (von „Amt" bis Übertragung auf einen privaten Träger) ist die

---

5   Siehe dazu den Beitrag von Peter Eichhorn in diesem Band auf S. 107.

OPPP eine Option, die – wie wir noch sehen werden – ihre spezifischen Vor- und Nachteile hat.[6]

Eine OPPP lässt sich ferner im Hinblick darauf, dass sie – wie auch vertragsrechtliche PPPs – eine Plattform für öffentlich-private Kooperation bietet, in einem Dreieck zwischen Markt, Hierarchie und Netzwerklösungen verorten[7]: Sie stellt eine eigenständige Koordinationsvariante neben marktlich-wettbewerblichen Lösungen und inneradministrativen Modernisierungsprogrammen dar. Es gibt einige empirische Anhaltspunkte, dass der in PPP angelegte Kooperationsansatz einige spezifische Vorteile aufweist, die die anderen Koordinationsformen nicht haben: Die privaten und öffentlichen Partner können aus ihren je speziellen Potenzialen Synergien beziehen, und die Transaktionskosten können aufgrund der dauerhaft angelegten und organisierten Kooperation gering gehalten werden.[8]

II. Spezifische Merkmale von Organisations-PPPs

Spezifika der Zielkonzeption: Organisations-PPPs sind durch zwei konstitutive Merkmale geprägt: Sie weisen erstens eine hybride bzw. „gemischte" Eigentumsstruktur (mixed economy) auf. Zweitens verfügen sie über eine hybride Zielkonzeption, die einerseits auf ein dominantes Erfolgsziel abstellt, andererseits einen (weiter bestehenden) öffentlichen Auftrag erkennen lässt. Ein erkennbarer öffentlicher Auftrag sollte auch bei einer OPPP vorliegen, sonst erscheint der Einbezug der OPPP in den öffentlichen Sektor nicht angemessen. Ein alleiniges fiskalisches Interesse der öffentlichen Hand ist umstritten und auf Kommunalebene in Deutschland auch unzulässig, weil in diesem Fall der stets geforderte „öffentliche Zweck" nicht gegeben ist. Schon an dieser Stelle ist anzumerken, dass diese Zielstruktur – trotz einer ebenfalls notwendigen Zielkomplementarität – auf Konflikt angelegt ist und dass die dahinter stehenden, durchaus widersprüchlichen Interessen der beiden Eignergruppen ein ständiges, latentes Streitpotenzial zur Folge haben.[9]

Eigentumsstruktur: Auf öffentlicher Seite kann es sich um einen Eigentümer handeln (z.B. den Bund oder eine Stadt), oder es kann mehrere öffentliche Eigner geben (z.B. mehrere Städte). Das Gleiche kann auf privater Seite der Fall sein. Wenig Empirie gibt es über die privaten Partner in OPPPs. Es kann

---

6 Vgl. i.e. *Reichard (1998)*.
7 Vgl. *Budäus (2001)*, S. 13.
8 Vgl. *Budäus (2003)* sowie *Budäus/Eichhorn (1997)*.
9 Vgl. die Fallbeispiele zur Abfallentsorgung – kostengünstige vs. ökologisch sachgerechte Entsorgung –, die *Schoch (1999)*, S. 103, anführt.

sich dabei sowohl um lokale oder regionale Unternehmen als auch um internationale Großkonzerne (z.B. Vivendi) handeln. Bei letzteren sind langfristig angelegte, strategische Beteiligungsmotive zu vermuten (Marktzugang usw.; s.u.). Auch Banken treten häufig als private Partner in Erscheinung. Seltener kommen private Kleinaktionäre als Eigenkapitalgeber vor (Ausnahmebeispiele: Deutsche Telekom, Post oder demnächst evtl. Bahn).

Varianten der OPPP-Entstehung: Eine OPPP kann erstens durch Umwandlung einer bestehenden rein öffentlichen Unternehmung entstehen, indem private Eigenkapitalgeber als Gesellschafter aufgenommen werden. Dies dürfte in der Praxis häufig vorkommen, vor allem in den gegenwärtigen Zeiten der öffentlichen Finanzkrise. In diesem Fall kann man auch von Teilprivatisierung sprechen. Eher seltener wird der Gegentyp auftreten: die Umwandlung einer bestehenden rein privaten Unternehmung durch Aufnahme öffentlicher Eigenkapitalgeber. Dafür gibt es gelegentlich Beispiele, etwa zur Arbeitsplatzrettung oder zur Sanierung eines lokal wichtigen Unternehmens. Daneben ist auch die Variante der Gemeinschaftsgründung beobachtbar, indem staatliche und private Kapitalgeber eine neue OPPP gründen, für die es keinen Vorläufer gegeben hat. Ebenfalls denkbar ist der Fusionsfall: Eine bisher reine öffentliche Unternehmung und eine Privatunternehmung schließen sich zu einem gemeinsamen einzigen Unternehmen zusammen. Als Sonderfall ist schließlich die stille Beteiligung Privater (z.B. einer Bank) an einer öffentlichen Unternehmung zu nennen.

Formalisierungsgrad der Beziehungen: Eine OPPP ist im Vergleich zur vertragsrechtlichen PPP in starkem Maß formalisiert.[10] Die Rechte und Pflichten der Partner sind weitgehend in Gesetzen, Satzungen und Gesellschaftsverträgen festgelegt. Dies führt auf der einen Seite zu einer stärkeren Verlässlichkeit der OPPP und begrenzt das Risiko. Auf der anderen Seite sind die mit der Gründung und Gestaltung einer OPPP verbundenen Organisationskosten beträchtlich. Zweifelhaft ist bei OPPPs, inwieweit ein Partner bereit ist, spezifische und strategisch relevante Ressourcen in das Gemeinschaftsunternehmen einzubringen[11], da diese Ressourcen in das Gemeinschaftseigentum übergehen und der ursprüngliche Besitzer seine bisherigen Verfügungsrechte verliert.

Motive für die Bildung einer OPPP: Auf der Seite beider Partner gibt es sehr unterschiedliche Gründe und Motive, sich zu einer OPPP zusammenzuschließen. Ein Teil dieser Motive ist identisch mit den Gründen, die zur Schaffung vertragsrechtlicher PPPs angeführt werden.

---

10 Vgl. *Budäus (2001)*, S. 14 u. 18.
11 Vgl. ebenda, S. 22 f.

Auf Seiten des *öffentlichen Partners* werden vor allem folgende Motive häufiger genannt:
- Kapitalzufuhr
- Know-how-Erweiterung
- Auslagerung bei weiter bestehender Einflussnahme auf die Leistungserbringung
- Risikoteilung
- Schaffung von Synergieeffekten und Kostensenkungsmöglichkeiten durch vertikale – bzw. gelegentlich auch horizontale – Integration von Wertschöpfungsketten (z.B. Einbindung vor- oder nachgelagerter Produktions- bzw. Vertriebsstufen, etwa in der Energiewirtschaft)
- Erweiterung von Geschäftsfeldern resp. Erschließung neuer Geschäftsfelder (strategische Partnerschaft)
- Aufgabenabbau (Aufgabenentledigung, Vorstufe in Richtung Privatisierung)
- Vorstufe zu Personalabbau
- Veräußerungserlöse (Verkauf von „Tafelsilber")
- Abbau ungewollter politischer Einflussnahme und Kontrolle durch Teilprivatisierung.

Auf Seiten des *privaten Partners* werden im allgemeinen folgende Motive eine größere Rolle spielen:
- Marktzugang (z.B. bei bislang bestehenden öffentlichen Monopolen)
- Erweiterung von Geschäftsfeldern resp. Erschließung neuer Geschäftsfelder (strategische Partnerschaft)
- Wachstum, zusätzliche Erträge
- erster Schritt zur Übernahme eines bislang öffentlichen Unternehmens.

Organisation, Corporate Governance, Kontrollaspekte: Es klang oben schon an: Bei einer OPPP prallen verschiedene Organisationskulturen und Interessen aufeinander. Während der öffentliche Partner seine Vorstellungen und Erfahrungen einer öffentlichen Einrichtung durchzusetzen versucht, wird der private Partner in der Regel bemüht sein, seine unternehmerisch geprägten Ziele, Werte und Erwartungen zu verwirklichen. Solche Kulturbegegnungen sind schon im Privatsektor nicht einfach, wie zahlreiche fehlgeschlagene Fusionsprojekte immer wieder bestätigen (Beispiel BMW-Rover). Umso schwieriger wird es, wenn private und öffentliche Partner versuchen, sich in einem Gemeinschaftsunternehmen zu arrangieren. Auch im Hinblick auf die Leitungs- und Kontrollstrukturen einer OPPP kann es zu Problemen und Konflikten kommen, weil die unterschiedlichen Führungsstrukturen und Kontroll-Logiken nicht zueinander passen: Bei einer öffentlichen Unternehmung besteht meist eine Dominanz politischer Einflussnahme (z.B. durch Parlament oder Aufsichtsräte). Bei Privatunternehmungen besteht demgegenüber eine deutliche Dominanz des „Shareholder Value"-Denkens, auf das alle Steuerungsmechanismen ausgerichtet werden. Ferner ist zu berücksichtigen, dass bei öffentlichen Unternehmen in der Regel ein beachtlicher Gewerkschafts- und Personalvertretungseinfluss aufgrund der häufig gegebenen paritätischen Mitbestimmung gegeben ist, der im privaten Sektor weniger ausgeprägt ist. Insgesamt ist festzustellen, dass es an speziell zugeschnittenen, die Besonderheiten des „Öffentlichen" berücksichtigenden und wirksamen Kontrollstrukturen und -mechanismen weitgehend fehlt (Fallbeispiel Berliner Bankgesellschaft).

Rechtsformen bei OPPPs: Kapitalgesellschaften stehen eindeutig im Mittelpunkt. In vielen Fällen wird die Rechtsform der GmbH angebracht sein, weil diese flexible Gestaltungsmöglichkeiten bietet. Soll im weiteren Lebenszyklus der OPPP zusätzliches Eigenkapital beschafft werden, dann wird sich eher die Rechtsform der AG empfehlen, weil dann der Kapitalmarktzugang gegeben ist.

III. Organisations-PPPs – eine empirische Bestandsaufnahme

1. Überblick

Europa:
In zahlreichen EU-Staaten haben in jüngerer Zeit OPPPs zugenommen[12]; insbesondere in Deutschland, Österreich, Italien, Frankreich, Schweden, Portugal, Griechenland. EU-weit ist die Quote von OPPPs auf Kommunalebene (d.h. das Verhältnis OPPP zu allen kommunalen Unternehmungen) von 10 % in 1999 auf 20 % in 2002 angestiegen.

Deutschland:
Es gibt auf allen staatlichen Ebenen OPPPs. Beim Bund haben 23 % aller Beteiligungen den Status einer OPPP.[13] Auf Länderebene sind im Durchschnitt 34 % aller Beteiligungen OPPPs. Auf kommunaler Ebene sind gegenwärtig 39 % aller Betriebe als OPPP einzustufen. Die kommunale OPPP-Quote stützt sich auf relativ gleichlautende Befunde aus Daten des Verbandes kommunaler Unternehmen (VKU), aus einer aktuellen Studie des Deutschen Instituts für

---

12 Vgl. *EU-Kommission (2004).*
13 Die Daten zum Bund und den Ländern basieren auf Recherchen des Autors in aktuellen Beteiligungsberichten des Bundes sowie der Bundesländer. Allerdings konnten leider nicht alle Länder in die Auswertung einbezogen werden, da nicht alle Länder Angaben zu den Eigentumsverhältnissen ihrer Beteiligungen machen. Insofern sind die nachstehenden Daten als unvollständig zu werten.

Urbanistik (DIFU) und aus einer eigenen Analyse des Autors.[14] Insgesamt lässt sich also feststellen, dass in Deutschland ein – im europäischen Vergleich überproportionaler – Bestand an OPPPs unter den öffentlichen Unternehmen zu verzeichnen ist. Dies wird nachfolgend – vor allem mit Blick auf die kommunale Ebene – vertieft analysiert.

2. Vertiefende Analyse von Organisations-PPPs

a) OPPPs bei Bund und Ländern

Der Bund weist mit 86 Unternehmen lt. Beteiligungsberichten im Vergleich zu den Ländern (1.318) eine relativ geringe Zahl an öffentlichen Unternehmen auf. Daher wird auf eine separate Analyse der OPPP-Lage beim Bund verzichtet, und es werden Bund und Länder zusammengefasst betrachtet.[15] Untersucht man die Eigentumsstruktur der Beteiligungen von Bund und Ländern, ergibt sich folgendes Bild:

- 30 % der Unternehmen befinden sich im Eigentum nur einer Gebietskörperschaft.
- 38 % der Unternehmen haben mehrere öffentliche Eigner (public/public).
- 32 % der Unternehmen haben neben dem öffentlichen Eigner auch einen oder mehrere private Eigentümer (= OPPP).

Betrachtet man diese Beteiligungen unter dem Aspekt der *Rechtsform*, dann zeigt sich, dass sich die Mehrzahl in privater Rechtsform befindet (72 %), während ein kleinerer Rest (28 %) in öffentlich-rechtlicher Form organisiert ist, bei der wiederum der Typ der Körperschaft überwiegt. Bei den privaten Rechtsformen dominiert eindeutig die *GmbH* mit 62 % aller Beteiligungsunternehmen, gefolgt von der AG mit 6 %.

Die Beteiligungsverhältnisse stellen sich wie folgt dar:
- In 24 % der Fälle besteht lediglich eine Minderheitsbeteiligung des öffentlichen Eigentümers am Unternehmen (< 25 % Anteil).
- In 21 % der Fälle besteht eine qualifizierte Minderheitsbeteiligung des öffentlichen Eigentümers am Unternehmen (25-50 % Anteil).

---

14 Laut VKU-Daten sind 39 % aller kommunalen Kapitalgesellschaften GWUs; vgl. *Gottschalk (2004)*; vgl. auch *Edeling/Reichard (2003)*; vgl. ferner: *Trapp/Bolay (2003)*. Darüber hinaus gibt es eine empirische Studie von *PwC (2002)*, die ebenfalls Aufschluss über PPP-Strukturen gibt.
15 Basis der nachstehenden Quotenberechnungen sind die Daten des Bundes und derjenigen 6 Länder, die über die Eigentumsstruktur ihrer Unternehmen berichten; das sind insgesamt 559 Unternehmen.

- In 26 % der Fälle besteht eine Mehrheitsbeteiligung des öffentlichen Eigentümers am Unternehmen (50 % und mehr als 50 % Anteil).
- In ebenfalls 26 % der Fälle handelt es sich um ein reines öffentliches Unternehmen (100 % Staatseigentum).

Zusammenfassend lässt sich feststellen, dass immerhin ein Drittel aller öffentlichen Unternehmen von Bund und Ländern in Deutschland bereits private Miteigentümer aufweist, der gesellschaftsrechtliche PPP-Gedanke also durchaus verbreitet ist. Auch im Hinblick auf die Rechtsformen hat sich das privatrechtliche Modell stark ausgebreitet (62 % GmbHs). Bei den Eigentumsverhältnissen zeigt sich, dass bei etwa einem Viertel aller Unternehmen der Staat ganz klar „das Sagen" hat (Kapitalmehrheit) und dass er in einem weiteren knappen Viertel immerhin eine qualifizierte Minderheitsbeteiligung hat.

b) OPPPs auf der kommunalen Ebene

Im folgenden Abschnitt werden einige Befunde einer aktuellen Analyse der Beteiligungen der deutschen Städte der Größenklassen 1-4 (> 50.000 Einwohner) ausschnitthaft dargestellt und im Hinblick auf die Verbreitung von OPPPs diskutiert.[16]

Die Untersuchung zeigt im Überblick, dass 28 % aller kommunalen Betriebe in Deutschland (bezogen auf die Grundgesamtheit aller 2.009 erhobenen Beteiligungen) neben dem kommunalen Eigentümer einen oder mehrere private Eigner aufweisen (im Folgenden „Public/Private-Fall" genannt). Hinzu kommen weitere 11 %, die als „Public/Public/Private"-Organisationen bezeichnet werden können, bei denen es also jeweils mehrere öffentliche und private Eigentümer gibt (im Folgenden „Public/ Public/Private-Fall" genannt). Die Summe der OPPPs beträgt insgesamt also 39 %. Der VKU kommt zum gleichen Ergebnis[17]: 39 % aller VKU-Mitgliedsunternehmungen in der Rechtsform einer Kapitalgesellschaft haben private Miteigentümer. Dabei seien große deutsche Verbundunternehmen wie E.ON in bestimmten Sparten stark im Vordringen, während bislang ausländische Unternehmen (wie z.B. Vivendi oder Vattenfall) noch eher selten zu finden seien. Die DIFU-Studie zu kommunalen Beteiligungen von 2003 ist zum Thema PPP leider nicht sehr ergie-

---

16 Es handelt sich um eine Totalerhebung unter allen (190) deutschen Städten der Größenklassen 1-4, also über 50.000 Einwohner, die 2002/2003 vom Kommunalwissenschaftlichen Institut der Universität Potsdam in Zusammenarbeit mit der Kommunalen Gemeinschaftsstelle (KGSt) durchgeführt wurde; es wurde eine Rücklaufquote von 71 % erzielt, die regional und größenklassenspezifisch repräsentativ erscheint. Vgl. zu den nachfolgenden Daten *Edeling/Reichard (2003)*.

17 Vgl. *Gottschalk (2004)*, S. 35.

big.[18] Diese Analyse stützt sich auf die Auswertung von Beteiligungsberichten großer deutscher Städte, in denen laut den Autoren keine gesamthaften Angaben zu den Beteiligungsverhältnissen von Privaten zu finden seien. Immerhin wird erwähnt, dass an Stadtwerken der großen deutschen Städte in 45 % der Fälle private Anteilseigner beteiligt seien.[19]

Abbildung 2

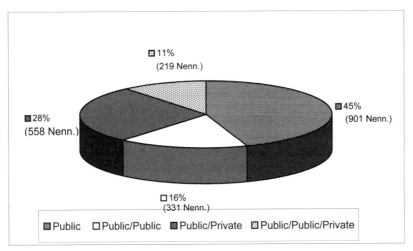

Quelle: *Edeling/Reichard (2003)*.

In gut 50 % der *Public/Private-Fälle* ist die Eigentümerkommune Mehrheitseigentümer (> 50 %), bei 21,5 % der Unternehmungen besteht ein qualifizierter kommunaler Anteil zwischen 25 und 50 %, in immerhin 18,6 % der Fälle besitzt die Kommune exakt 50 % des Kapitals.[20] An etwas mehr als der Hälfte (57,1 %) aller kommunalen Public/Private-Fälle ist die Mutterkommune unmittelbar beteiligt, der Rest befindet sich in mittelbarer Beteiligung, also über entsprechende Holdingstrukturen. Auffällig ist, dass Public/Private-Fälle ganz überwiegend (63,6 %) durch gesonderte Organisationseinheiten – z.B. gesonderte Beteiligungsverwaltungen oder Beteiligungsgesellschaften – in der Mutterkommune gesteuert werden, während die klassischen Fachämter kaum bzw. die Kämmerei nur eine geringe Rolle spielen.

---

18 Vgl. *Trapp/Bolay (2003)*, S. 27.
19 Ebenda.
20 Nach den VKU-Daten (vgl. *Gottschalk (2004)*, S. 35) gibt es bei kommunalen PPPs überwiegend nur private Minderheitsbeteiligungen, deren Häufigkeit in jüngerer Zeit allerdings stark zugenommen hat. Hiernach sind die Kommunen bislang also Mehrheitsgesellschafter ihrer Unternehmen.

Bei den *Public/Public/Private-Fällen* sieht das Bild etwas anders aus: Der Eigentumsanteil der jeweiligen Mutterkommune ist deutlich geringer (43 % unter 25 %, 35 % zwischen 25 und 50 %), was angesichts der Teilhabe weiterer öffentlicher Einrichtungen auch nicht weiter verwundert. Andere öffentliche Träger sind an solchen Unternehmungen insgesamt mit entweder kleineren Anteilen (31 % mit weniger als 25 %) oder mit qualifizierten Minderheitsanteilen (46 % mit 25-50 %) beteiligt. Auch die Anteile privater Partner bewegen sich in ähnlichen Spannen (34 % der Privaten sind mit weniger als 25 %, 41 % mit 25-50 % und 25 % mit mehr als 50 % beteiligt). Interessanterweise befindet sich die große Mehrzahl dieser Public/Public/Private-Fälle in unmittelbarem Eigentum der jeweiligen Kommune (82 %). Ferner fällt auf, dass knapp 40 % dieser Fälle durch die Kämmerei gesteuert werden und dass hier spezielle Beteiligungsverwaltungen mit 47 % einen geringeren Einfluss als in der vorherigen Kategorie haben.

Die bevorzugte *Rechtsform* ist auch im Fall der kommunalen OPPPs ganz eindeutig die *GmbH*. 73,4 % aller kommunalen Betriebe in Deutschland sind nach der vorliegenden Stichprobe GmbHs[21], 4,9 % sind AGs. Weitere Rechts- und Organisationsformen – wie der kaum noch relevante Eigenbetrieb (5,8 %) oder der Zweckverband (4,7 %) – dürften bei OPPPs keine Rolle spielen. Dementsprechend liegt wahrscheinlich die – für den Fall der OPPP bisher nicht gesondert ausgewertete – Zahl der GmbHs und AGs in öffentlich-privater Partnerschaft bei nahezu 100 %. Bemerkenswert ist ferner, dass mittlerweile in Deutschland bereits ungefähr die Hälfte aller kommunalen *Beschäftigten* in den Beteiligungen tätig ist (46 %) und demzufolge nur noch 54 % in der eigentlichen Kernverwaltung arbeiten (bei den großen Großstädten ist es bereits ein Verhältnis von 1:1).

OPPPs werden vor allem in den klassischen Aufgabenbereichen der kommunalen Ver- und Entsorgung betrieben. PPP-relevante Unternehmenssparten sind insbesondere:

– Wohnungsbau und -verwaltung
– Abfallbeseitigung
– Energieversorgung
– Wasserversorgung
– ÖPNV
– Stadtmarketing, Tourismus, Wirtschaftsförderung.

Die DIFU-Studie von 2003 untermauert diese Befunde.[22] Danach haben 38 % der kommunalen Wasserbetriebe und 71 % der kommunalen Energieversorger

---

21 Diese Quote wird durch die DIFU Studie bestätigt; dort sind es 75 % aller Beteiligungen (vgl. *Trapp/Bolay (2003)*, S. 25).
22 Vgl. ebenda, S. 29 ff.

einen privaten Partner. Auch die PwC-Studie von 2002[23] kommt zu ähnlichen Ergebnissen: Hiernach sind 62 % der EVUs, 53 % der ÖPNV-Betriebe, 43 % der Wasserbetriebe und 39 % der Abfallentsorgungsbetriebe als PPP ausgewiesen.

IV. Einige Vermutungen zur Leistungsfähigkeit und Effizienz von Organisations-PPPs

Weshalb werden eigentlich OPPPs gegründet? Im Wesentlichen dürfte es im Sinne der oben beschriebenen Gründungsmotive darum gehen, durch die gesellschaftsrechtliche Kooperation *Synergieeffekte* zu bewirken, die ohne solche Zusammenarbeit nicht bzw nicht in gleichem Maß erwartet werden können. Synergieeffekte können z.B. darin bestehen, zusätzliche Eigenkapitalströme zu mobilisieren, die für Unternehmenswachstum oder zur Abwehr von Überschuldungssituationen benötigt werden. Sie können jedoch ebenso in der Zuführung spezifischen Know-hows gesehen werden, das bei einer bestehenden öffentlichen Unternehmung nicht vorhanden ist. Angesichts schrumpfender klassischer Märkte von öffentlichen Unternehmungen dürfte ferner ein maßgeblicher Anreiz darin bestehen, mit dem neuen privaten Partner in neue Geschäftsfelder eindringen zu können. Schließlich dürfte ein Impuls auch durch verstärkten Produktivitätsdruck gegeben sein, der von Seiten des privaten Partners infolge dessen Kapitalverwertungsinteresses erzeugt wird.

In einer OPPP ist vom „Grundstrickmuster" her ein Zielkonflikt angelegt: Während der private Partner auf Gewinnerzielung fixiert ist, verfolgt der öffentliche Partner – zumindest von seinem öffentlichen Auftrag her – in der Regel eine sachziel- und gemeinwohlorientierte Zielsetzung, die zwar Gewinn nicht ausschließt, diesen jedoch nicht in den Vordergrund stellt. Dieser Konflikt kann zwar durchaus produktiv ausgetragen werden und damit zu positiven Synergieeffekten führen, aber im Prinzip bleibt die Konfliktlage des hybriden Gebildes „PPP" bestehen. Verstärkt werden kann dieser Konflikt durch unterschiedliche Entscheidungs- und Verhaltensrationalitäten der zentralen Akteure in den Eigentümergremien: Während die Interessen der öffentlichen Hand maßgeblich durch die „Politik" (Gemeinderat usw.) bestimmt werden und hier inkrementale, wiederwahlbestimmte, z.T. klientelistische Aspekte eine gewisse Rolle spielen, wird das Verhalten des privaten Miteigentümers im wesentlichen durch das Denken in Shareholder Value-Kategorien geprägt. Es gibt eine Reihe von Befunden, die erkennen lassen, dass diese

---

23 *PwC (2002).*

verschiedenen Rationalitäten in einer PPP in Widerspruch zueinander geraten können.

Die *Leistungsfähigkeit* einer OPPP wird zunächst entscheidend durch die Wahl der „richtigen" Partner bestimmt. Folgende Aspekte dürften bei der Partnerwahl aus Sicht der öffentlichen Seite vor allem eine Rolle spielen:
- hinreichende Komplementarität der Ziele
- ein dauerhaftes Interesse und Engagement des privaten Partners
- finanzwirtschaftliche Solidität, geringes Insolvenzrisiko
- Erfahrung des Privaten im Umgang mit öffentlichen Einrichtungen (zur Vermeidung von „Kulturschock").

Die dauerhafte *Konstituierung* einer OPPP setzt eine von beiden Seiten akzeptierte, „gerechte", gesellschaftsrechtlich fundierte *Corporate Governance Struktur* der betreffenden Unternehmung voraus. Hierzu bedarf es einer entsprechenden Ausgestaltung der Satzung. Oft gibt es hier bei den Partnern Zielvorstellungen, die auf Dauer zu Konflikten führen können: Beispielsweise strebt die öffentliche Hand aus kommunalverfassungsrechtlichen Gründen („Sicherstellung des öffentlichen Zwecks") an, die Kapitalmehrheit zu behalten, räumt zugleich jedoch dem privaten Partner die „unternehmerische Führung" ein. Dies führt dann später nicht selten zu Streit, wenn die getroffenen Führungsentscheidungen des Privaten dem öffentlichen Partner nicht passen.

Bei der *Außensteuerung* einer OPPP durch die öffentliche Hand sollten zwei Positionen unterschieden werden: zum einen die Eigentümerposition, zum anderen die Auftraggeberposition. Der Staat in seiner Rolle als (Mit-) Eigentümer der OPPP wird über die erwähnten Corporate Governance-Mechanismen Einfluss zu nehmen versuchen (z.B. durch Entscheidungen im Aufsichtsrat usw.). Hier steht auch beim Staat zu vermuten, dass ein gewisses Ertragsinteresse (Dividende) gegeben sein dürfte. Davon unterscheidet sich die Position des Staates als Gewährleister und Auftraggeber bestimmter öffentlicher Leistungen. Hier wird er versuchen, verbindliche Kontrakte abzuschließen und den Vollzug entsprechend zu überwachen. Bei dieser Position dürften das Gemeinwohl und die Qualität der öffentlichen Leistungen im Vordergrund stehen. Insgesamt werden damit zwei „Hebel" der Steuerung sichtbar, die jeweils verschiedene Ansatzpunkte markieren und ggf. auch in unterschiedliche Richtungen tendieren können.

Im Vergleich zur Vertrags-PPP dürfte die OPPP als relativ stabil einzuschätzen sein, soweit es klare und generell akzeptierte Satzungsregelungen und Kapitalverteilungen gibt. Eine Reihe von Fallbeispielen belegt allerdings, dass OPPPs nicht immer von langer Dauer sind und mit hohen Kosten wieder aufgelöst werden müssen, weil die Interessen, Werte und Erwartungen der beiden Partner eben doch nicht hinreichend zueinander „passen" oder weil die

Rechte, Pflichten und Kompetenzen der Partner nicht angemessen geregelt worden sind.[24] Im Fall des Scheiterns der Partnerschaft kann bei entsprechenden Mehrheitsverhältnissen der öffentliche Partner versuchen, den privaten Partner auszubezahlen und die PPP wieder zu „rückverstaatlichen" (Fallbeispiel: die Wasserbetriebe der Stadt Potsdam, die den privaten Partner Eurawasser durch Abfindung wieder aus der ehemaligen PPP „herauskomplimentiert" haben).

Wie ist die *Effizienz* von OPPPs zu beurteilen?[25] Eine generelle Antwort ist hier sicherlich nicht möglich, dennoch können Tendenzaussagen getroffen werden. Die Effizienzbeurteilung hängt zunächst vom Blickwinkel ab: Im Vergleich zum reinen öffentlichen Unternehmen dürfte die Vermutung angebracht sein, dass eine OPPP eine höhere Effizienz aufweist, weil der private Partner für höheren Produktivitäts- und Kostendruck sorgt. Der private Partner dürfte mittelfristig für eine „schleichende Effizienz-Infiltration" sorgen. Im Vergleich zum rein privaten Unternehmen ist umgekehrt zu vermuten, dass es einige effizienzhemmende Effekte gibt, die vor allem aus anhaltenden Ziel- und Strategiekonflikten, aus der Notwendigkeit häufiger „fauler Kompromisse" oder einem tendenziell unkritischen Risikoverhalten des privaten Partners aufgrund der Erwartung staatlicher Auffangverantwortung beim Risikoeintritt (Fall Berliner Bankgesellschaft!) resultieren können. Unter Risikoaspekten wird bei PPPs immer wieder auf problematische Risikoverteilungen zwischen den beiden Partnern hingewiesen: Die unerfahrene, vage und schwer messbare Ziele formulierende öffentliche Seite wird offenbar gerne mit einem höheren Risikoanteil als die private Seite belastet. Unter Effizienzaspekten taucht ferner nicht selten die Befürchtung auf, dass die Gründung einer OPPP – im Vergleich zur vorherigen reinen öffentlichen Unternehmung – zu Qualitäts-, Sicherheits- oder umweltpolitischen Verschlechterungen infolge Standardabsenkungen führen könne.

Die Leistungsfähigkeit von OPPPs hängt nicht zuletzt auch von der gegebenen *Organisationskultur und Führung* ab. Wie schon erwähnt, stoßen in OPPPs häufig unterschiedliche Kulturen aufeinander, die sich erst assimilieren müssen. Dabei lässt sich auch in reinen öffentlichen Unternehmen ein Trend des Führungsverhaltens in Richtung privatwirtschaftlicher Werte und Normen feststellen, der verstärkt für OPPPs gelten dürfte[26]: Obere Führungskräfte einer PPP orientieren sich in ihrem Führungsverhalten immer stärker in Richtung

---

24 Erwähnt sei das Fallbeispiel Leipziger IT-Systemhaus LECOS: Eine PPP der Stadt Leipzig mit IBM ist nach recht kurzer Zeit wieder gescheitert, weil die beiden Partner unvereinbare Ziele und Erwartungen hatten.
25 Vgl. auch *Weber (2004)*.
26 Vgl. *Edeling (2003)*.

privater Vorbilder, der Bezug zum öffentlichen (Mit-)Eigentümer nimmt ab oder bricht sogar ab. Im Ergebnis gibt es in PPPs einen Trend, dass sich die private Seite – selbst bei Kapitalmehrheit der öffentlichen Hand – immer stärker durchsetzt. Das kann ein Schritt in Richtung materielle Privatisierung sein. Insgesamt kann man annehmen, dass sich die privatwirtschaftlich-gewinnorientierte Rationalität in der OPPP gegenüber einem politisch-gemeinwohlbezogenen Denken durchsetzt. Ausnahmen sind allenfalls dann denkbar, wenn die betreffende öffentliche Dienstleistung, die durch eine OPPP erbracht wird, politisch sehr brisant ist (z.B. Wasser- oder Müllgebühren). Dann kann – ggf. zeitlich begrenzt – auch die politische Rationalität Oberhand gewinnen, woraus ggf. ein zumindest kurzfristig wirksamer Druck auf den privaten Partner resultieren kann.

Wie ist die OPPP unter *Verantwortlichkeits- und Legitimationsaspekten* zu beurteilen? Wenn der Staat eine OPPP eingeht, dann ist das gleichbedeutend mit einem zumindest teilweisen Rückzug aus der Vollzugsverantwortung. Hinter der PPP-Entscheidung steht eine Betonung der Gewährleistungsverantwortung. Auf den Vollzug der betreffenden Leistungen durch die OPPP hat der staatliche Gewährleister und Eigentümer nunmehr nur noch begrenzten unmittelbaren Einfluss (über Gesellschaftsgremien usw.). Die staatlichen Aufsichtsmöglichkeiten dünnen sich aus, und auch die politisch-demokratische Kontrolle nimmt ab.[27]

V. Entwicklungstrends

Nachstehend wird versucht, anhand einiger zukunftsgerichteter Fragestellungen Trends von OPPPs auszuloten. Die Trendaussagen stützen sich dabei weniger auf konkrete empirische Befunde, sondern eher auf intuitive Einschätzungen der künftigen Entwicklung.

(1) *Wird sich der in den letzten Jahren beobachtete Trend der Zunahme von OPPPs auch in Zukunft weiter fortsetzen?* Die Fortsetzung dieses Trends ist zurzeit weniger klar als noch vor wenigen Monaten. Zum einen wird sich der beobachtbare Verselbständigungstrend von öffentlichen Einrichtungen fortsetzen, und in dessen Folge dürfte es auch künftig nicht selten zum zweiten Schritt – zur Hereinnahme von privatem Kapital oder Know-how – kommen. Die leeren Kassen der öffentlichen Träger dürften eine wichtige Triebkraft sein, sich im Fall notwendiger Kapitalerhöhungen verstärkt nach privaten Partnern umzusehen. Auch der allgemeine Liberalisierungstrend, den wir im öffentlichen Sektor seit einiger Zeit beobachten, dürfte sich begünstigend auf

---

27 VGl. *Schoch (1999)*, S. 109.

die Bildung von OPPPs auswirken, weil es eine breite politisch-gesellschaftliche Unterstützung für private Lösungen gibt. Auf der anderen Seite wird die aktuelle EuGH-Rechtsprechung zu OPPPs voraussichtlich eine Gegenbewegung auslösen: Der Europäische Gerichtshof hat Anfang 2005 in seinem „Halle"-Urteil entschieden, dass Aufträge des Aufgabenträgers an eine OPPP nicht mehr im Wege eines „In-House-Verfahrens" ausschreibungsfrei vergeben werden dürfen, sondern dass stets eine Ausschreibung zu erfolgen hat.[28] Dieser Ausschreibungszwang dürfte die bisherige Attraktivität von OPPPs für die öffentliche Seite stark mindern. Darüber hinaus zeichnet sich bei der EU-Kommission ab, dass sie sogar die Gründung von OPPPs – d.h. also die Suche nach privaten Partnern – ausschreibungspflichtig machen möchte. Dies dürfte den delikaten und vertraulichen Prozess der Partnersuche und -wahl deutlich beeinträchtigen und die institutionelle Variante OPPP zusätzlich unattraktiv machen.[29] Im Übrigen ist nicht auszuschließen, dass es bei Vertrags- wie bei Organisations-PPPs auch zukünftig etliche Fehlschläge geben wird, die zu einer gewissen Entzauberung des Modethemas „PPP" beitragen können.

(2) Gibt es eine „logische Kette" von „Verselbständigung" über „Beteiligung Privater (PPP)" bis hin zu „materieller Privatisierung" und ist insofern eine PPP als Vorstufe zur Privatisierung anzusehen? Dies dürfte nur teilweise zutreffen. Immerhin gibt es zahlreiche OPPPs, die schon seit langer Zeit erfolgreich arbeiten und wo der private Partner kein Interesse an einer vollständigen Übernahme hat. Auf der anderen Seite ist anzunehmen, dass eine OPPP nicht selten mit dem „Hintergedanken" gebildet wird, den privaten Partner zu testen und bei erfolgreicher Durchführung des Geschäfts die Unternehmung – ggf. schrittweise – ganz auf Private zu übertragen. Da OPPPs aus mehreren Gründen – wie oben ausgeführt – als eher labile Konstruktion gelten müssen, kann die nachfolgende volle Privatisierung eine durchaus realistische Option sein.

(3) Ist bei einer OPPP zu erwarten, dass sich im Regelfall der private Partner durchsetzt und die Oberhand gewinnt? In der Tat ist es nicht unwahrscheinlich, dass der private Partner sich häufig durchsetzen wird. Dafür spricht zunächst die klarere und konkretere Zielsetzung (Gewinnerzielung) des Privaten gegenüber den oft eher schwammigen und schwer messbaren Leistungs- und Gemeinwohlzielen des öffentlichen Partners. Auch die größere unternehmerische Erfahrung des Privaten und die stärker ausgeprägte Leistungsorientierung desselben dürften eine Stärkung der Position des privaten Partners nach sich ziehen.

---

28 EuGH-Urteil C-27/03 in Sachen TREA Leuna v. 11.01.2005.
29 Vgl. die Stellungnahmen der deutschen Bundesregierung und des CEEP zum Grünbuch der EU (*Bundesregierung (2004)*; *CEEP (2004)*).

(4) *Ist die Bildung einer OPPP eine Verstärkung oder eine Beeinträchtigung von Wettbewerb?* Das kommt auf die Art der OPPP-Gründung an. Wenn es zu einer Fusion eines öffentlichen mit einem privaten Unternehmen kommt, verringert sich erst einmal die Zahl der Anbieter. Wenn privates Kapital in eine bestehende öffentliche Unternehmung aufgenommen wird, gibt es ebenfalls keinen Wettbewerbsimpuls. In der Regel dürfte es daher keine Intensivierung von Wettbewerb geben, vielmehr sind OPPPs eher ein Schritt zur Konzentration und Oligopolisierung.

Insgesamt machen die angedeuteten Trends und Einschätzungen deutlich, dass sich das Phänomen „PPP" auch in seiner gesellschaftsrechtlichen Variante – also als OPPP – steigender politisch-gesellschaftlicher Akzeptanz erfreut. Diese institutionelle Lösung bietet in Zeiten knapper Kassen gute Möglichkeiten, öffentliche Dienstleistungen aufrechtzuerhalten und den privaten Sektor stärker in die Pflicht zu nehmen. Auf der anderen Seite sollte man sehen, dass OPPPs in ihrer hybriden Struktur tendenziell auf Konflikt angelegt sind und nicht unbedingt eine dauerhafte institutionelle Lösung darstellen. Mit ihnen sind einige potenzielle Gefährdungslagen verbunden, die man nicht übersehen sollte. Hinzu kommt die aktuelle Rechtsentwicklung in der EU, die die Bereitschaft öffentlicher Aufgabenträger, Private in ihre Unternehmen aufzunehmen, nachhaltig beeinträchtigen dürfte. Insgesamt empfiehlt es sich, dem „Modethema PPP" auch in Bezug auf seine gesellschaftsrechtliche Variante mit einer gewissen Distanz und Nüchternheit gegenüberzutreten.

Literaturverzeichnis

Bolsenkötter (1960): Heinz Bolsenkötter, Die gemischtwirtschaftliche Unternehmung in der Energiewirtschaft des Bundesrepublik Deutschlands und Westberlins. Diss., Köln 1960.

Budäus (2001): Dietrich Budäus, Public Private Partnership – Neue Formen kooperativer Aufgabenwahrnehmung, in: Reinbert Schauer, Dietrich Budäus (Hrsg.), Public Management – Verwaltungsreform, Neue Kooperationsformen, Nonprofit-Management, Linz 2001, S. 7-26.

Budäus (2003): Dietrich Budäus, Neue Kooperationsformen zur Erfüllung öffentlicher Ausgaben. Charakterisierung, Funktionsweise und Systematisierung von Public Private Partnership, in: Jens Harms u. Christoph Reichard (Hrsg.), Die Ökonomisierung des öffentlichen Sektors: Instrumente und Trends, Baden-Baden 2003.

Budäus/Eichhorn (1997): Dietrich Budäus u. Peter Eichhorn (Hrsg.), Public Private Partnership: Neue Formen öffentlicher Aufgabenerfüllung, Baden-Baden 1997.

Bundesregierung (2004): Stellungnahme der Regierung der Bundesrepublik Deutschland zu dem Grünbuch der EU-Kommission zu öffentlich-privaten Partnerschaften und den gemeinschaftlichen Rechtsvorschriften für öffentliche Aufträge und Konzessionen, in:
http://forum.europa.eu.int/Public/irc/markt/markt_consultations/library?1 =public_procurement/partenariat_public-priv/public_authorities/allemagne&vm =detailed&sb=Title

CEEP (2004): Europäischer Zentralverband der öffentlichen Wirtschaft (CEEP), CEEP Reply to the Green Paper on Public Private Partnership and Community Law on Public Contracts and Concessions, CEEP.04/AVIS 5*1, Brüssel July 2004, abrufbar in Internet unter:
http:www.ceep.org/en/documents/opinions/2004/04avi05En1-PPPs.doc

Edeling (2003): Thomas Edeling, Rollenverständnis des Managements in kommunalen Unternehmen, in: Jens Harms u. Christoph Reichard (Hrsg.), Die Ökonomisierung des öffentlichen Sektors: Instrumente und Trends, Berlin 2003, S. 235-254.

Edeling/Reichard (2003): Thomas Edeling u. Christoph Reichard (in Zusammenarbeit mit einer Studierendengruppe): Kommunale Betriebe in Deutschland – Ergebnisse einer empirischen Analyse der Beteiligungen deutscher Städte der GK 1-4. Datenreport und Abschlussbericht, Potsdam 2003 (2004 als KGSt-Materialien erschienen und dort erhältlich).

Eichhorn (1966): Peter Eichhorn, Zum Begriff der gemischtwirtschaftlichen Unternehmung, in: Betriebswirtschaftliche Forschung und Praxis (BFuP), Jg. 1966, S. 609-619.

Eichhorn (1987): Peter Eichhorn, Gemischtwirtschaftlichkeit, in: Betriebswirtschaftliche Forschung und Praxis (BFuP), Jg. 1987, S. 450-459.

Eichhorn (1993): Peter Eichhorn, Öffentliche und gemischtwirtschaftliche Unternehmungen, in: W. Wittmann u.a. (Hrsg.), Handwörterbuch der Betriebswirtschaft, Teilbd. 2, 5. Aufl., Stuttgart 1993, Sp. 2925-2940.

EU-Kommission (2004): Kommission der Europäischen Gemeinschaften, Grünbuch zu öffentlich-privaten Partnerschaften und den gemeinschaftlichen Rechtsvorschriften für öffentliche Aufträge und Konzessionen, KOM(2004)327 endg., Brüssel 30.04.2004.

Gottschalk (2004): Wolf Gottschalk, Das derzeitige Ausmaß von PPP in der kommunalen Wirtschaft. In: Gesellschaft für öffentliche Wirtschaft (Hrsg.), Public Private Partnership: Formen – Risiken – Chancen, Berlin 2004, S. 34-39.

Haeseler (1989): Herbert R. Haeseler, Gemischtwirtschaftliche Unternehmen, in: Klaus Chmielewicz u. Peter Eichhorn (Hrsg.), Handbuch der Öffentlichen Betriebswirtschaft, Stuttgart 1989, Sp. 479-485.

Pauly u.a. (1997): M.W. Pauly, M. Figgen u. G. Hünnekens, Gemischtwirtschaftliche Unternehmen. Zulässigkeit und Grenzen unter abfall-, kommunal-, vergabe- und wettbewerbsrechtlichen Aspekten, Berlin 1997.

PwC (2002): PricewaterhouseCoopers, Deutsche Städte auf dem Weg zum modernen Dienstleister, Kommunalstudie 2002, Frankfurt/M. 2002.

Reichard (1998): Christoph Reichard, Institutionelle Wahlmöglichkeiten bei der öffentlichen Aufgabenwahrnehmung, in: Dietrich Budäus (Hrsg.), Organisationswandel öffentlicher Aufgabenerfüllung, Baden-Baden 1998, S. 121-153.

Sack (2003): Detlef Sack, Gratwanderung zwischen Partizipation und Finanzengpässen. Ein Überblick über die deutsche Public Private Partnership-Entwicklung, in: Zeitschrift für öffentliche und gemeinwirtschaftliche Unternehmen, Jg. 2003, S. 353-370.

Schoch (1999): Friedrich Schoch, Public Private Partnership, in: Hans-Uwe Erichsen (Hrsg.), Kommunale Verwaltung im Wandel, Köln u.a. 1999, S. 101-116.

Tettinger (1996): Peter J. Tettinger, Die rechtliche Ausgestaltung von Public Private Partnership, in: Die Öffentliche Verwaltung (DÖV), Jg. 1996, S. 764-770.

Trapp/Bolay (2003): Jan Hendrik Trapp u. Sebastian Bolay, Privatisierung in Kommunen – eine Auswertung kommunaler Beteiligungsberichte, DIFU-Materialien, Berlin 2003.

Weber (2004): Martin Weber, Der Wirtschaftlichkeitsvergleich bei PPP-Projekten, in: Gesellschaft für öffentliche Wirtschaft (Hrsg.), Public Private Partnership: Formen – Risiken – Chancen, Berlin 2004, S. 30-38.

Drittes Kapitel:

Handlungsrahmen und Kontrolle
von PPP

Günter Püttner

Chancen und Risiken von PPP aus juristischer Sicht

Gliederung

I. Einleitung
II. Geschichtlicher Rückblick
III. Arten und Formen von PPP
IV. Chancen und Risiken der Gemischtwirtschaftlichkeit
V. Chancen und Risiken vertraglicher Zusammenarbeit
VI. Nutznießer und Benachteiligte von PPP
VII. Ausblick
Literaturverzeichnis

I. Einleitung

Jede Partnerschaft birgt, wie man weiß, Chancen, aber auch Risiken. Am Beginn einer Partnerschaft herrscht meistens der Optimismus vor, und der Jurist ist als lästiger „Bedenkenträger" oder Mahner nicht besonders gern gesehen. Aber wenn es um viel geht, auch um viel Geld, tut Aufmerksamkeit not. In jüngster Zeit haben die Vorgänge um Toll Collect der Öffentlichkeit wieder einmal vor Augen geführt, welche Risiken mit Vertragsabschlüssen verbunden sein können, und wie schwierig es ist, sich angemessen abzusichern, ohne der Chancen, die die Zusammenarbeit bietet, verlustig zu gehen.

Es gilt also, auf der Grundlage von Erfahrungen mit gelungenen Partnerschaften, aber auch von Erfahrungen negativer Art, Empfehlungen für die Gestaltung von Partnerschaften zu entwickeln. Man muss davon ausgehen, dass sich Chancen und Risiken ja nach der Art der geplanten Partnerschaft sehr verschieden ausnehmen. Es kann folglich kein einheitliches Patentrezept geben, vielmehr müssen Fallgruppen gebildet und für diese geeignete Ratschläge erarbeitet werden. Viel ist, wie gezeigt werden soll, schon erreicht worden, aber mindestens so viel bleibt noch zu tun. Es soll mit einem geschichtlichen Rückblick begonnen und dann eine systematische Auflistung der Arten von PPP versucht werden, ehe zu Empfehlungen übergegangen wird.

II. Geschichtlicher Rückblick

Über eine umfassende Darstellung der Erfahrungen mit PPP verfügen wir nicht. Es sollen deshalb einige Fälle früherer vertraglicher Zusammenarbeit beispielhaft herausgegriffen werden, um Ansatzpunkte für die Einschätzung der einen oder anderen Art von Partnerschaft zu gewinnen.

Zu erinnern ist zunächst an die Zusammenarbeit von Städten mit englischen Gasgesellschaften im 19. Jahrhundert in Form von Konzessionsverträgen, die vielfach gut funktionierte, aber auch von Schwierigkeiten begleitet war. So klagte die Stadt Düsseldorf fortwährend über die schlechte Qualität des von der 1846 konzessionierten Firma gelieferten Gases und über den hohen Gaspreis. Als die Stadt 1863 den Vertrag gekündigt und die Versorgung in eigene Regie übernommen hatte, konnte sie den Gaspreis um mehr als die Hälfte senken und trotzdem noch Gewinne machen.[1] Ähnliche Erfahrungen machten viele Städte nicht nur bei der Gasversorgung, sondern auch bei der Elektrizität und im Nahverkehr.[2] Deshalb übernahmen die Städte im Kaiserreich die Versorgung mit dem Nahverkehr ganz überwiegend in eigene Regie, woraus die bis heute dominierenden Stadtwerke hervorgegangen sind.

Andererseits wurden besonders im Elektrizitätssektor in der Weimarer Zeit (z.T. schon früher) verschiedentlich gemischtwirtschaftliche Gesellschaften, meist mit kommunaler Mehrheit, erfolgreich gebildet; zu ernsthaften Auseinandersetzungen ist es in diesem Falle nur vereinzelt gekommen.[3] So versorgte die seit 1931 gemischtwirtschaftliche Bewag Berlin problemlos mit Strom (bis zu deren Privatisierung).

Nach dem Zweiten Weltkrieg hat es Befürworter einer Fortführung der Gemischtwirtschaftlichkeit gegeben, allerdings unter sichernden Kautelen[4] Auf staatlicher Ebene breitete sich die Gemischtwirtschaftlichkeit weiter aus; die Städte behielten ihre Stadtwerke aber durchweg in eigener Regie ohne Beteiligung Dritter. Über vertragliche PPP ist in der Nachkriegszeit wenig bekannt; es hat sie mit Sicherheit in der Praxis vielfach gegeben, aber wissenschaftliche Aufmerksamkeit zogen sie nicht auf sich.

So liefert die Geschichte insgesamt ein zwiespältiges Bild. Es gab erfolgreich arbeitende gemischtwirtschaftliche Unternehmen einerseits und mit Problemen

---

1 Vgl. *Stern/Püttner (1965)*, S. 20, unter Verweis auf *Most (1909)* und *Filter (1960)*.
2 Belege bei *Stern/Püttner (1965)*, S. 20 ff. (bes. S. 23/24). Etwas positiver in der Bewertung der Konzessionierungen liegt *Ambrosius (1984)*, S. 42-44 u. 46/47.
3 Als Streitbeispiel aus der Zeit nach dem Zweiten Weltkrieg kann die Bremer Straßenbahn genannt werden, wo sich private Aktionäre gegen die Nichtausschüttung von Dividenden wehrten (in den 1960er/1970er Jahren).
4 Zu nennen ist *van Aubel (1959)*, mit Würdigung der Motive beider Seiten.

behaftete Konzessionsverträge andererseits. Man kann daraus mit aller Vorsicht entnehmen, dass es sehr auf die Gestaltung der Partnerschaft ankommt. Dem ist weiter nachzugehen.

III. Arten und Formen von PPP

Aus juristischer Sicht ist zunächst festzuhalten, dass von PPP sinnvollerweise nur gesprochen werden kann, wenn sich die öffentliche und die private Seite zur Verfolgung eines gemeinsamen Zwecks zusammenfinden.[5] Auf bloßen Leistungsaustausch gerichtete Verträge, bei denen sich die Partner eher kontradiktorisch gegenüberstehen (Kaufverträge, Werkverträge), fallen dann nicht unter PPP. Zuzugeben ist aber, dass es fließende Übergänge geben kann, z.B. wenn ein Unternehmen in Zusammenarbeit mit der öffentlichen Hand ein Großprojekt verwirklicht. Im Kern liegt ein Werkvertrag vor, aber dessen Ausgestaltung kann Elemente gemeinsamen Vorgehens beinhalten, so dass im Einzelfall die Schwelle zu einer PPP überschritten sein kann. In diesem Sinne weist das Grünbuch der EU-Kommission vom 30. April 2004[6] einleitend darauf hin, dass bei der Verwirklichung von Projekten der private Partner wichtige Beiträge leisten, einen Teil der Finanzierung übernehmen und festgelegte Risiken tragen kann.

Versucht man nun, die unterschiedlichen Arten von PPP systematisch zu ordnen, so bieten sich die Unterscheidung von befristeten Projekt-PPP und dauerhafter Zusammenarbeit einerseits und die Unterscheidung von vertraglicher und institutionalisierter PPP andererseits als Leitgesichtspunkte an. Es lässt sich zwar nicht ausschließen, dass bei näherer Untersuchung der Fälle noch weitere Gliederungsgesichtspunkte auftauchen, aber zum Einstieg dürften sich die angeführten Unterscheidungen besonders anbieten.

Die hier *Projekt-PPP* genannte, in der Regel befristete Art der Zusammenarbeit, gibt es seit langem in unterschiedlichen Bereichen immer wieder. Zu nennen ist beispielsweise der in § 157 ff. BauGB ausdrücklich genannte „Sanierungsträger", der im Auftrag der Gemeinde städtebauliche Sanierungsmaßnahmen durchführt. Als ein anderes Beispiel kann die gemeinsame Organisation einer großen Kunstausstellung durch die Stadt (städtisches Museum) und durch eine private Kulturstiftung angeführt werden. Viele Veranstaltungen können in diesem Sinne von Städten einerseits und privaten Vereinen (Kulturvereinen, Sportvereinen usw.) andererseits erfolgreich durchgeführt

---

5   Vgl. die Charakterisierung von PPP bei Budäus in diesem Band (Abschnitt II.2. auf S. 15 f.).
6   *EU-Kommission (2004)*.

werden. Normalerweise wird insoweit durchweg eine vertragliche PPP vorliegen; die Schaffung einer Institution auf Zeit dürfte selten sein.

Vielfach dient die PPP der Finanzierung eines Projekts, das die öffentliche Hand allein nicht gut tragen könnte. Wenn der Private einen erheblichen Beitrag leistet, muss die vorgesehene Gegenleistung möglichst genau festgelegt werden. Die Gegenleistung muss nicht finanzieller Art sein; hat sich z.B. ein Sportverein an der Errichtung einer Sportanlage beteiligt, so kann die Gegenleistung in der bevorzugten Nutzung der Anlage durch den Verein bestehen. Der Vollständigkeit halber soll der Hinweis auf eine problematische Form von PPP nicht fehlen, nämlich auf die Vorfinanzierungs-PPP. Der Private übernimmt die Realisierung eines Projekts (z.B. Straßentunnels) einschließlich der Finanzierung; die öffentliche Hand erwirbt die erstellte Anlage später unter Abzahlung in Raten. Es handelt sich dabei um eine bedenkliche Form der Partnerschaft, weil der Sache nach Vorgriffe auf künftige Haushaltsmittel und damit eine Art zusätzlicher Staatsverschuldung vorliegt.[7]

Die auf *Dauer* angelegten PPP können vertragliche oder institutionelle (= institutionalisierte) Partnerschaften sein. Bei den vertraglichen PPP ist in erster Linie an die Konzessionierung oder die Beauftragung von Unternehmen mit der Erbringung von bestimmten Leistungen zu denken, aber nicht nur an diese[8]; in juristischer Betrachtung fallen darunter auch die „Verwaltungshelfer", die der öffentlichen Hand mit bestimmten Leistungen für die Erfüllung ihrer Aufgaben helfen. Als Beispiel können Entsorgungsunternehmen genannt werden, die gemäß § 16 KrW-/AbfallG vertraglich mit der Erfüllung von Entsorgungsaufgaben betraut sind. Die klassische Konzessionierung von Versorgungsunternehmen ist demgegenüber im Zeitalter der Liberalisierung in den Hintergrund getreten.[9]

Kennzeichnend für Verwaltungshelfer ist eine gewisse laufende Zusammenarbeit mit der beauftragenden Verwaltungsstelle; diese rechtfertigt es, von PPP zu sprechen. Wenn aber beispielsweise, wie üblich, Kantinen oder Cafeterien im Rathaus, im Schwimmbad, im Stadion an Gastronomen lediglich verpachtet werden und keine laufende Zusammenarbeit stattfindet, erscheint es fraglich, ob man von PPP sprechen kann. Was die echten vertraglichen PPP angeht, sollte vielleicht einmal empirisch ermittelt werden, wo sie vorkommen und welche Bedeutung sie haben.

Die *institutionellen PPP* können ebenfalls sehr verschieden gestaltet sein, doch steht das klassische gemischtwirtschaftliche Unternehmen ersichtlich wie

---

7 Vgl. zu diesem Fall *Püttner (1996)* mit weiteren Nachweisen.
8 In diesem Sinne auch das genannte Grünbuch (*EU-Kommission (2004)*).
9 Dem Konzessionsmodell werden häufig das Betreibermodell und das Betriebsführungsmodell gegenübergestellt.

bisher im Vordergrund. Es kann aber auch gemeinsame Verbände geben, wie sie beispielsweise in § 17 KrW-/AbfallG vorgesehen sind, und sogar privatrechtliche Vereine (z.B. Kulturvereine), an denen die öffentliche Hand sich beteiligt. Innerhalb der gemischtwirtschaftlichen Unternehmen dominieren die Aktiengesellschaft und die GmbH als Rechtsformen, u.a. deshalb, weil eine private Beteiligung an Anstalten des öffentlichen Rechts (Eigenbetriebe, Kommunalunternehmen, Sparkassen, Landesbanken, Berliner Betriebe usw.) nicht oder nur sehr begrenzt zugelassen ist. Denkbar sind aber auch gemeinsam getragene Stiftungen.

Der gegebene Überblick kann keine Vollständigkeit beanspruchen; es lassen sich immer wieder neue Formen von PPP entwickeln. Einiges spricht dafür, dass in der Praxis neue Wege beschritten und getestet werden, vor allem im vertraglichen Bereich.[10] Wahrscheinlich werden sich neue Formen von PPP aber einer der behandelten Kategorien zurechnen lassen.

IV. Chancen und Risiken der Gemischtwirtschaftlichkeit

Lange Zeit und noch Ende der 80er Jahre fiel das Urteil über die Gemischtwirtschaftlichkeit seitens des Verfassers eher negativ aus: Öffentliche Aufgabenerfüllung, am Bedarf orientiert, und privates Gewinnstreben ließen sich nicht so ohne Weiteres unter einen Hut bringen.[11]

Das schließt aber, wie schon damals betont wurde, die Bildung sinnvoller gemischtwirtschaftlicher Unternehmen keineswegs aus. Es muss nur eine gemeinsame, hinreichend konkrete Marschrichtung gefunden werden, die den beiderseitigen Interessen gerecht wird. Zum Beispiel kann es für die private Seite eine Dividendengarantie geben, die im Übrigen den Weg frei macht für den Vorrang der Erfüllung der öffentlichen Aufgabe im Unternehmen. Von der Bildung einer ergebnisoffenen gemischten Gesellschaft ohne klare Zielvorgabe ist dagegen heute wie damals abzuraten. Zusammenfassend kann wörtlich wiederholt werden, was damals (1988) formuliert wurde:

> Gemischtwirtschaftlichkeit ist um so eher möglich, je klarer die öffentliche Aufgabe definiert werden kann, je kalkulierbarer sie ist und je kalkulierbarer deshalb auch die verbleibende private Gewinnerwartung sich darstellt. Gemischtwirt-

---

10 Zu denken ist z.B. an cross-border-leasing. Nach einer Notiz in der Zeitschrift „Niedersächsischer Städtetag", Jg. 2004, S. 38, kommen ferner gemeinsame Immobilienprojekte, Logistik mobiler Wirtschaftsgüter, Städtebau und Stadtentwicklung sowie Wirtschaftsförderung als Gegenstände von PPP mit u.U. neuartigen Gestaltungen in Frage.

11 Vgl. *Hirsch/Püttner (1976)*; *Püttner (1988)*. – Auf Probleme weist auch hin: *Eichhorn (1987)*, S. 455 f.

schaftlichkeit ist umgekehrt um so bedenklicher, je mehr Flexibilität und Wandel die Erfüllung der öffentlichen Aufgabe prägt und je ungewisser damit die Gewinnerwartung der privaten Seite wird. Je mehr Entwicklung, je mehr Wandel, je mehr Flexibilität, desto weniger kann Gemischtwirtschaftlichkeit in Frage kommen, und je präziser eine konkrete Aufgabe formuliert und festgelegt werden kann, um so eher kommt Gemischtwirtschaftlichkeit in Frage.

Anzumerken ist noch, dass bei Gesellschaften, die Leistungen für die Bürger in Verfolgung einer öffentlichen Aufgabe erbringen sollen, nur eine öffentliche Mehrheitsbeteiligung (manchmal Sperrminoritäts-Beteiligung) sinnvoll ist, weil die öffentliche Hand nur dann genügend Einfluss auf das Geschehen besitzt. Minderheitsbeteiligungen sind lediglich zwecks Wirtschaftsförderung oder zur Sanierung eines angeschlagenen Unternehmens denkbar.

V. Chancen und Risiken vertraglicher Zusammenarbeit

Die früher am Rande stehenden, heute aber in den Vordergrund gerückten Möglichkeiten der vertraglichen Zusammenarbeit bilden das eigentliche Problem der PPP. Es geht insoweit nämlich oft um die Erschließung neuer Chancen, aber nicht nach einem vorgegebenen Modell, sondern individuell. Dann fehlt es an Erfahrungen oder unmittelbaren Vorbildern, und man muss nach Lage des Einzelfalls entscheiden.

Darüber soll aber nicht vergessen werden, dass auch bezüglich der vertraglichen Zusammenarbeit einige standardisierte Formen der PPP vorliegen, an denen man sich auch in atypischen Fällen wenigstens orientieren kann. Für die standardisierten Verträge gibt es inzwischen ausgefeilte Vertragsmuster, die weitgehend in der Praxis erprobt sind und die – zwar nicht gefahrlos, aber doch mit Risikominimierung – der Partnerschaft zugrundegelegt werden können.[12] In nicht standardisierten Fällen muss man sich in Anlehnung an erprobte Muster vorantasten. Rechte und Pflichten der Partner müssen so klar wie möglich im Vertrag niedergelegt werden; sogenannte unvollständige Verträge oder Verträge mit unbestimmten Verpflichtungen sollte es nicht geben.

Für die öffentliche Seite sind Sicherungsklauseln von besonderer Bedeutung. Kündigungsrechte z.B. geben die Möglichkeit, sich von einem unzuverlässigen oder unfähigen Partner wieder zu lösen, aber den damit verbundenen Zeitverlust muss man (siehe Toll Collect) in Kauf nehmen. Haftungsregelungen können Verluste bei der öffentlichen Hand eindämmen, aber nicht ausschließen, vor allem nicht für den Fall der Insolvenz des Partners.

---

12 Veröffentlichte Vertragsmuster findet man z.B. in: *Bergmann/Schumacher (1998)*; *Walker (1999)*; *Cronauge/Westermann (2003)*, S. 269 ff.

Es ist also nicht nur gutes Vertragsmanagement von Nöten, sondern auch das Gespür für die Auswahl eines zuverlässigen und kompetenten Vertragspartners. Es ist deshalb auch heute daran festzuhalten, dass die öffentliche Seite im Zweifel einem bewährten Partner den Vorrang geben sollte vor einem Neuling oder einem Unbekannten. Der Neuling (newcomer) soll damit nicht diskriminiert werden; ihm kann durch eine befristete, im Umfang begrenzte Zusammenarbeit Gelegenheit gegeben werden, sich zu bewähren. Erst nach dieser Bewährungsfrist kommt eine PPP auf längere Dauer in Betracht.

Das gilt allerdings nur, wenn die öffentliche Seite über die Wahl des Partners frei entscheiden kann. So muss, wenn es sich der Sache nach um eine öffentliche Auftragsvergabe handelt, dem Grundsatz der Gleichbehandlung der Interessenten („Nichtdiskriminierung") Rechnung getragen werden.[13] Allerdings darf dabei die Zuverlässigkeit und die Kooperationsbereitschaft der Partner in Rechnung gestellt werden. Soweit ein Zwang zur Ausschreibung besteht und die öffentliche Seite den Partner akzeptieren muss, der die Ausschreibung gewinnt, ist sie auf das spätere Wohlverhalten und die Zuverlässigkeit dieses Partners wohl oder übel angewiesen. Besonders Gemeinden sollten deshalb in Bereichen, in denen es auf vertrauensvolle Zusammenarbeit ankommt, wie beim ÖPNV, nicht zur Ausschreibung gezwungen werden, sondern ihren eventuellen Partner frei wählen dürfen.[14]

Im Übrigen muss der Hinweis erlaubt sein, dass es bei PPP, namentlich bei längerfristigen Vertrags-PPP, nicht unwesentlich auf die Machtverhältnisse ankommt. Man ging früher gern von der Ansicht aus, die öffentliche Hand, vor allem der Staat, sei der machtmäßig überlegene Partner, der durch rechtsstaatliche Kautelen in die Schranken gewiesen werden müsse. Diese Betrachtungsweise war bezüglich der Gemeinden schon früher meistens unrichtig, heute ist sie allgemein obsolet geworden und muss einer differenzierten Prüfung nach Lage des Einzelfalls Platz machen. Gegenüber vielen Klein- und Mittelunternehmen wird auch heute die öffentliche Seite vielfach eine deutliche Überlegenheit besitzen und ein Schutzbedürfnis dieser Unternehmen gegeben sein. Hinsichtlich der Großunternehmen und namentlich der transnationalen Unternehmen sieht es dagegen ziemlich anders aus. Nicht nur Gemeinden, sondern auch Bundesländer und sogar der Bund können sich je nach Lage des Falls in der schwächeren Position befinden. Eine sinnvolle PPP setzt dann voraus, dass im Vertrag genügende Sicherungen eingebaut wurden, um gegen Willkür des überlegenen Partners Schutz zu bieten. Will sich der private Groß-Partner darauf nicht einlassen, sollte die Zusammenarbeit besser unterbleiben, wobei es aber natürlich auf den Einzelfall ankommt. Es wird auch Fälle geben

---

13 Dazu ausführlich das in Anm. 6 genannte Grünbuch unter 2.1.
14 Vgl. *GÖW (2004)*.

können, in denen der an sich schwächere Partner aus der Macht des anderen Partners Nutzen ziehen kann. Aber dies muss jeweils mit Sorgfalt geprüft werden.

VI. Nutznießer und Benachteiligte von PPP

Es lässt sich auch unabhängig von den Machtverhältnissen die Frage aufwerfen, wer im gegebenen Fall einer PPP durch diese begünstigt wird, also Nutzen zieht, und wer benachteiligt wird. Wenn sich mehrere Private um eine konkrete Partnerschaft mit einer öffentlichen Stelle bewerben, erleiden notwendigerweise die nicht zum Zuge kommenden Bewerber einen Nachteil, aber das ist systemimmanent und muss in Kauf genommen werden.

Begünstigt oder nachteilig betroffen können aber auch andere, nur indirekt „Beteiligte" sein, beispielsweise die Verbraucher. Die klassische PPP soll normalerweise dem Vorteil der Verbraucher dienen; die Konzessionsverträge von Gemeinden mit Versorgungsunternehmen zielten immer auf den Schutz der Einwohner gegen deren Ausbeutung durch die beauftragten Unternehmen. Auch heute wird man im Regelfall davon ausgehen können, dass die PPP zu einem möglichst guten Angebot an die Verbraucher beitragen soll.

Aber im Zeitalter öffentlicher Finanznot lässt sich nicht ausschließen, dass die bedrängte öffentliche Seite zum Nachteil der Verbraucher mit einem auf Gewinn bedachten Partner zusammenarbeitet. Die Verbraucher zahlen hohe Preise, die nicht nur dem privaten Unternehmer, sondern auch der Gemeinde zugute kommen. Die Gefahr solcher Zusammenarbeit wird offenbar von vielen deutlich gesehen, und auf Tagungen ist deshalb schon die Erweiterung von PPP zu PPPP (= public private peoples partnership) gefordert worden. In irgendeiner Weise soll das Volk mitbestimmen und dem Risiko einer Ausbeutung durch die unmittelbar beteiligten Partner entgegenwirken. Ob sich solche Volks-Mitbestimmung realisieren lässt, mag bezweifelt werden. Aber das Risiko, dass PPP zu Lasten der Verbraucher ins Werk gesetzt werden, lässt sich nicht von der Hand weisen, und es muss etwas dagegen getan werden.

Aus der Sicht der Verbraucher lässt sich außerdem die Frage aufwerfen, ob es nicht mehr Transparenz der Partnerschaftsbeziehungen geben sollte. Zwar sind die Verbraucher und die Öffentlichkeit normalerweise an näheren Informationen nicht interessiert, solange alles gut geht und ein Ansprechpartner zur Verfügung steht. Aber wenn es Missstände gibt oder Forderungen zu erheben sind, auch wenn Zuschüsse aus Steuermitteln zur Debatte stehen, dann kann sich das schon ändern. Es hat bereits früher Kritik daran gegeben, dass öffentlich-rechtliche Verträge, auch wenn sie Leistungen für die Bürger zum Gegenstand haben, nicht öffentlich und nicht zugänglich sind. Man wird erwarten können, dass im Falle von Streit oder Vorwürfen die Öffentlichkeit, zumindest aber die zuständige Volksvertretung, meist ein Gemeinderat, die erforderlichen Informationen erhält. Die Forderung nach einem öffentlichen PPP-Register, wie sie gelegentlich zu vernehmen war, dürfte aber zu weit gehen.

VII. Ausblick

Allgemein wird erwartet, dass PPP Zukunft hat, und dem ist hier nicht widersprochen worden. Zwar war hier weniger von den Chancen als vielmehr von den Risiken der Zusammenarbeit die Rede, aber das ist für einen juristischen Beitrag nicht ungewöhnlich. Es ist Sache der Politiker und der Ökonomen, Chancen der PPP zu entdecken und auszuloten. Der Jurist muss sich mit den korrespondierenden Risiken beschäftigen, aber nicht mit dem Ziel, PPP zu verhindern, sondern mit dem Ziel, die Risiken durch geeignete Vorkehrungen auszuschließen oder wenigstens so zu minimieren, dass die Partnerschaft gewagt werden kann. Ein solches Vertragsmanagement ist in der heutigen Zeit unentbehrlich.

Literaturverzeichnis

Ambrosius (1984): Gerold Ambrosius, Der Staat als Unternehmer, Göttingen 1984.

Bergmann/Schumacher (1998): Karl Otto Bergmann u. Hermann Schumacher (Hrsg.), Handbuch der Kommunalen Vertragsgestaltung, 3 Bde., Köln 1998.

Cronauge/Westermann (2003): Ulrich Cronauge u. Gerry Westermann, Kommunale Unternehmen, 4. Aufl., Berlin 2003.

Eichhorn (1987): Peter Eichhorn, Gemischtwirtschaftlichkeit, in: Betriebswirtschaftliche Forschung und Praxis, 39. Jg. (1987), S. 450 ff.

EU-Kommission (2004): Kommission der Europäischen Gemeinschaften, Grünbuch zu öffentlich-privaten Partnerschaften und den gemeinschaftlichen Rechtsvorschriften für öffentliche Aufträge und Konzessionen, KOM(2004)327 endg., Brüssel 30.04.2004.

Filter (1960): Erich Filter, Die Entwicklung der Gas-, Wasser- und Elektrizitätswirtschaft in der Stadt Düsseldorf, Kölner Diss., 1960.

GÖW (2004): Stellungnahme des Wissenschaftlichen Beirats der Gesellschaft für öffentliche Wirtschaft zum Grünbuch der EU-Kommission zu öffentlich-privaten Partnerschaften und den gemeinschaftlichen Rechtsvorschriften für öffentliche Aufträge und Konzessionen, vom 30. April 2004 (KOM [2004]327), *www.goew.de* (Publikationen/Stellungnahmen, Papers und Vorträge).

Hirsch/Püttner (1976): Hans Hirsch u. Günter Püttner, Gedanken zur Neuordnung der industriellen Bundesunternehmen, in: Die Verwaltung, Jg. 1976, S. 453 ff.

Most (1909): Otto Most, Die Gemeindebetriebe der Stadt Düsseldorf, in: Der Gemeindebetrieb (2. Band), Bd. 129, Leipzig 1909.

Püttner (1988): Günter Püttner, Chancen und Gefahren gemischtwirtschaftlicher Zusammenarbeit, in: Gesellschaft für öffentliche Wirtschaft und Gemeinwirtschaft (Hrsg.), Gemischtwirtschaftlichkeit und öffentliche Aufgabe, Beiträge zur öffentlichen Wirtschaft und Gemeinwirtschaft, H. 3, Berlin 1988.

Püttner (1996): Günter Püttner, Die Privatfinanzierung öffentlicher Vorhaben – Weg oder Irrweg?, in: Staat – Wirtschaft – Steuern, Festschrift f. Karl-Heinrich Friauf, Heidelberg 1996, S. 729 ff.

Stern/Püttner (1965): Klaus Stern u. Günter Püttner, Die Gemeindewirtschaft, Stuttgart 1965.

van Aubel (1959): Peter van Aubel, Die gemischtwirtschaftliche Unternehmung, in: Hans Peters (Hrsg.), Handbuch der kommunalen Wissenschaft und Praxis, Bd. III, 1. Aufl., Berlin 1959, S. 877 ff.

Walker (1999): Gotthilf Walker, Handbuch Städtebaulicher Verträge, Bd. II: Vertragsmuster, Baden-Baden 1999.

Peter Eichhorn

Merkmale guter Public Private Partnership

Gliederung

I. Der Entscheidungsfall
II. Allmählicher Aufgabenwandel
III. Worst Case-Szenario
IV. Prekäres EU-Vergaberecht
V. Kommunale Selbstgestaltung
VI. Eine Messlatte für PPP

I. Der Entscheidungsfall

Kommunale Gebietskörperschaften, aber auch die Länder und der Bund einschließlich aller Körperschaften des öffentlichen Rechts, und selbst deren privatrechtliche Unternehmungen stehen mehr denn je vor der entscheidenden Frage, ob und inwieweit sie eine Partnerschaft mit privaten Dritten eingehen sollen. Die von wirtschaftswissenschaftlicher Seite erarbeiteten Ansätze Principal Agent, Property Rights und Transaktionskosten legen besonderen Wert auf die Entscheidung Make or Buy und sind in Wirtschaftsunternehmen gängige Praxis geworden. Auch in öffentlichen Verwaltungen wird zunehmend hinterfragt, welche öffentlichen Aufgaben als selbst wahrzunehmende Kernaufgaben gelten und welche gewissermaßen Randaufgaben beinhalten und durch Dritte erfüllt werden können.

Anstöße für diese Entscheidungen liefern neben den genannten Ansätzen das im Haushaltsrecht neuerdings hervorgehobene Subsidiaritätsprinzip, das Dritten eine Vorrangstellung einräumt, sowie die EU-Wirtschafts- und Wettbewerbsdoktrin (Art. 4, 16, 86 EG-Vertrag). Sie unterscheidet bei den Leistungen für die Daseinsvorsorge (auch gemeinwirtschaftliche Leistungen und Dienstleistungen von allgemeinem Interesse genannt) zwar zwischen marktbezogenen und nichtmarktbezogenen Tätigkeiten, verfolgt aber die Tendenz, erstere – die sogenannten Dienstleistungen von allgemeinem wirtschaftlichen Interesse – verstärkt dem Wettbewerb zu öffnen und auch die bislang marktfernen Tätigkeiten dem Markt näher zu bringen. Für Bildungs-, Gesundheits- und Sozialleistungen wird dieser Prozess im Übrigen durch das 1995 in Kraft getretene und laufend weiter entwickelte WTO-Abkommen zur Liberalisierung des grenzüberschreitenden Dienstleistungshandels (abgekürzt GATS – General Agreement on Trade in Services) gestützt.

Man versetze sich in die Situation einer Gemeinde. Die politischen und rechtlichen Vorgaben sowie die finanziellen und wirtschaftlichen Anforderungen führen zur Prüfung, welchen Nutzen eine private Partnerschaft, genauer welchen Nettonutzen sie stiftet; denn es sind auch negative Effekte in Kauf zu nehmen. Positiv wird man anrechnen, dass der öffentliche Aufgabenträger zum Beispiel in Sachen kommunaler Energie- und Wasserversorgung, Abfall- und Abwasserentsorgung, öffentlicher Personennahverkehr oder Parkhausbetrieb privates Kapital und Know-how erhält. Umgekehrt verspricht sich der private Investor oder Betreiber angemessene und dauerhafte Erträge sowie gegebenenfalls mittelbar weitere geschäftliche Kontakte zur Gemeinde. Die Gemeinde entlastet sich partiell von der Aufgabenverantwortung, die jetzt gemeinsam getragen wird – sei es durch ein gemischtwirtschaftliches Unternehmen, an dem sich der öffentliche und private Partner gemeinsam beteiligen, oder in Form einer kontraktbestimmten Kooperation. Bei dieser gliedert der öffentliche Vertragspartner einzelne Aufgabenbereiche, Tätigkeiten oder Organisationseinheiten aus und schließt mit dem privaten Bewerber, der in den Genuss der Vergabe kommt, einen Erschließungs-, Bau-, Finanzierungs-, Leasing-, Betreiber-, Konzessions-, Pacht-, Dienst-, Betreuer- oder Betriebsführungsvertrag.

So gesehen profitieren beide Seiten von der Partnerschaft. Für den beiderseitigen Erfolg sind aber gewisse Voraussetzungen notwendig. Erstens: Die öffentliche Aufgabe muss nach Art, Umfang, Güte, Raum- und Zeitbezug eindeutig determinierbar sein. Zweitens: Die aus der Aufgabenstellung resultierende Dienstleistung muss man quantitativ und monetär erfassen können, anders gesagt: Sie muss einen Preis haben. Drittens: Das Zusammenwirken geschieht vertrauens- und rücksichtsvoll unter gleichberechtigten Partnern. Viertens: Das Ergebnis der Aufgabenerfüllung ist nachzuweisen und muss nachprüfbar sein.

Wird die eine oder andere Voraussetzung missachtet, stellt sich über kurz oder lang mindestens bei einem Partner Unzufriedenheit ein. Der öffentliche Partner sieht gegebenenfalls die öffentliche Aufgabe gefährdet und sucht den privaten Partner in die Pflicht zu nehmen. Umgekehrt rechnet sich die Sache für den Privaten nicht und will er Bindungen lösen. Eine erfolgreiche Public Private Partnership hängt vom Interessenausgleich zwischen öffentlichem und privatem Partner ab. Vom Standpunkt der Allgemeinheit aus muss er nachhaltig sein. Es stellt sich die Frage, was passiert, wenn ein nicht auszuschließender „Worst Case" eintritt, das heißt die öffentliche Aufgabe nicht mehr umfassend und den Standards gemäß erfüllt wird. Immerhin handelt es sich in der

Regel um Daseinsvorsorgeaufgaben, deren Wahrnehmung existenzielle Bedeutung für das Gemeinwesen und seine Individuen hat.

II. Allmählicher Aufgabenwandel

Grundsätzlich lassen sich zwei Fälle unterscheiden. Zum einen entwickelt sich das Verhältnis zwischen den Partnern unausgewogen, so dass entweder die Aufgabenerfüllung leidet oder die privatwirtschaftliche Rechnung nicht aufgeht. Als mögliche Folge kommt eine Veränderung der Kapitalbeteiligung mit entsprechend geänderten Einflussnahmen in den gemischtwirtschaftlichen Unternehmen oder eine Veränderung der vertraglichen Vereinbarungen bis hin zur Aufkündigung und Auflösung des Vertrags in Betracht. Für das betroffene Gemeinwesen – genauer: für dessen Mitglieder – ist damit ein allmählicher Wandel bei den öffentlichen Aufgaben verbunden.

Kann sich der öffentliche Partner mit seinen Anforderung durchsetzen, wird sein etatistisches Regelsystem gestärkt. Die öffentlichen Aufgaben und ihre Erfüllung unterliegen wieder mehr dem Kalkül der Wähler und weniger dem Marktmechanismus, bürokratische Bindungen wachsen gegenüber unternehmerischen Freiheiten, das Solidarprinzip mit der Finanzierung über Steuern und Beiträge könnte zunehmen und das Individualprinzip mit der Finanzierung über Gebühren und andere Entgelte abnehmen.

Gewinnt der private Partner die Oberhand, wird sich das Angebot an gemeinwirtschaftlichen Dienstleistungen eher nach der kaufkräftigen Nachfrage statt am erwarteten und politisch entschiedenen gesellschaftlichen Bedarf ausrichten. Der Leistungsauftrag wird von der Entrepreneurship-Warte aus interpretiert, wohl teilweise auch modifiziert, komplettiert, diversifiziert, reduziert oder substituiert. Der Leistungspreis denaturiert zum Marktpreis und verliert seine Bedeutung als administrierter Preis, der marktkonform festgelegt wurde.

III. Worst Case-Szenario

Der zweite, gravierendere Fall besteht darin, dass sich die beiden Partner entzweien und am Ende der Partnerschaft die vollständige Verstaatlichung (Renationalisierung, Rekommunalisierung) oder Entstaatlichung (Privatisierung) eintritt. Ein Worst Case-Szenario wird folgende Fragen zu beantworten haben.

Ist es kurzfristig möglich, die Daseinsvorsorge allein durch den öffentlichen Aufgabenträger zu bewerkstelligen? Sind die finanziellen, personellen, organisatorischen und technischen Kapazitäten (noch) vorhanden, um ohne Unterbrechung das existenzielle Minimum zu gewährleisten? Vermögen Politik und Verwaltung, ausreichend und schnell genug zu reagieren? Könnte der Öffentlichkeit überzeugend vermittelt werden, dass der „Daseinsvorsorge-GAU" durch eigenes oder fremdes Versagen hervorgerufen wurde und bei allen Betroffenen Belastungen mit sich bringt? Welche Wirkungen wären am Standort, in der Region oder in der gesamten Volkswirtschaft für Konsumenten und Produzenten, für das Bildungs- und Beschäftigungssystem, generell für die Infrastruktur hinzunehmen, wenn die lebenswichtige Dienstleistung unterbleibt? Wäre eine Ersatzvornahme durch einen Dritten denk- und machbar?

Es muss nicht auf die Ergebnisse der Katastrophen- und Revolutionsforschung zurückgegriffen werden, um sich die Umwälzungen vorzustellen. Das Ausbleiben oder Einschränken dieser Dienstleistungen gestaltet das Gemeinwesen neu. Wenn der Staat samt den Kommunen die Daseinsvorsorgeaufgaben oder Teile davon kurzfristig nicht zurückzuholen vermag, weil die Bürokratie zwar Gestaltungs-, Steuerungs- und Überwachungsaufgaben zu erledigen weiß, aber nicht mehr die Durchführung beherrscht, dann entstehen kurzfristige Versorgungsengpässe bei öffentlichen Gütern und auf weite Sicht Staatsrückbau. Privatisierungsbefürwortern wird dies recht sein. Soweit dadurch die Fehlleitung öffentlicher Mittel unterbleibt, kann man keine Einwendungen erheben. Ein entstehender Minimalstaat wirft aber die Gefahr von Effizienzdefiziten dann auf, wenn die nachhaltige, das heißt dauerhafte, sichere, flächendeckende, für alle zugängliche und umweltverträgliche Versorgung nicht mehr gewährleistet ist.

IV. Prekäres EU-Vergaberecht

Angenommen, in einer mittelgroßen Stadt ist der öffentliche Personennahverkehr seit langem einem privaten Busunternehmen anvertraut. Der Stadtrat hatte den Nahverkehrsplan vorgegeben, und die Bedingungen waren vertraglich vereinbart worden. Diese Public Private Partnership erfolgte erstens zur Zufriedenheit der Bürgerschaft, genauer: sowohl der Fahrgäste unmittelbar als auch mittelbar der Individualverkehrsteilnehmer durch Ermöglichung von deren Mobilität. Zweitens profitierten davon die Kommunalpolitik durch Nutzung gestalterischer Spielräume und der jeweilige Verkehrsunternehmer, der sich vor Ort als Kooperationspartner, Arbeitgeber und Steuerzahler betätigte. Resultat: Es liegt eine beispielhafte PPP vor, wie sie dem Grundgedanken europäischer Wettbewerbspolitik und der gewünschten Aufgabenverteilung zwischen öffentlichem Partner und privaten Unternehmen entspricht.

Nach Ablauf erteilter Konzessionen und bei Überschreiten der Schwellenwerte des EU-Vergaberechts sind Fahrdienstleistungen als öffentlicher Auftrag in einem offenen, das heißt nicht auf bestimmte Anbieter beschränkten Verfahren europaweit auszuschreiben. Das Recht der kommunalen Selbstverwaltung unterliegt dem Wettbewerbsprinzip mit der Folge, dass der Vertrag mit dem ortsansässigen Busunternehmen nicht mehr im erforderlichen Umfang angepasst und schlicht verlängert werden kann, sondern die Angebote mehrerer Bieter zu bewerten sind und ein Bewerber den Zuschlag erhält. In einer mittelgroßen Stadt wird man die wenigen Buslinien bündeln, das heißt nicht getrennt ausschreiben, um mehrere aufwändige Ausschreibungsverfahren zu vermeiden.

Den Nahverkehrsplan gibt die Stadt als Aufgabenträger vor. Die Stadt und auch die Stadtwerke beteiligen sich jedoch nicht an der Ausschreibung für Fahrdienstleistungen, da diese von privaten Busunternehmen mit anderen Tarifverträgen häufig kostengünstiger und damit wirtschaftlicher erbracht werden können. Die Stadtwerke halten lediglich die Konzession, geben den Leistungsrahmen vor und sorgen für die Einhaltung des Nahverkehrsplans. Die Konzession wird auf Antrag beispielsweise von einem Landesbetrieb Straßen und Verkehr gemäß § 42 Personenbeförderungsgesetz vergeben. Der Gesetzgeber hat es bisher versäumt dieses Verfahren an das Wettbewerbsrecht anzugliedern.

Bevor man sich in die erzwungene Ungewissheit eines künftigen privaten Partners begibt, wird die Stadt überlegen, wie sie sicherstellen kann, dass im Ergebnis der Ausschreibung der Nahverkehrsplan mit seinen Qualitätsmerkmalen zu wirtschaftlichsten Bedingungen nachhaltig umgesetzt wird. Dabei geht man natürlich davon aus, dass der ortsansässige Partner seinen Standortvorteil bei der Angebotsabgabe nutzt. Bei dem ortsansässigen Bieter allein wird es vermutlich nicht bleiben. Dem mittelständischen privaten Busunternehmen erwachsen zusätzlich Wettbewerber seitens regional, national und international tätiger öffentlicher, gemischtwirtschaftlicher oder privater Verkehrskonzerne.

Den nach dem Nahverkehrsgesetz geforderten örtlichen Nahverkehrsplan wird der heimische Bewerber wohl kundig und überzeugend erfüllen können. Gleichwohl erwächst ihm Konkurrenz durch international tätige private Busbetreiber mit ihren Niedriglöhnen. Sie dürften nur schwer zu unterbieten sein, so dass es bei der Vergabe Leistungs- und Kostenaspekte abzuwägen gilt. Puristen werden vorschnell auf die finanziellen Vorteile pochen. Beim Zuschlag für den Stadtverkehr ist aber auch zu beachten, welchen Sicherheitsanforderungen genügt wird, ob Zuverlässigkeit, Pünktlichkeit, Sauberkeit, Bequemlichkeit und Freundlichkeit gewährleistet sind, ganz abgesehen von den Kundenwünschen nach örtlicher Beratung und Betreuung. Im Übrigen ist es für die Kommune von Bedeutung, ob das konzessionierte Unternehmen

Beschäftigung und Einkommen, Steuereinnahmen und urbane Identität positiv beeinflusst.

Diese oft als „soft factors" geschmähten Werte kommen gegen das alles bestimmende Preisargument nicht an. Deshalb ist zu vermuten, dass europaweite Ausschreibungen in vergleichbaren Fällen nicht zu Leistungsverbesserungen, vielleicht aber zu Preissenkungen führen werden.

V. Kommunale Selbstgestaltung

Nach Art. 72 Grundgesetz wird auf „die Herstellung gleichwertiger Lebensverhältnisse im Bundesgebiet" Wert gelegt. Das bedeutet aber nicht Gleichschaltung oder Gleichmacherei, sondern beinhaltet auch Spielräume für die Länder und Kommunen. Föderalismus und kommunale Selbstverwaltung erlauben neben Möglichkeiten der Zusammenarbeit auch einen gewissen Wettbewerb zwischen den staatlichen und zwischen den kommunalen Gebietskörperschaften. Auf der kommunalen Ebene findet zum Beispiel Konkurrenz um Landesmittel, bei der Behörden- und Industrieansiedlung, der Wirtschaftsförderung, im Tourismus, zwischen Kultur-, Sport- und Freizeiteinrichtungen benachbarter Städte usw. statt. Im Zusammenhang mit Public Private Partnership sollten der einzelnen Kommune Spielräume aktiver Selbstgestaltung eingeräumt werden. Warum sollte es nicht in die Zuständigkeit der Gemeinderäte und Kreistage fallen, die Dienstleistungen von allgemeinem wirtschaftlichen Interesse selbst zu regeln? Je nach der kommunalpolitischen Konstellation, der finanziellen Lage, den handelnden Personen, den geschäftlichen Chancen und Risiken sollte sich eine Gemeinde für die Eigenerstellung oder den Fremdbezug oder für eine Mischung aus beiden entscheiden können.

Der Bevölkerung ist klar zu machen, dass alle drei Optionen Vor- und Nachteile aufweisen. Es können damit mehr oder weniger stabile Versorgung, günstige Preise und ökologische Wirkungen verbunden sein. Entschließt man sich zur Gründung gemischtwirtschaftlicher Unternehmen, lassen sich potenzielle Konflikte zwischen den Partnern zunächst unternehmensintern lösen. Bei Verträgen zwischen Kommune und privaten Unternehmen kommt im Streitfall eher eine politische Mediation in Betracht. Gemischtwirtschaftliche Unternehmen sind zwar regelmäßig unbefristet tätig, können aber aufgelöst werden. Verträge haben in der Regel eine lange Laufzeit – im Infrastrukturbereich oft bis zu 30 Jahren –, so dass Bindungen für eine Generation entstehen.

Für das Gemeinwesen dürfte von besonderem Interesse sein, mit welchem Partner man im gemischtwirtschaftlichen Unternehmen zu tun hat oder einen langfristigen PPP-Vertrag schließt. Dabei stehen nicht momentane persönliche Beziehungen und Einstellungen im Vordergrund, vielmehr geht es um die Stärken und Schwächen des privaten Partners im Hinblick auf Kapitaleinsatz, Betriebsgröße, Unternehmensstruktur (z.B. Einzelfirma oder Konzern), Eigentümerstruktur (z.B. Alleingesellschafter oder Publikumsgesellschaft), Geschäftserfolg. Von diesen Eigenschaften hängen auch gegebenenfalls erwünschte oder notwendige Kapital- und Vertragsänderungen ab. Eine kleine Gemeinde wird sich überlegen müssen, ob eine global tätige Holding zu ihr passt, deren Vorstand für sie nahezu unerreichbar ist. Für eine solche Partnerschaft kann aber sprechen, dass man sich dafür „Know-how vom Feinsten" für eine hochkomplexe Systemtechnologie (etwa für Wasseraufbereitung oder Müllverwertung) „einkauft".

VI. Eine Messlatte für PPP

Wenn einerseits der Staat versagt und die als öffentliche Aufgaben wahrzunehmenden Tätigkeiten aus bürokratischen, finanziellen oder sonstigen Gründen nicht angemessen durchzuführen vermag, andererseits eine rein privatwirtschaftliche Aufgabenerfüllung wegen Marktversagens ebenfalls keine erstrebenswerte Lösung darstellt, kann unter bestimmten (bereits erwähnten) Voraussetzungen eine Public Private Partnership als Alternative in Betracht kommen. Um ungünstigen Entwicklungen für das Gemeinwesen vorzubauen, müssen dabei aber bestimmte Grundsätze berücksichtigt werden. Exemplarisch lässt sich dies an der Entsorgung von Abfällen verdeutlichen:

(1) Die Aufgabenerfüllung hat sich nach dem Gemeinwohlauftrag zu richten; anders ausgedrückt: bei der Aufgabenerfüllung sind auferlegte Gemeinwohlverpflichtungen einzuhalten. Das bedeutet für Entsorgungsleistungen von allgemeinem wirtschaftlichen Interesse, dass diese Tätigkeit sowohl legitimiert als auch staatlicherseits zwingend zu gewährleisten ist. Auch die Beleihung eines Privaten oder die privatrechtliche Form einer gemischtwirtschaftlichen Unternehmung oder eine vertragliche Vereinbarung mit einem privaten Betreiber oder Financier erlässt dem Staat nicht das Sicherstellungsgebot.

(2) Soweit Staatsziele berührt werden, ist darauf Bedacht zu nehmen. Im Falle der Abfallentsorgung gilt deshalb auch für eine Public Private Partnership der Schutz der natürlichen Lebensgrundlagen nach Art. 20a Grundgesetz.

(3) Bei öffentlichen Aufgaben handelt es sich meistens um Vertrauensgüter. Die Öffentlichkeit vertraut auf eine pünktliche, stete und zuverlässige Bereitstellung hochwertiger Dienstleistungen, wobei hochwertig soviel bedeutet wie

planungs- und rechtssicher, auf zeitgemäßem Stand der Technik und möglichst redlich und wirtschaftlich. Je mehr für Transparenz gesorgt wird, desto stärker vermeidet man korrumpierendes Verhalten.

(4) Das Leistungsangebot – hier Sammlung, Beförderung, Behandlung, stoffliche oder energetische Verwertung, Beseitigung und gegebenenfalls Zwischen- und Endlagerung der Abfälle – hat so zu erfolgen, dass den zur Abnahme verpflichteten Nachfragern keine unverhältnismäßig hohen Arbeits- und Zeitaufwendungen und damit Kosten erwachsen.

Entscheidet sich ein Gemeinwesen für eine öffentlich-private Zusammenarbeit, tut es gut daran, die eingegangene Partnerschaft nicht als endgültig festzuschreiben. Die Beobachtung des betreffenden Marktsegments zum Beispiel der Abfallentsorgung öffnet den Blick für Innovationen der Konkurrenz, die nach entsprechender Ausschreibung durchaus zur Kooperation führen kann.

Jens Harms

Organisations-PPP: Kontrolle, Controlling und Governance

Gliederung

I. Die Ökonomisierung des Staates
II. Rechtliche Grundlagen der externen Kontrolle
 1. Bedingungen für unternehmerisches Engagement in Privatrechtsform
 2. Jahresabschlussprüfung und Finanzkontrolle
 3. Kontrolldefizite
III. Beteiligungscontrolling
IV. Deutscher Corporate Governance Kodex (DCGK)
V. Eine notwendige Ergänzung
Literaturverzeichnis

I. Die Ökonomisierung des Staates

Seit Jahren ist ein Prozess der Ökonomisierung bei der Wahrnehmung öffentlicher Aufgaben zu beobachten[1], dies sowohl in der unmittelbaren öffentlichen Verwaltung, in der Abstand von einer kameralistischen Kultur genommen wird[2], als auch in den Bereichen der „Daseinsvorsorge", die weitestgehend aus der Verwaltungssphäre ausgegliedert wurden und als öffentliche Unternehmen in der Rechtsform des öffentlichen Rechts (Eigenbetriebe oder Anstalten) oder des privaten Rechts (zumeist als GmbH oder Aktiengesellschaft) geführt werden. Die zunehmende Verselbständigung öffentlicher Betriebe stellt sich vielfach als transitorischer Prozess dar[3], in dem fünf Phasen unterschieden werden können:

– Herauslösung von abgrenzbaren Leistungsbereichen aus der unmittelbaren Verwaltung und Überführung in Betriebe nach § 26 BHO/LHO[4] (Eigenbetriebe),

---

1 *Harms/Reichard (2003).*
2 Vgl. z.B. *Budäus u.a. (2000).*
3 *Püttner (2002b).*
4 Hier und im folgenden Text wird jeweils die Landeshaushaltsordnung (LHO) von Berlin zitiert, die im Wesentlichen identisch ist mit den Haushaltsordnungen des Bundes (BHO) und anderer Bundesländer.

- Überführung der nicht rechtsfähigen Betriebe nach § 26 BHO/LHO in rechtsfähige Anstalten des öffentlichen Rechts,
- Organisationsprivatisierung und Führung der Betriebe in der Rechtsform des privaten Rechts in Alleineigentum der öffentlichen Hand,
- ggf. Einbeziehung von Kapital anderer öffentlicher Einrichtungen (Public Public Partnership) oder von privatem Kapital (Public Private Partnership),
- volle Privatisierung, also der Rückzug des Staates als Anteilseigner, wobei zwischen einer Aufgabenprivatisierung und einer Durchführungsprivatisierung zu unterscheiden ist.

Im Hinblick auf Unternehmen, die in alleinigem Besitz eines öffentlichen Eigentümers sind, wird die Frage gestellt, ob sie sich – egal in welcher Rechtsform – unternehmerisch betätigen dürfen oder ob sie sich in ihrer Aufgabenwahrnehmung auf den eigentlich öffentlichen Zweck beschränken sollten.[5] Dies kann jedoch nicht für Beteiligungsunternehmen mit privater Kapitalbeteiligung (Public Private Partnerships) gelten, zumal dies im Grunde ein Ausschlussgrund für privates Engagement wäre.

II. Rechtliche Grundlagen der externen Kontrolle

1. Bedingungen für unternehmerisches Engagement in Privatrechtsform

Voraussetzung für das unternehmerische Engagement des Staates in Privatrechtsform (egal ob als reines öffentliches Unternehmen oder als PPP) ist aufgrund von § 65 Abs. 1 Nr. 1 BHO/LHO zunächst das Vorliegen eines „wichtigen Interesses". Dies bedeutet, dass der öffentliche Zweck des Unternehmens leistungswirtschaftlich definiert sein muss. Formale finanzwirtschaftliche Ziele (etwa die Verzinsung des eingebrachten Kapitals) können dagegen für die staatliche Seite nur von untergeordneter Bedeutung sein. Im Fall einer PPP kann es also einen strukturellen Konflikt zwischen dem Leistungsziel des Staates und dem Formalziel des privaten Investors geben, der aufgrund des geltenden Haushaltsrechts nicht zu Lasten des öffentliches Zwecks gehen darf.[6]

Die leistungswirtschaftliche Aufgabenbestimmung des Unternehmens gilt nicht nur im Entstehungszusammenhang (bei Gründung), sondern muss laufend überprüft werden. Dies setzt voraus, dass die Ziele operativ bestimmbar sein müssen, so dass der „öffentliche" Erfolg des Unternehmens eindeutig

---

5 *Eichhorn (2002).*
6 *Piduch (2003),* § 65, S. 7 f.

nachvollzogen werden kann. Sobald die öffentliche Zielsetzung nicht mehr oder in anderer Form besser oder wirtschaftlicher zu erreichen ist, sollte der Staat dem unternehmerischen Handeln, in welcher Form auch immer, entsagen.

Eine weitere Rahmenbedingung für das staatliche Engagement in Beteiligungsunternehmen ist die Risikobegrenzung, d.h. die Limitierung der Einzahlungspflicht der Gebietskörperschaft auf einen bestimmten Betrag (§ 65 Abs. 1 Nr. 2 BHO/LHO). Dies ist in der Regel durch die Entscheidung zugunsten einer Kapitalgesellschaft gegeben. Durch Rechtsformmissbrauch ist es allerdings möglich, die Begrenzung der Risikoübernahme auszuhebeln, indem das Mutterunternehmen als Kapitalgesellschaft ein Tochterunternehmen in der Rechtsform der Anstalt des öffentlichen Rechtes hat, wodurch es aufgrund der Gewährträgerhaftung der öffentlichen Hand gegenüber der Anstalt zu einer Übertragung von Verlusten auf den Staat kommen kann.[7]

Um die Geschäftstätigkeit des Beteiligungsunternehmens zu überwachen und die Berücksichtigung der öffentlichen Interessen durch die Geschäftsführung sicher zu stellen, ist es notwendig, über den Aufsichtsrat einen angemessenen Einfluss auszuüben (§ 65 Abs. 1 Nr. 3 BHO/LHO). So müssen aus strategischen Zielvorgaben operative Handlungsmuster abgeleitet werden, deren Beachtung durch entsprechende Zielvereinbarungen zwischen Aufsichtsrat und Geschäftsführung vereinbart werden muss.

Es ist Aufgabe der Beteiligungsverwaltung, dafür zu sorgen, dass die Vorgaben des § 65 BHO/LHO beachtet werden. Als zuständige Beteiligungsverwaltung fungiert in der Regel die Finanzverwaltung, wobei diese für die Beurteilung von Fachfragen die jeweilige Fachverwaltung konsultieren soll. Allerdings sollte die Gesamtverantwortung in einer Hand liegen, dies letztlich aus Gründen der Konsistenz der Beteiligungspolitik der jeweiligen Gebietskörperschaft.

Insgesamt liegt die Verwaltung der Beteiligung in der Verantwortung der jeweiligen Regierung der Gebietskörperschaft. Allerdings sind für Erwerb und Veräußerung in den Haushaltsordnungen jeweils Bedingungen der Beteiligung des Parlaments vorgesehen. So bedarf es etwa in Berlin nach § 65 Abs. 6 LHO der Einwilligung des Abgeordnetenhauses, wenn Mehrheitsbeteiligungen ein-

---

7 Diese Konstruktion ist der Grund für die Haftung des Landes Berlin gegenüber der Bankgesellschaft Berlin AG (BGB AG), auf deren Tochter, die Landesbank Berlin (LBB) als Anstalt des öffentlichen Rechts, erhebliche Risiken des Immobiliendienstleistungsgeschäfts, das wiederum von Tochtergesellschaften der LBB durchgeführt wurde, übertragen waren. Die Sicherung der BGB AG vor einer Insolvenz machte eine als Risikoabschirmung bezeichnete Bürgschaft des Landes von 21,6 Mrd. € notwendig.

gegangen oder Anteile von Unternehmen veräußert werden, sofern dadurch der Einfluss Berlins wesentlich verringert wird. Die Zustimmung ist auch bei einer Umwandlung oder Auflösung von Unternehmen erforderlich, wenn die Mehrheit der Anteile Berlin gehört. Zusätzlich ist nach § 102 Abs.1 Nr. 3 BHO/LHO der Rechnungshof unverzüglich zu unterrichten, wenn Beteiligungen an Unternehmen begründet, wesentlich geändert oder aufgegeben werden.

2. Jahresabschlussprüfung und Finanzkontrolle

Im Hinblick auf die Kontrolle von Beteiligungsunternehmen ist zwischen der Prüfung des Jahresabschlusses und des Lageberichts nach § 65 Abs.1 Nr. 4 BHO/LHO, der erweiterten Abschlussprüfung nach § 53 Haushaltsgrundsätzegesetz (HGrG) sowie der Prüfung der staatlichen Betätigung bei privatrechtlichen Unternehmen durch den Rechnungshof nach § 92 BHO/LHO zu unterscheiden.[8]

Jahresabschluss und Lagebericht müssen entsprechend den Vorschriften des 3. Buchs des Handelsgesetzbuchs für große Kapitalgesellschaften aufgestellt (§ 264 HGB) und geprüft werden (§ 65 Abs. 1 Nr. 4 BHO/LHO). Es geht hier insbesondere um die Ordnungsmäßigkeit und Gesetzmäßigkeit der Rechnungslegung und der ihr zugrunde liegenden Buchführung, also um die Beachtung der Grundsätze ordnungsgemäßer Buchführung (GoB). Aufgrund der Abschlussprüfung soll festgestellt werden, ob Jahresabschluss und Lagebericht ein den gegebenen Umständen entsprechendes Bild des Unternehmens vermitteln (§ 317 HGB). Dabei sollte es selbstverständlich sein, dass die IT-gestützten Buchungs- und Frühwarnsysteme in die Prüfung einbezogen werden, nicht zuletzt um die Zuverlässigkeit der Aussagen sowie die Funktionsfähigkeit der sich darauf stützenden Kontrollmechanismen zu evaluieren.

Nach § 53 Abs. 1 HGrG soll bei Mehrheitsbeteiligungen in der Satzung des jeweiligen Unternehmens eine erweiterte Abschlussprüfung vorgesehen werden.[9] Grundlage für diese Prüfung und die Berichterstattung ist der Fragenkatalog des Instituts der Wirtschaftsprüfer (IDW PS 720). Der Katalog setzt sich aus fünf Hauptthemen mit insgesamt 21 Fragenkreisen zusammen. Die Hauptthemen beinhalten

– die Ordnungsmäßigkeit der Geschäftsführungsorganisation,
– die Ordnungsmäßigkeit des Geschäftsführungsinstrumentariums (Planungswesen, Rechnungswesen und Controlling, Risikofrüherkennungssystem, interne Revision, Versicherungsschutz),

---
8   *Eibelshäuser/Breidert (2002).*
9   *Eibelshäuser/Kämpfer (2004).*

- die Ordnungsmäßigkeit der Geschäftsführungstätigkeit (u.a. zustimmungsbedürftige Rechtsgeschäfte, Berichterstattung an Überwachungsorgane, Durchführung von Investitionen und Auftragsvergabe),
- Vermögens- und Finanzlage (u.a. ungewöhnliche Bilanzposten und stille Reserven, Finanzierung Eigenkapitalausstattung und Gewinnverwendung),
- Ertragslage (u.a. Rentabilität, verlustbringende Geschäfte und ihre Ursachen, Jahresfehlbetrag und seine Ursachen, Maßnahmen zur Verbesserung der Ertragslage).

Nach § 69 BHO/LHO ist der Rechnungshof über die Ergebnisse der Prüfung innerhalb von drei Monaten nach der Haupt- oder Gesellschafterversammlung zu unterrichten, wobei ihm neben dem Abschlussbericht auch Sonderberichte sowie die Ergebnisse der Prüfung nach § 53 HGrG zu übergeben sind. Dabei soll dem Rechnungshof auch das Ergebnis der Überprüfung der Unterlagen durch die Beteiligungsverwaltung mitgeteilt werden.

Aufgrund von § 92 BHO/LHO prüft der Rechnungshof die staatliche Betätigung bei privatrechtlichen Unternehmen, also die Berücksichtigung und Umsetzung der Vorgaben der Beteiligungsverwaltung durch den Aufsichtsrat. Es handelt sich also nicht um eine Wirtschaftlichkeitsprüfung des Unternehmens, sondern um die Untersuchung, inwieweit den im Wesentlichen in § 65 BHO/LHO definierten und durch die Verwaltung zu konkretisierenden Vorgaben Beachtung geschenkt wird. Diese Betätigungsprüfung kann – soweit es satzungsgemäß nach § 67 BHO/LHO vorgesehen ist – durch eine Prüfung nach § 54 HGrG vertieft werden, wobei sich der Rechnungshof unmittelbar bei dem Unternehmen unterrichten kann, d.h. zu Prüfungszwecken die Bücher und Schriften des Unternehmens eingesehen werden können.

Die Betätigungsprüfung nach § 92 BHO/LHO und § 54 HGrG ist keine Prüfung der Haushalts- und Wirtschaftsführung des Unternehmens selbst. Sofern dies bei einem Unernehmen in Privatrechtsform beabsichtigt ist, muss nach § 104 Abs. 1 Nr. 3 BHO/LHO zwischen dem Rechnungshof und dem Unternehmen die Prüfung vereinbart werden. Bei dieser Prüfung handelt es sich um eine solche der Wirtschaftsführung im weiteren Sinne, wobei die Geschäftstätigkeit des Unternehmens selbst zum Gegenstand gemacht werden kann.

3. Kontrolldefizite

Bereits das vorhandene Regelwerk sollte eine umfangreiche Kontrolle der Geschäftstätigkeit von Beteiligungsunternehmen im allgemeinen und von Organisations-PPPs im besonderen durch die öffentlichen Gesellschafter ermöglichen. Aber die Regelmäßigkeit, mit der eine ungenügende Kontrolleffizienz thematisiert wird, macht deutlich, dass es Defizite gibt.[10] Es ist allerdings vielfach nicht so sehr eine mangelnde Regelungsdichte, als vielmehr das Vorliegen von Vollzugsdefiziten: Kontrollpflichten durch Aufsichtsräte[11] wird vielfach nicht nachgekommen, und Kontrollmöglichkeiten (z.B. aufgrund von § 104 Abs. Nr. 3 BHO/LHO) werden oft nicht vereinbart und damit nicht ausgeschöpft. So gibt es Kontrolldefizite bei

- der Beteiligungsverwaltung,
- den Kontrollorganen von Unternehmen sowie
- der Wirtschaftsprüfung und der Finanzkontrolle.

Es ist zunächst Aufgabe der Beteiligungsverwaltung, die Effizienz und Effektivität des wirtschaftlichen Engagements des Staates zu wahren. Sie muss dafür nicht nur eine klare Zieldefinition haben, sondern darüber hinaus auch die Geschäftstätigkeit laufend beobachten und auswerten, um den Mitgliedern der Aufsichtsorgane (Aufsichtsrat, Gesellschafter- oder Hauptversammlung) Hinweise für ihr Entscheidungsverhalten zu geben.

Strukturelle Zielkonflikte sind bei Public Private Partnerships nicht unwahrscheinlich.[12] Die notwendigerweise durch eine Leistungskonzeption bestimmte öffentliche Zielsetzung kann mit einer privatwirtschaftlichen Formalzielorientierung (z.B. eine bestimmte Verzinsung des eingesetzten Kapitals) konkurrieren. Eine Bearbeitung oder Auflösung von Zielwidersprüchen ist zunächst einmal eine Angelegenheit der Beteiligungsverwaltung und sollte – soweit möglich – im Vorfeld der Begründung einer gemeinsamen Geschäftstätigkeit gesellschaftsvertraglich geregelt werden.

Unbestimmte Zielbestimmungen und Informationsdefizite bei der Beteiligungsverwaltung können zu Kompetenzdefiziten im Entscheidungsverhalten der öffentlich bestellten Mitglieder von Kontrollorganen des Unternehmens führen. Mit den Kompetenzdefiziten können Autonomiedefizite einhergehen, d.h. die Aufsichtsorgane lassen sich zu stark von den Vorgaben der Unternehmensleitung, die mit zunehmender Wettbewerbsorientierung – wie Edeling beschreibt – vorwiegend an Formalzielen orientiert ist, beeinflussen und fungieren damit eher als ein Legitimations- denn ein Kontrollorgan.[13]

Während die Abschlussprüfung nach § 317 HGB sich im Wesentlichen darauf erstreckt, ob die gesetzlichen Vorschriften und die diese ergänzenden Bestimmungen des Gesellschaftsvertrags oder der Satzung beachtet worden sind, be-

---

10 Vgl. *Rechnungshof (2002)*, S. 38-41; *Abgeordnetenhaus (2003)*; *Otto u.a. (2002)*.
11 Solche Kontrollpflichten sind detailliert von der Berliner Senatsverwaltung für Finanzen in einem „Merkblatt für Aufsichtsratsmitglieder" niedergelegt.
12 *Eichhorn (2003)*.
13 *Edeling (2003)*.

zieht sich die erweiterte Prüfung nach § 53 HGrG auf die Ordnungsmäßigkeit der Geschäftsführungstätigkeit. Hierbei geht es u.a. um die wirtschaftliche Solidität bzw. mögliche Risiken der Geschäftstätigkeit. Die Informationen, die aufgrund des Fragenkatalogs des IDW PS 720 ermittelt werden können, sollten im Grunde einen vertieften Einblick in die Tätigkeit des Unternehmens geben. Allerdings ist zu bedauern, dass die 21 Fragenkreise mit ca. 90 Unterfragen oft sehr allgemein und förmlich beantwortet werden, so dass ein vertiefter Blick „hinter die Kulissen" vielfach nicht erreicht werden kann. Allerdings bieten Hinweise auf Probleme die Möglichkeit, in vertiefte Erhebungen einzusteigen.

Regelungs- bzw. Vollzugsdefizite treten bei Beteiligungsunternehmen häufig hinsichtlich von Prüfmöglichkeiten der externen Kontrolle durch die Rechnungshöfe auf, wodurch gleichzeitig auch die parlamentarischen Kontrolle behindert wird. Das gravierendste Problem liegt in der Nichteinräumung von Prüfungsrechten, sowohl der Rechte nach § 54 HGrG wie auch nach § 104 Abs. 1 Nr. 3 BHO/LHO. Um sie auszuüben, müssten diese Rechte in den Satzungen der betreffenden Unternehmen verankert werden. Aber gerade im Hinblick auf die Beteiligung privaten Kapitals wird vielfach argumentiert, dass eingehende bzw. weitgehende Prüfungsrechte die privaten Kapitalgeber abschrecken würden und einer effizienten Wirtschaftstätigkeit damit widersprächen. Außerdem wird – ungerechtfertigterweise – darauf verwiesen, dass die Unternehmen ohnehin von Seiten der Abschlussprüfer geprüft werden würden, so dass eine nochmalige Prüfung durch Rechnungshöfe überflüssig sei. Dass dabei in erheblichem Umfang unterschiedliche erkenntnisleitende Prüfstrategien zur Anwendung kommen, wird beflissentlich übersehen. Abschlussprüfer sind weder Prüfer der Wirtschaftlichkeit noch ist es ihre Aufgabe, die Umsetzung leistungswirtschaftlicher Ziele zu überwachen.[14]

Sofern bei Beteiligungsunternehmen die Prüfungsrechte nach § 54 HGrG eingeräumt sind, wird nicht selten versucht, die Prüftätigkeit von Rechnungshöfen zu behindern, indem argumentiert wird, dass die Erhebung bestimmter Daten über eine Informationsgewinnung im Kontext einer Beteiligungsprüfung nach § 92 Abs.1 BHO/LHO hinausgehen würde. So werden Prüfungshandlungen verzögert oder die Gewinnung von Prüfungserkenntnissen teilweise unmöglich gemacht.

Zu beklagen ist hin und wieder auch eine mangelnde Kooperationsbereitschaft der Beteiligungsverwaltung. Dies betrifft insbesondere mittelbare Beteiligungen sowie Minderheitsbeteiligungen. Bei ihnen sollte nach § 67 BHO/LHO die Beteiligungsverwaltung darauf hinwirken, durch Vereinbarung dem Rechnungshof Prüfungsrechte einzuräumen. Dies ist vielfach nicht der Fall, was

---

14 *Eibelshäuser/Kraus-Grünewald (2004).*

dann besonders gravierend ist, wenn die Muttergesellschaft als Holding organisiert ist und die Leistungserstellung in Tochterunternehmen verlagert wird.

III. Beteiligungscontrolling

Die öffentliche Diskussion um eine Kontrolle des Beteiligungsengagements staatlicher Gebietskörperschaften hat sich in den letzten Jahren von der Thematisierung einer haushaltsrechtlich orientierten Finanzkontrolle hin zu betriebswirtschaftlichen Controllingüberlegungen verschoben. Es geht dabei einerseits um Fragen der Effizienz und des Risikos von Leistungserbringung und Zielerfüllung, andererseits um die Differenzierung der Controllingfunktionen zwischen Vorstand, Aufsichtsrat und den Gesellschaftern bzw. den Aktionären.[15] Die Unterscheidung zwischen Kontrolle und Controlling ist dabei oft unscharf, Zielsetzungen und Ausprägungen haben zweifelsohne eine erhebliche Schnittmenge. Jedoch wird man sich darauf verständigen können, dass Kontrolle eher an einer nachgängigen Evaluation von Ereignissen ausgerichtet ist, während das Controlling stärker an einer prozessorientierten Begleitung der unternehmerischen Entwicklung orientiert ist.

Controlling ist zunächst eine permanente Aufgabe von Geschäftsführungen und Vorständen. Es gilt in Anbetracht der Ziele des Unternehmens (sowohl der leistungswirtschaftlichen Ziele als auch der finanzwirtschaftlichen Formalziele), die Entwicklung des Unternehmens anhand wohl definierter Indikatoren zu verfolgen und bei einer Abweichung zwischen Soll- und Istwerten gezielt zu intervenieren. Dabei ist es wichtig, dass Risiken rechtzeitig durch die Definition von Frühindikatoren erfasst werden.[16]

Die Aufsichtsräte der Unternehmen haben die Geschäftsführung zu überwachen. Jedoch können Maßnahmen der Geschäftsführung dem Aufsichtsrat nicht übertragen werden (§ 111 Aktiengesetz). Das Controlling der Aufsichtsräte stützt sich daher auf die Controllingergebnisse der Gesellschaft, selektiert sie im Hinblick auf relevante Aussagen über Zielerreichung, Ertragsentwicklung und Risiken. Die Indikatoren sind so aufzubereiten, dass anhand ihrer der Aufsichtsrat seine Kontrollfunktion ausüben kann.

Informationen für die Mitglieder des Aufsichtsrats, die den Staat als Gesellschafter vertreten, sind gleichzeitig Informationen für die Beteiligungsverwaltung, so dass sie u.a. die Aufgabe hat, die Meinungsbildung ihrer Vertreter im Aufsichtsrat zu koordinieren.

---

15 *Bahn/Pech (2003)*.
16 *Preußner (2003)*.

Ist der Gesellschafter eines Beteiligungsunternehmens eine staatliche Gebietskörperschaft, so ist der Gesellschafter des Unternehmens letztlich das Parlament. Sein Controllinginteresse ist insbesondere auf die Frage ausgerichtet, inwieweit die Zielerreichung realisiert und in mittel- und langfristiger Perspektive gesichert ist. Hier stellt sich einerseits die Problematik der gesellschaftspolitischen Effektivität, andererseits jene der Effizienz, in deren Kontext stets überlegt werden soll, ob sich das Ziel auf andere Weise ggf. besser und wirtschaftlicher erreichen lässt (§ 65 Abs. 1 Nr. 1 BHO/LHO). Bei dem parlamentarischen Controlling geht es also nicht so sehr um die laufende Überwachung der Geschäftstätigkeit, sondern vielmehr um grundlegende Fragen einer zukünftigen Ausgestaltung der staatlichen Leistungserbringung.

IV. Deutscher Corporate Governance Kodex (DCGK)

Die Diskussion um eine effektive Kontrolle und Transparenz im Unternehmensbereich, die insgesamt ihren Niederschlag in dem 2002 verabschiedeten Deutschen Corporate Governance Kodex gefunden hat, schlägt sich auch in den Bemühungen einer Neuordnung der Kontrolle und Berichterstattung von Beteiligungsunternehmen nieder. So ist in Berlin vorgesehen, dass öffentliche Unternehmen in Anlehnung an § 161 Aktiengesetz jährlich eine Entsprechenserklärung zu den Verhaltensempfehlungen des Corporate Governance Kodex abgeben.

Der Kodex[17] besteht – neben der Präambel – aus sechs Hauptteilen, die jeweils bestimmte Aspekte des Regelungssystems der Aktiengesellschaft behandeln.[18] Primär ist er für kapitalmarktorientierte Unternehmen formuliert, so dass die Besonderheiten öffentlicher Unternehmen, insbesondere solcher mit gemischten Eigentumsverhältnissen (PPP) zusätzlicher Regelungen bedürfen.

Aktionäre und Hauptversammlung:

Der Corporate Governance Kodex thematisiert – über die Regelungen des Aktienrechts hinausgehend – zunächst die Sicherung von Beteiligungsrechten der Aktionäre in der Hauptversammlung. Die hier gemachten Empfehlungen der Kommission (Ziff. 2.3.2-2.3.4) sind für die öffentliche Hand als Aktionär bzw. Gesellschafter von geringerer Bedeutung. Allerdings wäre es – im Hinblick auf öffentliche Unternehmen – wünschenswert, die für die öffentlichen Gesellschafter vorgesehenen Informationen an die jeweiligen Parlamente weiterzureichen. Dies sollte über die üblichen Beteiligungsberichte hinaus-

---

17 *BMJ (2003).*
18 *Hackelmacher (2004).*

gehen, zumal diese (bisher) i.d.R. nur allgemeine Strukturdaten der Unternehmen enthalten.

Zusammenwirken von Vorstand und Aufsichtsrat:

Der Kodex sieht eine Intensivierung des Informationsflusses der beiden Unternehmensorgane vor, wobei der Aufsichtsrat die Informations- und Berichtspflichten des Vorstands näher festlegen soll (Ziff. 3.4). So wie Ziff. 3.6 vorsieht, dass in mitbestimmten Aufsichtsichtsräten sich die jeweiligen „Bänke" auch unter sich (ggf. mit Mitgliedern des Vorstands) vorbereiten sollten, könnte dies in Organisations-PPPs auch für die staatlichen Vertreter sinnvoll sein. Ziff. 3.10 sieht vor, dass Vorstand und Aufsichtsrat über die Einhaltung des DCGK im Geschäftsbericht berichten und eventuelle Abweichungen erläutern. Dies sollte bei öffentlichen Unternehmen selbstverständlich auch dem Parlament gegenüber mitgeteilt werden.

Der Vorstand:

Auch hier enthält der Corporate Governance Kodex zunächst im Aktienrecht fixierte Selbstverständlichkeiten über eine verantwortliche Geschäftsführung durch den Vorstand, zu der auch ein angemessenes Risikomanagement und Risikocontrolling gehören. Über bisherige gesetzliche Regelungen hinaus sieht der Kodex im Wesentlichen vor, dass die vom wirtschaftlichen Erfolg abhängige Vergütung der Vorstandsmitglieder aus fixen und variablen Bestandteilen bestehen und individualisiert im Anhang zum Jahresabschluss ausgewiesen werden soll (Ziff. 4.2.3/4). Außerdem thematisiert der Kodex die Problematik von Interessenkonflikten von Vorstandsmitgliedern bei der Ausübung ihres Amts und sieht vor, dass sie ggf. dem Aufsichtsrat gegenüber unverzüglich offen zu legen sind (Ziff. 4.3). Dazu gehören alle Geschäfte zwischen Unternehmen und Vorstandsmitgliedern sowie die Übernahme von Aufsichtsratsmandaten durch Vorstandsmitglieder, die der Zustimmung des Aufsichtsrats bedürfen.

Aufsichtsrat:

Der vielleicht wichtigste Teil des DCGK bezieht sich auf die verantwortliche Wahrnehmung der Kontrolltätigkeit durch den Aufsichtsrat. Zweifelsohne hat es hier – und dies trifft für öffentliche Unternehmen mindestens genauso zu wie für privatwirtschaftliche Unternehmen – in der Vergangenheit erhebliche Defizite gegeben. Die wichtigsten Vorschläge, die auch für öffentliche Unternehmen bedeutend sind, beziehen sich auf die besonderen Aufgaben und Befugnisse des Aufsichtsratsvorsitzenden, der mit dem Vorstand regelmäßig Strategie, Geschäftsentwicklung und Risikomanagement des Unternehmens beraten soll (Ziff 5.2).

Verpflichtend soll auch die Bildung von qualifizierten Ausschüssen vorgesehen werden (Ziff. 5.3), so insbesondere die Einrichtung eines Prüfungsausschusses (Audit Committee), der sich u.a. mit Fragen der Rechnungslegung und des Risikomanagements, der erforderlichen Unabhängigkeit des Abschlussprüfers, der Erteilung des Prüfungsauftrags an den Abschlussprüfer, der Bestimmung der Prüfungsschwerpunkte und der Honorarvereinbarung befassen soll (Ziff. 5.3.2).

Ziffer 5.4. befasst sich mit der Zusammensetzung und Vergütung des Aufsichtsrats, wobei darauf geachtet werden soll, dass nur Mitglieder dem Aufsichtsrat angehören, die über die zur ordnungsgemäßen Wahrnehmung der Aufgaben erforderlichen Kenntnisse, Fähigkeiten und fachlichen Erfahrungen verfügen und hinreichend unabhängig sind. Über ihre Vergütung, die aus einem festen und einem erfolgsabhängigen Teil bestehen soll, sowie ansonsten gewährte Vorteile, soll individualisiert im Anhang des Jahresabschlusses berichtet werden (Ziff. 5.4.5) – ein Procedere, das auch bei öffentlichen Unternehmen selbstverständlich sein sollte.

Wünschenswert wäre auch der Hinweis, dass Aufsichtsräte bei grundsätzlicher Pflicht zur Verschwiegenheit (§ 116 AktG) von dieser zu entbinden sind, soweit sie als Vertreter des staatlichen Gesellschafters diesem gegenüber rechenschaftspflichtig sind (§ 394 AktG).

Transparenz:

Der Vorstand ist verpflichtet, über neue Tatsachen, die im Tätigkeitsbereich des Unternehmens eintreten, und Auswirkungen auf die Vermögens- und Finanzlage oder den allgemeinen Geschäftsverlauf haben, die Gesellschafter oder Aktionäre unverzüglich zu informieren (Ziff. 6.1). Die von der Gesellschaft veröffentlichten Informationen über das Unternehmen sollen auch der Öffentlichkeit über die Internetseite zugänglich sein (Ziff. 6.8), was ebenso eine für ein öffentliches Unternehmen besonders begrüßenswerte Forderung ist.

Rechnungslegung und Abschlussprüfung:

Der Jahresabschluss soll nach anerkannten Rechnungslegungsgrundsätzen aufgestellt werden, um einen wahren und fairen Überblick über die Lage des Unternehmens zu geben. Gleichzeitig soll mit der Rechnungslegung eine Liste von Drittunternehmen veröffentlicht werden, an denen eine Beteiligung von nicht untergeordneter Bedeutung gehalten wird (Ziff. 7.1). Für die Abschlussprüfung ist die Unabhängigkeit des Prüfers von besonderer Bedeutung, über die sich der Aufsichtsrat eingehend informieren soll. Dazu gehört auch, dass der Abschlussprüfer über Leistungen für das Unternehmen, die insbesondere auf den Beratungssektor erbracht wurden, informiert. Über wesentliche Feststellungen und Vorkommnisse, die im Rahmen der Abschlussprüfung gemacht werden, soll der Prüfer dem Aufsichtsrat unverzüglich berichten (Ziff. 7.2.1). Wie im Aktiengesetz vorgesehen (§ 111 Abs. 2 Satz 3), verweist Ziff. 7.2.2 auf die Aufgabe des Aufsichtsrats, dem Abschlussprüfer den Prüfungsauftrag zu erteilen. Im Hinblick auf Beteiligungsunternehmen wäre es hier wünschenswert, dass dies im Einvernehmen mit dem zuständigen Rechnungshof geschehen sollte, der ggf. darauf hinwirken kann, im Rahmen der Prüfung nach § 53 HGrG bestimmte Problembereiche einer vertieften Untersuchung zuzuführen.

V. Eine notwendige Ergänzung

Zweifelsohne ist es, wie von Berlin vorgesehen, zu begrüßen, dass alle öffentlichen Unternehmen sich darüber jährlich erklären sollen (Entsprechenserklärung), inwieweit sie den Deutschen Corporate Governance Kodex eingehalten haben. Allerdings wäre es im Hinblick auf die notwendige öffentliche Kontrolle eines staatlichen unternehmerischen Engagements grundsätzlich erstrebenswert, wenn der für kapitalmarktorientierte Aktiengesellschaften gedachte Deutsche Corporate Governance Kodex für öffentliche Unternehmen, einschließlich solchen mit privater Kapitalbeteiligung in Richtung auf einen Public Corporate Governance Kodex (PCGK) erweitert werden würde.[19] Dazu sollten u.a. folgende Regelungen in solch einen erweiterten Kodex aufgenommen werden:

– Informationspflichten über die leistungswirtschaftlichen Interessen des staatlichen Engagements an einer Organisations-PPP sowie ihre Beachtung im Rahmen der Geschäftstätigkeit,
– Informationspflichten gegenüber Beteiligungsverwaltung und Parlament,
– Informationspflichten über Risiken der Beteiligung für ihre staatlichen Träger, insbesondere hinsichtlich einer Gewährträgerhaftung,
– qualitative Anforderungen an die staatlichen Vertreter in den Organen des Unternehmens,
– Auswahl, Vergütung und Verhalten der Organmitglieder,
– Kommunikationspflichten der Unternehmensführung gegenüber Organen der Gebietskörperschaft,
– Einräumung von Prüfungsrechten der externen Finanzkontrolle, sowohl bei unmittelbaren wie bei mittelbaren Engagements,
– Mitwirkungspflichten bei Prüfungen durch Rechnungshöfe.

---

19 *Budäus (2002)*.

Es wäre dann u.a. eine Aufgabe der Rechnungshöfe zu prüfen, ob die öffentlichen und gemischtwirtschaftlichen Unternehmen den Forderungen des Kodexes Rechnung tragen bzw. inwieweit Verstöße gegen den Kodex zu beklagen sind.

Das Engagement Berlins mit seinen öffentlichen Unternehmen (egal in welcher Rechtsform oder mit welchen Beteiligungsverhältnissen) war in den vergangen Jahrzehnten nicht immer erfolgreich. Berlin hatte im Jahr 2003 insgesamt 63 unmittelbare sowie 242 mittelbare Beteiligungen. Bei den unmittelbaren Beteiligungen waren ca. 60 000 Mitarbeiter beschäftigt. Die Unternehmen machten einen Verlust von 659 Mio. € und erhielten Zuschüsse im Ausmaß von 781 Mio. €. Das für Berlin problematischste Engagement war die Bankgesellschaft Berlin (eine Public Private Partnership), die mit ihren Töchtern im Rahmen des Immobiliendienstleistungsgeschäfts erhebliche Risiken auf sich lud, die das Land über Jahrzehnte belasten werden. Das Versagen dieses Unternehmens ist ein besonderes Lehrstück für nicht funktionierende Kontrollorgane, für eine systematische Behinderung des Rechnungshofs bei der Verfolgung seiner Aufgaben und für (teilweise) gutgläubige parlamentarische Gremien.

Die besondere Verantwortung, die der Staat seinen Bürgern gegenüber hat, macht es notwendig, auch jedes wirtschaftliche Engagement des Staates der parlamentarischen Legitimation zu unterziehen. Dazu gehört es besonders, den jeweiligen öffentlichen Auftrag zu spezifizieren und dafür Sorge zu tragen, dass der Prozess der Leistungserstellung effektiv und effizient vonstatten geht. Dies passiert nicht automatisch, vielmehr ist es dafür notwendig,

- ein professionelles systematisches Controlling für die verschiedenen unternehmerischen Entscheidungsebenen und das Parlament aufzubauen,
- die risikobezogene Berichterstattung zu verbessern,
- Vollzugsdefizite im Hinblick auf die Kontrolle öffentlicher Unternehmen zu beseitigen sowie jährliche Entsprechenserklärungen über die Beachtung eines Governance Kodexes, der auch den spezifischen öffentlichen Bedürfnissen Rechnung trägt, einzufordern.

Berlin ist derzeit bemüht, seine Beteiligungslandschaft, nicht zuletzt aus ökonomischen Notwendigkeiten heraus, neu zu strukturieren. Dabei ist auch beabsichtigt, das Berichts- und Kontrollsystem effektiver zu gestalten, um letztlich entscheiden zu können, welche Bereiche der Daseinsvorsorge in öffentlichem Eigentum erhalten werden sollen bzw. wo es sinnvoller ist, eine Teilprivatisierung (PPP) oder gar eine vollkommene Privatisierung in die Wege zu leiten.

Das Bemühen um Wirtschaftlichkeit des staatlichen Handelns und das Wissen, dass die Einbeziehung von privatem Kapital und privatwirtschaftlichem knowhow wichtige Ressourcen sein können, um die Probleme der Zukunft zu lösen[20], macht es notwendig, die Risiken eines solchen Engagements zu bedenken. Eine effektive externe Finanzkontrolle, ein aussagefähiges Controlling sowie eine die Transparenz fördernde Governance-Struktur sind wichtige Elemente, um Organisations-PPPs zu einem nachhaltigen Erfolg werden zu lassen.

Literaturverzeichnis

Abgeordnetenhaus (2003): Abgeordnetenhaus von Berlin, Beteiligungsmanagement neue ordnen – Steuerungsmöglichkeiten verbessern, Protokoll der 41. Sitzung v. 27.11.2003.

Bahn/Pech (2003): Jan-Hendrik Bahn u. Heiko Pech, Bausteine eines Beteiligungscontrollings – Information, Steuerung, Organisation, in: Martin Wambach (Hrsg.), Kommunale Unternehmer im Fokus, Nürnberg 2003, S. 37-62.

BMJ (2003): Bundesministerium der Justiz, Bekanntmachung des Deutschen Corporate Governance Kodex i.d.F. v. 21.05.2003, Elektronischer Bundesanzeiger v. 04.07.2003.

Budäus (2002): Dietrich Budäus, Die Rolle und Verantwortung des Rechnungshofs im Reform- und Umstrukturierungsprozess des öffentlichen Sektors, in: Rechnungshof von Berlin (Hrsg.), 50 Jahre Rechnungshof von Berlin, Berlin 2002, S. 19-31.

Budäus u.a. (2000): Dietrich Budäus, Willi Küppers u. Lothar Streitferdt (Hrsg.), Neues öffentliches Rechnungswesen. Stand und Perspektiven, Klaus Lüder zum 65. Geburtstag, Wiesbaden 2000.

Edeling (2003): Thomas Edeling, Rollenverständnis des Managements im kommunalen Unternehmen, in: *Harms/Reichard (2003)*, S. 235-254.

Eibelshäuser/Breidert (2002): Manfred Eibelshäuser u. Ulrike Breidert, Öffentliche Unternehmen und externe Finanzkontrolle, in: Manfred Eibelshäuser (Hrsg.), Finanzkontrolle und Finanzpolitik – Partner für Veränderung, Baden-Baden 2002, S. 223-235.

Eibelshäuser/Kämpfer (2004): Manfred Eibelshäuser u. Georg Kämpfer, Prüfung nach § 53 HGrG, in: Gerhard Förschle u. Volker H. Peemöller (Hrsg.), Wirtschaftsprüfung und Interne Revision, Heidelberg 2004, S. 336-351.

Eibelshäuser/Kraus-Grünewald (2004): Manfred Eibelshäuser u. Marion Kraus-Grünewald, Aufgabe und Auftrag des Abschlussprüfers, in: Die Wirtschaftsprüfung, Sonderh. 2004, S. 107-119.

Eichhorn (2002): Peter Eichhorn, Kommunale Selbstbestimmung und kommunale Unternehmen, in: *Püttner (2002a)*, S. 15-22.

---

20 *GÖW (2004)*.

Eichhorn (2003): Peter Eichhorn, New Governance bei öffentlichen Unternehmen, in: *Harms/Reichard (2003)*, S. 175-183.

GÖW (2004): Gesellschaft für öffentliche Wirtschaft (Hrsg.), Public Private Partnership: Formen – Risiken – Chancen, Berlin 2004.

Hackelmacher (2004): Sebastian Hackelmacher, Aktuelle Umtriebe bei Corporate Governance und Rechnungslegung, in: Die Wirtschaftsprüfung, Jg. 2004, H. 4, S. 113-119.

Harms/Reichard (2003): Jens Harms u. Christoph Reichard (Hrsg.), Die Ökonomisierung des öffentlichen Sektors: Instrumente und Trends, Baden-Baden 2003.

Otto u.a. (2002): Raimund Otto u.a., Beteiligungsmanagement im Kommunen, Stuttgart 2002.

Piduch (2003): Adolf Piduch, Kommentar zur Bundeshaushaltsordnung, 8. Lief. d. 2. Aufl., Stuttgart 2003.

Preußner (2003): Joachim Preußner, Risikomanagement im Beteiligungsbereich der Öffentlichen Hand, in: Landes- und Kommunalverwaltung (LKV), Jg. 2003, H. 5, S. 210-212.

Püttner (2002a): Günter Püttner (Hrsg.), Zur Reform des Gemeindewirtschaftsrechts, Baden-Baden 2002.

Püttner (2002b): Günter Püttner, Die Wahl der Rechtsform für kommunaler Unternehmen, in: *Püttner (2002a)*, S. 143-158.

Rechnungshof (2002): Rechnungshof von Berlin, Jahresbericht 2002, Berlin 2002.

Karl Oettle

PPP-Vertragsgestaltung und -Kooperationspartner

(1) Soll der zu Recht erhobenen Forderung entsprochen werden, privates Gewinn- und öffentliches Leistungsziel sollten einander nicht scharf gegenüberstehen, so bleiben für gemischtwirtschaftliche Unternehmen eigentlich nur ständische oder genossenschaftliche Partner übrig. Bei ihnen sind die Gewinnziele nicht prädominant, aber durchaus existent. An die Stelle maximalen Gewinnstrebens reiner Erwerbsunternehmungen tritt ein als angemessen erachtetes. Was als angemessen gelten soll, wäre zu vereinbaren und den privaten Partnern zu garantieren.

(2) Bei der institutionellen Trennung von Aufgabenverantwortung und Aufgabenerledigung (also bei der sogenannten vertraglichen PPP) wären ebenfalls Partner erwünscht, die nur beschränkt-erwerbswirtschaftlich sind. Dies ergibt sich schon daraus, dass angesichts der Trennung dessen, was bei gemischtwirtschaftlichen Unternehmen beieinander bleibt, in viel stärkerem Maße als dort unvollständige Verträge von gravierendem Gewicht unumgänglich sein dürften. Sie sind der Behelf, mit dem die „Trennungslücke" überbrückt werden muss, die sich daraus ergibt, dass vollständige Verträge mit der Länge der Laufzeiten nicht vereinbar sind, welche Flexibilitäten erfordert. Längere oder lange Laufzeiten von Verträgen sind nötig, weil einerseits die Partner für die von ihnen erwarteten Kapitalbindungen in Investitionen sächlicher wie personeller Art Planungssicherheit bezüglich der Nutzungsdauer erheischen und weil andererseits die EU-Ausschreibungspolitik teure und zeitraubende Angebotseinholungen und -vergleiche befiehlt. (Man denke an Toll Collect! Hier hat die Bedrohung durch eine Verpflichtung zur erneuten Ausschreibung und durch den dieser eigenen Zeitbedarf den enttäuschten öffentlichen Partner in eine für ihn höchst unzweckmäßige Rigidität versetzt, die dem privaten Partner höchst günstige, aber unverdiente Handlungsspielräume eröffnet.)

(3) Bei unvollständigen Verträgen werden Garantien durch Vertrauen ersetzt. Infolgedessen sind logischerweise vertraute oder anderswo als vertrauenswürdig erwiesene Partner nötig. Nach (1) und (2) sollten sie in Bezug auf den Ausschreiber auch nicht voll-antagonistische Interessen hegen, deren Träger auszuschließen jedoch der EU-Wettbewerbspolitik krass widerspräche, und zwar als eine Eigentümerdiskriminierung. Um so mehr müssten sich die Kommunalverbände erfolgreich für sinnvolle Ausschreibungsvorschriften einsetzen

und sinnwidrige ungeschminkt als solche kennzeichnen. Reine Erwerbsunternehmen auszuschließen, widerspräche der EU-Politik.

(4) Die geforderte Nicht-Diskriminierung nach der Eigentümerschaft ist verhältnismäßig einfach auszumachen, genügt doch ein Einblick ins Handelsregister. Ganz anders verhält es sich hinsichtlich der sachlich erforderlichen Vertrauenswürdigkeit der Gewinner von Ausschreibungen. Vom Unternehmenstyp her voll-antagonistische Interessen potentieller Partner öffentlicher Ausschreiber legen zunächst nahe zu vermuten, sie würden leicht dazu führen, der erstrebten loyalen oder gar solidarischen Partnerschaft einen Drall zu einem Ausnützungsverhältnis zu verleihen. Dieser würde auf jeden Fall dem Auftraggeber schaden, auch wenn es ihm gelänge, ihn mit effizientem, mithin teurem Vertragsmanagement niederzuhalten. Statt einer formalen Feststellung der Eigentümerschaft werden mithin Werturteile darüber benötigt, wie die Bewerber mit ihr bei der fraglichen Kooperation umgehen werden. Dies bedeutet von vornherein, dass geeignete Ausschreibungsverfahren weniger schlicht sein müssen, als sich Wettbewerbsutopisten dies vorzustellen vermögen.

(5) Geeignet dürften nach (1) bis (4) Ausschreibungsmodi nur sein, wenn sie außer dem Gebot der Nichtdiskriminierung durch den Ausschreiber auch dem anderen der Nichtenteignung durch Erfüllen von Ausschreibungsbefehlen gerecht werden. Dies erkannt, wird klar, dass es keine perfekt-diskriminierungsfreien Ausschreibungsverfahren wird geben können, sondern nur solche, welche die formale Diskriminierung nach der Eigentümerschaft ersetzen durch eine nach unerwünschtem, aber nicht unwahrscheinlichem Gewinnerverhalten.

(6) An dieser Stelle erscheint es tunlich, über die innere Verwandtschaft von Auslese (Selektion) und Diskriminierung etwas zu sagen. Die erstere ist heutzutage, auch wettbewerbspropagandistisch, insoweit positiv unterlegt, als sie den Besten unter den Bewerbern ermittelt (oder auch nur: zu ermitteln vorgibt). Die letztere (die Diskriminierung) ist insofern negativ belegt, als sie den Ausschluss von etwas tatsächlich oder möglicherweise betroffenerseits Begehrtem anspricht. Ihr positiv klingendes Gegenstück ist die Nicht-Diskriminierung. Ihm müsste eigentlich der Parallelität wegen das Nichtausgewähltwerden gegenüberstehen, an dessen Stelle aber von Verlierern im Wettbewerb gesprochen wird. (Das Fremdwort „Selektion" spricht das Positive wie das Negative an, ist aber in Bezug auf letzteres in die „Sprache der Unmenschen" geraten). Es zeigt sich also, dass Wettbewerb auch diskriminiert oder negativ selektiert und dass es schon deshalb erforderlich ist, das jeweilige Kriterium anzugeben, z.B. wie oben „Nicht-Diskriminierung" nach der Eigentümerschaft

oder Diskriminierung im Sinne von Nichtberücksichtigung nach dem Mangel an Affinität erwartbaren Verhaltens zu den Bedürfnissen des Ausschreibers.

(7) Wo Partnerschaften durch vollständige Verträge geschlossen werden (wie bei gemischtwirtschaftlichen Unternehmen), entstehen gegenseitige Ansprüche als wirtschaftliche Güter, und zwar als garantierte. Garantiert sind sie in dem Sinne, dass die Erfüllung rechtlich durchsetzbar und die Nichterfüllung rechtlich ahndbar ist. Neben den rechtlich garantierten wirtschaftlichen Gütern stehen die nur konzedierten.[1] Zu ihnen gehören Beziehungs- und Vertrauenskapitalien, die ihren Inhabern mehr wirtschaftliche Handlungsspielräume gewähren, als sie sonst hätten. Was nur konzediert ist, kann nicht rechtlich ab- oder eingefordert werden. Es ist vielmehr dem Risiko unentgeltlichen Verlusts ausgesetzt, sei es durch (kollektiv herbeigeführte) Ergebnisse von Wettbewerb, sei es durch einzelne Akte von (individuellen) Partnern. Ein Beispiel für letzteres ist ein Wandel in der bisherigen Beurteilung eines vertrauten Partners, ein Beispiel für ersteres die Schwächung des Rufes einer Unternehmung als kulanter Lieferant oder Dienstleister auf einzelnen oder auf allen seiner Absatzmärkte. Wo das Selektionskriterium Eigentümerschaft durch das der (positiven) Vertrautheit, gleichsam als „Hoflieferant", oder das der anderswo, etwa bei kommunalen Korrespondenzpartnern, erwiesenen Vertrauenswürdigkeit (vgl. 3) ersetzt wird, tritt etwas Beurteilungsbedürftiges (vgl. 4) und leicht Flüchtiges (vgl. 7 oben) an die Stelle von etwas gerichtlich Registriertem und daher einfach Feststellbarem (vgl. 4).

(8) Einfache und daher elegant erscheinende Ausschreibungsverfahren sind für den öffentlichen Leistungsnachfrager unzweckmäßig, wenigstens wenn, wie bisher argumentiert, von der Korruption im üblichen Sinn abgesehen wird. Diese wird häufig eng aufgefasst als zweiseitige Handlung (Durchstecherei, Bestechung). So gesehen, würde ihr die hier vorgeschlagene Substitution des Nichtausschlusskriteriums der Eigentümerschaft durch das Auslesekriterium der Vertrauenswürdigkeit (6 und 7) das Einflussfeld bewusst falscher Werturteile eröffnen. Dieses Bedenken sei neutralisiert, indem neben die als zweiseitig aufgefasste Korruption die einseitige gestellt wird, die darin besteht, dass Ausschreibungen und (oder) Bewerbungen hinterlistig in der Absicht geschönt werden, zunächst Erleichtertes später, bei der Handhabung unvollständiger Verträge, draufzulegen. Wie bei der zweiseitigen Korruption handelt es sich auch bei der einseitigen um Erschleichung, wobei die Schönung von Angeboten wegen des Wettbewerbsdrucks, der auf ihnen liegt, wesentlich wahrscheinlicher sein dürfte als die Schönung von Ausschreibungen. Wo die letztere auftritt, ist sie allerdings sehr wahrscheinlich gleich eine doppelte,

---

1 Unterscheidung nach Siegfried Menrad, Der Kostenbegriff, Berlin 1965.

nämlich eine Erschleichung günstiger Angebote wie auch der politischen Projektdurchsetzung. Sie ist zweiseitig korruptiv, wenn sich Ausschreiber und Anbieter zum Durchsetzungszweck absprechen.

(9) Einfache, elegante Verfahren beruhen gedanklich auf Problemreduktionen. Sie können deshalb von vornherein logisch insoweit nicht zielführend sein, als wesentliche Seiten des Gegenstands, hier: von Ausschreibungen, ausgeklammert bleiben. Bewertungsbedürftige Kriterien in Ausschreibungsverfahren vorzusehen, macht zum einen ihre Ergebnisse infolge der notwendigen Bewertungsspielräume angreifbarer als allein auf registrierten Fakten beruhende. Infolgedessen ist nach Möglichkeiten zu fragen, mit gegenstandsdifferierenden Ausschreibungsverfahren zu arbeiten. Als Antwort könnte sich z.B. ergeben, dass Auslagerungen infrastruktureller Investitionsaufgaben wesentlich komplexerer Natur sind als Auslagerungen des Betreibens investiv geschaffener Kapazitäten. Insgesamt dürfte sicher, wie das Beispiel Toll Collect zeigt, der Kreis der überhaupt ausschreibungsgeeigneten Gegenstände erheblich geringer sein, als wettbewerbspolitisch erhofft. So dürfte die Ausschreibung infrastruktureller Investitionsvorhaben nach den gemachten, teuer erkauften Erfahrungen wohl kaum mehr für ausschreibungsgeeignet gehalten werden, wenn sie mit flächendeckenden Großvorhaben industrieller Fortentwicklung verknüpft sind.

(10) Was die Werturteile über die Vertrauenswürdigkeit von Bewerbern angeht, so seien einige Überlegungen angeboten:

(a) Die Eigentümerschaft als absolutes Kriterium für Diskriminierungen zu nehmen, verbietet sich zum einen insofern, als es Unternehmenstypen gibt, deren Interessen bei weitem nicht so antagonistisch zu den öffentlichen sind wie bei (rein kapitalistischen) Erwerbsunternehmungen.

(b) Zum anderen gibt es innerhalb der rein erwerbswirtschaftlichen Unternehmungen Größen- und Leistungsprogrammtypen, die mehr oder weniger Handlungsspielräume für potentielles grenzmoralisches (fälschlich: „opportunistisches") Verhalten bieten als andere. Je breiter das Produktionsprogramm (heute gern: „die Aufstellung") eines Anbieters ist, desto weniger ist er zur Pflege, unter anderem auch zur Rufpflege, eines einzelnen gezwungen. Desto leichter kann er bei hinreichender Rentabilität anderer Sach- oder Dienstleistungszweige Querfinanzierung betreiben, um günstigere Angebote für ausgeschriebene Leistungen zu präsentieren, als Konkurrenten es vermögen, die engere Leistungsprogramme haben als er oder gar nur Einproduktunternehmen sind. Ein solches Vorgehen würde der Verfasser keineswegs als Erschleichung bewerten wollen. Es widerspräche aber den wettbewerbspolitischen Absichten der EU-Kommission, die verursachungsgerechte Kostenzurechnung zu forcieren, die imparitätischerweise gerade von öffentlichen Ausschreibern erzwungen wird.

(c) Außer der Größen- und der Leistungsprogrammstruktur von Anbietern spielen auch Situationstypen (Lage-, Phasen-, Ereignistypen) für Urteile über Verhaltenserwartungen eine Rolle. Zu erwähnen sind beispielsweise

– Phasen der Unternehmensentwicklung wie Expansion, Konsolidierung, Reduktion, (verdeckte) Liquidation;
– Programmerweiterung, „Programmtreue", Programmbereinigung, Programmproportionierung, völliger Programmwechsel;
– Veränderungen der Produktionstiefe und damit von Spezifitäten sowie von Abhängigkeiten in logistischen Ketten;
– Umorganisationen in personeller, sächlicher, räumlicher und finanzieller Hinsicht;
– Stabilität oder Labilität in der Personalwirtschaft (Leiter, Arbeitnehmer, Gewerkschaften, Standorte);
– Kapitalstrukturpolitik bezüglich Investitions- und Kapitalanlagebedarf;
– Verflechtungen, Entflechtungen, Verflechtungswechsel zwischen Partnern.

(d) Beobachtbare Verhaltensweisen vorhandener oder möglicher Partner wie etwa Kulanzgeneigtheit oder -geiz, Prozessneigung oder -scheu, Lernfreudigkeit oder -abstinenz, Denken in Größenordnungen oder Kleinkariertheit.

(11) Bei getrennter Erfüllung länger oder unbegrenzt währender öffentlicher Aufgaben zwischen Ausschreibern und Bewerbern sind unvollständige Verträge schon deshalb unerlässlich, da die Mindestlaufzeit von Partnerschaften situativ überschaubare kürzere Zeiträume fast durchweg bei weitem überschreiten dürfte. Der Verzicht auf derartige Verträge würde gleichsam die „permanente Ausschreibung" erfordern, wenn die Anpassung an allfällige Änderungen in den marktlichen und staatspolitisch gesetzten Lebensbedingungen der Partner gewährleistet werden soll. Einen solchen Zustand herbeizuführen, würde auf beiden Seiten große Kapitalvernichtungen zeitigen, die letztlich von den Bürgern zu erleiden wären. Um die verordnete „Trennungslücke" zwischen Aufgabenverantwortung und Aufgabenerledigung zu überbrücken, sind die Gleitmittel unvollständiger Verträge und existierender Vertrauenswürdigkeit zwischen den Partnern unerlässlich. Ihr Einsatz wird in dem Maße zunehmen müssen, in dem die Aufgabentrennung wettbewerbs- und finanzpolitisch weiter forciert wird. Dieser Entwicklung steht die andere gegenüber, dass die Praktikabilität unvollständiger Verträge in einer Zeit abnimmt, in der, auch unter maßgeblicher Beteiligung der EU, die Verrechtlichung vieler Lebensvorgänge voranschreitet. Beiderlei Entwicklungen

werden befördert durch eine zunehmende Rechtsunsicherheit infolge anwachsender Änderungsgeschwindigkeit rechtlicher Geschäftsgrundlagen von Kaufmanns- und Verwaltungshandeln, verbunden auch mit gesetzesrechtlichen Reparaturen, die der Handlungshektik zuzuschreiben sind. Regierte und Regierende sind in eine Überforderungskrise hineinmanövriert worden. Diese trägt dazu bei, die Selbstauslese unter potentiellen Anbietern öffentlicher Leistungserledigung zu intensivieren, die ohnehin infolge der teueren Wettbewerbsbeteiligung nach der finanziellen Tragfähigkeit stattfindet, finanzstarke Großgebilde (Konzerne) begünstigt und die Funktionsfähigkeit des Ausschreibungswettbewerbs mit ihrer Zunahme verkleinert.

(12) Als Voraussetzungen für die Akzeptanz unvollständiger Verträge durch die Beteiligten seien schlagwortartig genannt:
- kaufmännisches statt juristischem Verhalten in dem Sinne, dass die Realisierung von Prozessrisiken gesehen und durch fairen Umgang miteinander vermieden wird;
- Verzicht auf das Ausreizen wohl kaum vermeidbarer Vorzugspositionen auf der einen oder der anderen Seite;
- Bewusstsein dessen, dass sich zum Ausreizen solcher Lagen der leicht verführen lässt, der der öffentlichen Hand bisher ihre eigenen Handlungsspielräume abnehmen, also Enteignung betreiben will;
- Ausschluss der Einklagbarkeit günstiger Werturteile über eigene Angebote: So wie es systemwidrig wäre, Angebote zu befehlen, sollte es auch als systemwidrig angesehen werden, Anbieter Ausschreibern aufzunötigen

Die finanzielle Tragfähigkeit für Prozessrisiken wird zwar wegen der Selbstauslese in der potentiellen Bewerberschaft (11) zunehmen, wäre aber ein marktstrukturwidriges, die Konzentration und damit die Ausdünnung des Ausschreibungswettbewerbs förderndes Auslesekriterium.

Viertes Kapitel:

Wirtschaftlichkeits- und Risikoanalyse
von PPP

Martin Weber

Die Wirtschaftlichkeitsuntersuchung bei PPP-Projekten

Gliederung

I. Einführung
II. Herleitung der Verpflichtung zur Durchführung von Wirtschaftlichkeitsuntersuchungen
III. Begriffsbestimmungen
IV. Der Lebenszyklusansatz bei PPP-Projekten
V. Bedeutung und Einsatz der Wirtschaftlichkeitsuntersuchung für die Projektentwicklung
VI. Ablauf und Weiterentwicklung der Wirtschaftlichkeitsuntersuchung (Public Sector Comparator)
VII. Zusammenfassung und Ausblick
Literaturverzeichnis

I. Einführung

Angesichts der Finanzkrise der öffentlichen Haushalte, rechtlicher Vorgaben zur sparsameren und wirtschaftlicheren Verwendung öffentlicher Finanzmittel sowie der seit Beginn der 90er Jahre voranschreitenden Ökonomisierung staatlichen Handelns, aber auch vor dem Hintergrund gestiegener Leistungserwartungen der Bürger gewinnen der Begriff der „Wirtschaftlichkeit" und die damit verbundene Verpflichtung zur Durchführung von Wirtschaftlichkeitsuntersuchungen zunehmend an Bedeutung.

Ein in jüngerer Zeit viel diskutierter Ansatz zur Erhöhung der Wirtschaftlichkeit der öffentlichen Leistungserbringung sind Public Private Partnerships (PPP), durch die sich empirischen internationalen Erfahrungen zufolge bei geeigneten Projekten erhebliche Kosteneinsparungen – teilweise im zweistelligen Prozentbereich - erzielen lassen. Anwendungsbereiche dieser neuen Form der Zusammenarbeit zwischen öffentlicher Hand und Privatwirtschaft sind insbesondere der öffentliche Hochbau (u.a. Schulen, Verwaltungsgebäude,

Krankenhäuser und Gefängnisse) sowie Infrastrukturinvestitionen im Bereich Verkehr sowie Ver- und Entsorgung.

Der vorliegende Beitrag setzt sich mit der Bedeutung von Wirtschaftlichkeitsuntersuchungen im Allgemeinen sowie speziell im Rahmen von PPP-Projekten auseinander. Hierbei dienen sie als Instrument der Entscheidungsfindung und Projektentwicklung, aber auch der begleitenden Erfolgskontrolle über den gesamten Vertragszeitraum. Ziel des Beitrags ist es, einen kurzen Überblick über die rechtlichen Rahmenbedingungen sowie den aktuellen Stand der wissenschaftlichen Diskussion zu vermitteln. In diesem Zusammenhang werden insbesondere auch die Ergebnisse des Gutachtens „PPP im öffentlichen Hochbau"[1] dargestellt, welches erstmals von den Beteiligten sowohl auf der öffentlichen als auch auf der privaten Seite anerkannte Leitlinien für Struktur und Durchführung von standardisierten Wirtschaftlichkeitsuntersuchungen bei PPP-Projekten entwickelt.

II. Herleitung der Verpflichtung zur Durchführung von Wirtschaftlichkeitsuntersuchungen[2]

Das Gebot der Wirtschaftlichkeit folgt verfassungsrechtlich bereits aus Art. 114 Abs. 2 GG, wonach der Bundesrechnungshof die Rechnung sowie die Wirtschaftlichkeit und Ordnungsmäßigkeit der Haushalts- und Wirtschaftsführung überprüft. Bei Beschaffungsvorgängen der öffentlichen Hand ist das Gebot zudem aufgrund vergaberechtlicher Vorgaben verankert. Während auf europäischer Ebene im Hinblick auf das Wettbewerbs- und Transparenzprinzip der Schutz von Dritten durch das Vergaberecht im Vordergrund steht, wird in Deutschland vor allem dem im Haushaltsrecht begründeten allgemeinen Gebot der Wirtschaftlichkeit und Sparsamkeit der Verwaltung Rechnung getragen. Die gesetzlichen Verpflichtungen hierfür sind dem Haushaltsgrundsätzegesetz (HGrG) sowie den Haushaltsordnungen des Bundes und der Länder (BHO/LHO) zu entnehmen (vgl. § 6 Abs. 1 HGrG, § 7 Abs. 1 S. 1 BHO und die entsprechenden Landesvorschriften). Das deutsche Vergaberecht ist somit spezieller Teil des Haushaltsrechts.

---

1 Vgl. *BMVBW (2003)*, Bd. III. Die nachfolgenden Ausführungen berücksichtigen sinngemäß und zusammenfassend den Erkenntnisstand dieses im Auftrag des Lenkungsausschusses „PPP im öffentlichen Hochbau" beim Bundesministerium für Verkehr, Bau- und Wohnungswesen erstellten Gutachtens.
2 Der vorliegende Beitrag bezieht sich auf Wirtschaftlichkeitsuntersuchungen bei der Durchführung von PPP-Hochbauprojekten. „Beschaffung" ist hier i.S.v. „Vergabe" zu verstehen. Ausführungen über kommunalrechtliche Regelungen sind stellvertretend dem Gemeindehaushaltsrecht Nordrhein-Westfalens entnommen, da sich vergleichbare Vorschriften auch in anderen Bundesländern und Kommunen wiederfinden.

Die Verpflichtung zur Sparsamkeit und zur Wirtschaftlichkeit ist darüber hinaus in mehreren die Haushaltsordnungen ergänzenden Verwaltungsvorschriften (VV) geregelt.[3] Demnach sind auf Bundes- und Länderebene Wirtschaftlichkeitsuntersuchungen sowohl *bei der Planung* neuer (finanzwirksamer) Maßnahmen als auch *während der Durchführung* (im Rahmen einer begleitenden Erfolgskontrolle) vorzunehmen. Je nach Umfang und Bedeutung des Projekts kommen einzel- und/ oder gesamtwirtschaftliche Vergleichsverfahren als Methoden der Wirtschaftlichkeitsuntersuchung in Betracht, wobei die für den jeweiligen Einzelfall einfachste und wirtschaftlichste Methode angewandt werden sollte.[4] Hierbei können insbesondere finanzmathematische Verfahren der Investitionsrechnung (z.B. Kapitalwertmethode, Kostenvergleichsanalysen), Nutzwertanalysen und Kosten-Nutzen-Analysen Anwendung finden.[5] *Nach der Vergabe* sollten ebenfalls Wirtschaftlichkeitsuntersuchungen als Instrument der Erfolgskontrolle durchgeführt werden. Gemäß Nr. 2.2 der VV zu § 7 BHO sind bei (finanzwirksamen) Maßnahmen, die sich über mehr als zwei Jahre erstrecken, nach individuell festzulegenden Laufzeiten oder zu Zeitpunkten, an denen abgrenzbare Ergebnisse oder Teilrealisierungen einer Maßnahme zu erwarten sind, begleitende Erfolgskontrollen durchzuführen. Diese können dann als Grundlage für die Entscheidung dienen, ob und wie die jeweilige Maßnahme fortgeführt werden soll.

Ähnlich den Vorgaben des Bundes- und Landeshaushaltsrechts ist auf kommunaler Ebene der Grundsatz der Wirtschaftlichkeit und der Sparsamkeit zu beachten (u.a. § 75 Abs. 2 GO NRW). Das kommunale Haushaltsrecht enthält aber abweichend zu den bundes- und landeshaushaltsrechtlichen Regelungen eine dahingehende Konkretisierung, dass *vor* der Beschlussfassung über Investitionen mit erheblicher finanzieller Bedeutung durch einen Vergleich der Anschaffungs-, Herstellungs- und Folgekosten mehrerer in Betracht kommender Möglichkeiten die für die Gemeinde wirtschaftlichste Lösung ermittelt werden soll (u.a. § 10 Abs. 2 GemHVO NRW). Die gesetzliche Verpflichtung

---

3 Vgl. *Schmidt (2002)*, S. 25 ff.
4 Vgl. Nr. 2.3.1 der VV zu § 7 BHO.
5 Vgl. hierzu auch die von der Bundesfinanzverwaltung herausgegebene Arbeitsanleitung Einführung in Wirtschaftlichkeitsuntersuchungen, VV-BHO - Anhang zu § 7 (RdSchr. d. BMF v. 31.08.1995 - II A 3 - H 1005 - 23/95). Die Kosten-Nutzen-Analyse ist das bislang umfassendste Verfahren zur Wirtschaftlichkeitsuntersuchung. Anders als bei den einzelwirtschaftlichen Verfahren findet i.d.R. eine gesamtwirtschaftliche Betrachtung statt, d.h. alle positiven und negativen Wirkungen der Maßnahme sind zu berücksichtigen, unabhängig davon, wo und bei wem sie anfallen. Je nach dem Grad der Erfassbarkeit und der Möglichkeit zur Monetarisierung lassen sich die aufzunehmenden Positionen gliedern in direkte und indirekte bzw. nicht-monetarisierbare Kosten/Nutzen (vgl. Nr. 2.4).

zur Durchführung von Wirtschaftlichkeitsuntersuchungen ist somit unstreitig und zwingend und ist im Zusammenhang mit dem Transparenzgebot zur Legitimation öffentlicher Ausgaben zu sehen. Wirtschaftlichkeitsuntersuchungen aller finanzwirksamen Maßnahmen der öffentlichen Hand sind Instrumente zur Umsetzung des Gebots der Wirtschaftlichkeit und Sparsamkeit der Verwaltung.[6]

Bislang ist das Wirtschaftlichkeitsprinzip in der kommunalen Verwaltungspraxis jedoch lediglich eine formale Verhaltensvorschrift. Was genau unter den Grundsätzen der Wirtschaftlichkeit und Sparsamkeit zu verstehen ist und wie Wirtschaftlichkeitsuntersuchungen durchzuführen sind, ergibt sich weder aus den bundes- und landeshaushaltsrechtlichen noch aus den kommunalrechtlichen Vorgaben. Insbesondere fehlen Vorgaben zur formalen und inhaltlichen Ausgestaltung sowie zur Durchführung (betriebswirtschaftlichmethodische Basis und Begründungstiefe). Auf Bundes- und Landesebene wird in § 6 Abs. 2 HGrG und § 7 Abs. 2 S. 1 BHO zwar bestimmt, dass für alle finanzwirksamen Maßnahmen „angemessene" Wirtschaftlichkeitsuntersuchungen durchzuführen sind; was hierbei aber unter „Angemessenheit" zu verstehen ist und wie sich diese konkret nachweisen lässt, wird nicht weiter ausgeführt.

Gemäß § 7 Abs. 1 S. 2 BHO besteht eine Verpflichtung der öffentlichen Hand zu prüfen, inwieweit staatliche Aufgaben oder öffentlichen Zwecken dienende wirtschaftliche Tätigkeiten durch Ausgliederung und Entstaatlichung oder Privatisierung erfüllt werden können. § 7 Abs. 2 S. 2 BHO schreibt vor, in geeigneten Fällen privaten Anbietern vor der Vergabe eines Investitionsprojekts im Rahmen eines Interessenbekundungsverfahrens (IBV) die Möglichkeit zur Darlegung einzuräumen, ob und inwieweit diese Aufgaben nicht ebenso gut oder besser durch Private erbracht werden können. Allerdings kann ein IBV zwar zur Vorbereitung von Privatisierungsmaßnahmen und insbesondere PPP sowie zur Überprüfung ihrer Marktfähigkeit dienen, zur Überprüfung der Wirtschaftlichkeit einer konkreten Maßnahme ist es i.d.R. aber nicht geeignet.[7] Zusammenfassend lässt sich daher feststellen, dass die benannten Prüfungen in den bisher durchgeführten Formen sowie die gesetzlich vorgesehenen Standards i.d.R. zur Überprüfung der Wirtschaftlichkeit von öffentlichen Investitionsmaßnahmen nicht ausreichend sind und demzufolge umfassendere Wirtschaftlichkeitsuntersuchungen vorzunehmen wären.

---

6 Vgl. Nr. 2 VV zu § 7 BHO. Neben der Durchführung von Wirtschaftlichkeitsuntersuchungen ist vor allem die Einführung der Kosten- und Leistungsrechnung, die eine systematische Erfassung und Darstellung der Kosten nach Kostenarten, Kostenstellen und Kostenträgern im öffentlichen Sektor beinhaltet, eine geeignete Maßnahme zur Erreichung dieses Ziels, vgl. *Pünder (2003)*, S. 405 ff. u. 440 f.
7 Vgl. *Grupp (2004)*.

III. Begriffsbestimmungen

Im Zuge zurückliegender Verwaltungsreformen[8] und durch umfangreiche wissenschaftliche Arbeiten der letzten Jahre wurde der ursprünglich aus der Betriebswirtschaftslehre stammende Begriff der Wirtschaftlichkeit zunehmend auch auf die Aufgabenwahrnehmung der öffentlichen Verwaltung übertragen. Insbesondere Aspekte wie Kunden- und Marktorientierung, Wettbewerbsdenken, privatwirtschaftliche Managementkonzepte sowie ziel-/ ergebnisbezogene Steuerung fanden hierbei verstärkt Beachtung. Um die Erfordernisse und Besonderheiten des öffentlichen Sektors angemessen zu berücksichtigen, wurden im Rahmen der Öffentlichen Betriebswirtschaftslehre (ÖBWL) Kennzahlensysteme sowie ein einheitliches Verständnis für die zunächst eher umgangssprachlich verwendeten Begrifflichkeiten entwickelt.[9] Demnach wird „Wirtschaftlichkeit" im Bereich der öffentlichen Verwaltung durch den Vergleich von Kosten (verwendeten Mitteln) und Nutzen der Leistung ermittelt, wobei „Wirtschaftlichkeit" in diesem Zusammenhang ein optimales Verhältnis der verwendeten Mittel zum bezweckten Nutzen ausdrückt. Ziel einer wirtschaftlicheren öffentlichen Aufgabenerfüllung ist daher ein verbessertes Preis-Leistungs-Verhältnis (value for money).

Hat eine Verwaltungsleistung einen „Marktwert", kann – vergleichbar zur Privatwirtschaft – auch ein Vergleich von Aufwand und Ertrag zur Ermittlung der Wirtschaftlichkeit erfolgen. Für die Beurteilung der tatsächlichen Wirtschaftlichkeit ist ein solcher Vergleich jedoch nicht ausreichend. Hierzu müssen sämtliche Auswirkungen der durchgeführten Maßnahme sowie ihr Nutzen in die Gesamtbewertung einbezogen werden.[10] Im Hinblick auf eine wirtschaftlichere Verwendung öffentlicher Mittel sind daher insbesondere Überlegungen zur Effizienz und Effektivität von zentraler Bedeutung.[11] Grundlage für den (wissenschaftlichen) Sprachgebrauch dieser beiden Grundbegriffe im Bereich der öffentlichen Verwaltung ist das angelsächsische „3-E-Konzept", ein speziell für die öffentliche Verwaltung entwickeltes Konzept, das die Wirtschaftlichkeit der Verwaltungsleistung anhand der drei Kriterien Effizienz, Effektivität und „Sparsamkeit" *(efficiency, effectiveness* und *economy)* bewertet und misst.

Effizienz (efficiency) in der öffentlichen Verwaltung liegt demnach vor, wenn entweder ein bestimmtes Ergebnis (Nutzen) mit dem geringsten möglichen Aufwand oder wenn mit bestimmten, ihrem Umfang nach abgegrenzten und

---
8 Insbesondere die Einführung des Neuen Steuerungsmodells (NSM, engl.: New Public Management, NPM).
9 Vgl. *Eichhorn (2005)*; *Budäus (1998)*.
10 Vgl. *Krems*, Stichwort Wirtschaftlichkeit, Datum: 30.07.2004.
11 Vgl. *Pünder (2003)*, S. 405 ff.

vorgegebenen Mitteln ein maximaler Nutzen erwirtschaftet bzw. ein bestimmter Zweck erreicht wird (Wirtschaftlichkeitsprinzip). Effizienz bezeichnet somit das Verhältnis von „Input" und „Output" im Rahmen gegebener Ziele.[12] Mit dem bereits erläuterten Begriff der „Wirtschaftlichkeit" ist Effizienz daher weitgehend identisch, berücksichtigt aber in Abgrenzung zur Wirtschaftlichkeit auch außerökonomische und eher kurzfristige (nichtmonetäre) Effekte, z.B. die Qualität einer Leistung. Ganz vereinfacht heißt Effizienz: die Dinge *richtig* tun.

Im Gegensatz hierzu bezieht sich *Effektivität (effectiveness)*[13] auf den Grad der Zielerreichung, d.h. das Ausmaß, in dem die tatsächlichen Ergebnisse des Verwaltungshandelns („Wirkungen") den beabsichtigten Zielen entsprechen. Anhand des Kriteriums der Effektivität wird das Verwaltungshandeln im Hinblick auf seine Wirksamkeit untersucht, ohne dabei ausdrücklich auf das „Wie", d.h. die Effizienz des Vorgehens, einzugehen. Effektivität bedeutet somit vereinfacht: die *richtigen* Dinge tun.[14]

Ergänzend zur Effizienz und zur Effektivität sind als Kriterium der Sparsamkeit drittens die theoretisch erreichbaren Soll- oder Minimalkosten und die tatsächlichen Istkosten zu vergleichen *(economy)*[15]. Für das Erreichen der Sollkosten ist es entscheidend, ob und wie es gelingt, die einzelnen, im Rahmen der Beschaffung abzuarbeitenden Prozesse, die oftmals von verschiedenen Beteiligten eigenverantwortlich durchgeführt werden, in einem ganzheitlichen Zusammenhang zu berücksichtigen und sie so zu integrieren. „Economy" betrifft den Ressourcen-Input (z.B. Arbeit, Energie, Material, Informationen und Finanzmittel) und wäre mit „Wirtschaftlichkeit" missverständlich und nur unzureichend übersetzt, da diese im deutschen Sprachraum üblicherweise umfassender verstanden wird.

Insgesamt ist festzustellen, dass staatliches Handeln angesichts der schwierigen Finanzlage der öffentlichen Haushalte zunehmend an betriebswirtschaftlichen Kriterien der Privatwirtschaft ausgerichtet und beurteilt wird. Bei der Ökonomisierung staatlichen Handelns ist jedoch zwingend eine „problemadäquate" Anpassung der im Privatsektor gesammelten Erkenntnisse erforderlich. Insbesondere sollte bei ihrer Anwendung und Übertragung auf den öffentlichen Sektor beachtet werden, dass beide Bereiche vielfach unterschiedliche Ziele verfolgen und daher keine einfache, pauschale Übertragung möglich ist. So strebt die öffentliche Verwaltung meist (auch) politisch vor-

---

12 *Efficiency* - relationship between the outputs and inputs used or assigned.
13 *Effectiveness* - an ends oriented concept that measures the extent to which an (aid) programme or a particular activity achieves its objectives at the goal or purpose level.
14 Vgl. *Krems (2004)*, Stichwort Effektivität, Datum: 30.07.2004.
15 *Economy* - the extent to which the costs of inputs are minimised.

gegebene, außerökonomische und soziokulturelle Ziele (z.B. Daseinsvorsorge) an, wogegen das vorrangige Ziel der Privatwirtschaft die Gewinnerzielung ist. Hier wird Wirtschaftlichkeit i.d.R. (nahezu) ausschließlich durch das günstigste Verhältnis der Leistungen zu den Kosten definiert und ermittelt.

Leistungen (Produkte und Dienstleistungen) lassen sich grundsätzlich monetär (quantitative Analyse z.b. im Rahmen einer Kostenvergleichsrechnung) oder nicht-monetär (qualitative Untersuchung z.B. im Rahmen einer Nutzwertanalyse) bewerten und erfassen. Über die sog. absolute Vorteilhaftigkeit, also die Frage, ob aus gesamtwirtschaftlicher Sicht der Nutzen größer ist als die Kosten, wird jedoch keine Aussage getroffen. In der öffentlichen Verwaltung besteht zumeist kein direkter Zusammenhang zwischen erstellter Leistung, den damit verbundenen Kosten und dem Ziel der Erstellung. Daher sollte den erbrachten Leistungen deren Nutzen bzw. deren Wirkung auf das Gemeinwohl gegenübergestellt werden, z.B. mehr Sicherheit, Gesundheit, Umweltschutz oder Lebensqualität. Problematisch ist hierbei jedoch die wertmäßige Erfassung. Das bisher übliche Rechnungswesen müsste folglich, um die Auswirkungen von Leistungen der Verwaltung auf das Gemeinwohl darzustellen, um eine sog. Wirkungsrechnung erweitert werden.[16]

IV. Der Lebenszyklusansatz bei PPP-Projekten

In der Privatwirtschaft werden Investitionsentscheidungen überwiegend mit Hilfe der (dynamischen und/ oder statischen) Investitionsrechnung getroffen. Diese dient dazu, die absolute Wirtschaftlichkeit von Real- und Finanzinvestitionen sowie die relative wirtschaftliche Vorteilhaftigkeit alternativer Investitionsvorhaben zu untersuchen. Im Rahmen der Investitionsrechnung werden – quasi als „Totalrechnung" – sämtliche Kosten und Erlöse eines Investitionsprojekts erfasst. Unwägbare oder wertmäßig nicht quantifizierbare Faktoren bleiben dabei unberücksichtigt, so dass die Investitionsrechnung als ausschließliche Form der Wirtschaftlichkeitsuntersuchung für Investitionsvorhaben der öffentlichen Verwaltung nur bedingt anwendbar ist. Vielmehr sollten grundsätzlich alle relevanten Wertgrößen sowohl monetärer als auch qualitativer Art über den gesamten Zeitraum („Lebenszyklus") einer Investitionsmaßnahme ermittelt und ggf. quantifiziert werden.

Bei der Ermittlung von absoluter Wirtschaftlichkeit und relativer Vorteilhaftigkeit der PPP-Beschaffungsvariante mit Hilfe des Lebenszyklusansatzes wird dieser Forderung Rechnung getragen. Der Lebenszyklusansatz ist ein ganzheitliches, alle Projektphasen (z.B. Planung, Bau, Finanzierung, Betrieb

---

16 Vgl. *Krems (2004)*, Stichwort Wirkungsrechnung, Datum: 30.07.2004.

und Verwertung einer Immobilie) umfassendes Konzept, das die langfristigen Verpflichtungen und Regelungen sowohl quantitativ als auch qualitativ berücksichtigt. Damit schafft er

- ein stärkeres phasenübergreifendes Kostenbewusstsein schon während der Entwurfsphase,
- Anreize zur Optimierung der Gebäudegestaltung im Sinne einer ganzheitlichen Betrachtung von Investitions- und Betriebskosten sowie
- Anreize für ein phasenübergreifendes Kapazitäts- und Leerstandsmanagement.

Auf Grundlage dieser umfassenden Betrachtungsweise wird ein realistischer Vergleich zwischen den Beschaffungsvarianten möglich. Erst durch eine objektive, transparente und für alle Beteiligten nachvollziehbare Wirtschaftlichkeitsuntersuchung werden die mit Hilfe von PPP möglichen (Effizienz-)Vorteile im Vergleich zur konventionellen Beschaffungsvariante offensichtlich. Daher erscheint eine phasenübergreifende und ganzheitliche Betrachtung aller relevanten Kosten, Erlöse und Risiken zweckmäßig, selbst wenn die (haushalts)rechtlichen Vorgaben zur Durchführung von Wirtschaftlichkeitsuntersuchungen eine „Lebenszyklusbetrachtung" nicht zwingend vorschreiben.

Im Vergabeprozess soll, u.a. gemäß § 25 Nr. 3 Abs. 3 S. 2 und 3 VOB/A, bei der Wertung von Angeboten der Zuschlag nur auf das Angebot erteilt werden, welches unter Berücksichtigung aller Gesichtspunkte – wie z.B. Preis, Ausführungsfrist, Betriebs- und Folgekosten, Gestaltung, Rentabilität und technischer Wert – als das wirtschaftlichste erscheint. Der niedrigste Angebotspreis allein ist nicht entscheidend. Dieser Grundsatz wird u.a. auch in § 97 Abs. 5 GWB festgeschrieben. Wirtschaftlichkeit bedeutet an dieser Stelle, „dass der Zuschlag unter den zur Wertung zuzulassenden Angeboten auf das Angebot zu erteilen ist, das unter Berücksichtigung aller im konkreten Fall wesentlichen [...] Aspekte das beste Preis-Leistungs-Verhältnis bietet".[17]

Problematisch ist hierbei jedoch, dass Wirtschaftlichkeitsuntersuchungen bei Vergabeentscheidungen bislang nur „punktuell" und ohne Berücksichtigung eines solch umfassenden Lebenszyklusansatzes stattfinden. Eine Wirtschaftlichkeitsuntersuchung wird in der kommunalen Praxis i.d.R. lediglich *vor Abschluss des Vergabeverfahrens*, d.h. ohne Berücksichtigung möglicher Folgekosten, durchgeführt. Diese Betrachtung ist jedoch nicht ausreichend; denn die Durchführung von Wirtschaftlichkeitsuntersuchungen stellt keine „Einmalbetrachtung" dar, sondern einen strukturierten Erkenntnis- und Entscheidungsprozess, der den gesamten Projektlebenszyklus begleiten sollte.

---

17 *Locher/Vygen (2004)*.

Unter Berücksichtigung des Lebenszyklusansatzes sollten Wirtschaftlichkeitsuntersuchungen als integraler Bestandteil des Beschaffungsprozesses kontinuierlich über den gesamten Projektverlauf durchgeführt werden. Art, Umfang und Methodik der jeweiligen Wirtschaftlichkeitsuntersuchung müssen dann in Abhängigkeit vom jeweiligen Beschaffungsobjekt und der zu betrachtenden Beschaffungsphase durchgeführt werden.

Darüber hinaus steigert der Lebenszyklusansatz das Kostenbewusstsein, weil so bereits vor Beginn einer Investitionsmaßnahme alle für die Investitions- und Betriebsphase relevanten Kosten, Erlöse und Risiken offengelegt werden. Diese Transparenz ermöglicht ein umfassendes Projekt- und Kostenmanagement sowie eine frühzeitige Steuerung und Kontrolle der Projektrisiken. Die in den jeweiligen Projektphasen durchgeführten Wirtschaftlichkeitsuntersuchungen dienen dabei auch als konkrete Entscheidungsgrundlagen, ob das Projekt in Eigenregie oder mit alternativen (PPP-)Beschaffungsformen durchgeführt werden soll. Ein Abbruch bzw. die Fortführung eines Projekts mit dem konventionellen Beschaffungsansatz ist somit in jeder Phase des Beschaffungsprozesses möglich.

V. Bedeutung und Einsatz der Wirtschaftlichkeitsuntersuchung für die Projektentwicklung

Die freie Gestaltung der vertraglichen Konzeption eines Projekts ist bis zur Zuschlagserteilung und somit bis zum Abschluss des PPP-Wirtschaftlichkeitsnachweises möglich. Bis zu diesem Zeitpunkt können noch Anpassungen und Präzisierungen der konventionellen Beschaffungsvariante unter Berücksichtigung konkreter PPP-Angebote vorgenommen werden. Vor dem Hintergrund einer zunächst funktional und outputorientiert formulierten Leistungsbeschreibung ergibt sich Entwicklungsspielraum für die gewählte Realisierungsvariante. Zudem können Risiken unter den beteiligten Parteien noch bis zu diesem Zeitpunkt zugeordnet und optimiert werden.

Lebenszyklusorientierte Wirtschaftlichkeitsuntersuchungen umfassen im Regelfall neben der Einbeziehung aller entscheidungsrelevanten Kosten und Erlöse sowie der Berücksichtigung aller entscheidungsrelevanten Projektrisiken auch Verzerrungstatbestände[18] und sämtliche (sonstigen) qualitativen und quantitativen Faktoren über den gesamten Projektzeitraum von der Investition über die Betriebsphase zur Verwertung. Die Tiefe der Analyse

---

18 Dabei handelt es sich um steuerlich bedingte Wettbewerbsverzerrungen zwischen den Beschaffungsvarianten bei der Umsatzsteuer und der Grundsteuer, vgl. *BMVBW (2003)*, Bd. III, Teilbd. 1, S. 31 f.

variiert dabei mit dem Volumen und der Komplexität der konkreten Maßnahme sowie dem Charakter (quantitativ, qualitativ) und der Validität der verfügbaren Datenbasis.[19] Bei der Überprüfung auf Wirtschaftlichkeit und Sparsamkeit sind einerseits die Beschaffung in kommunaler Eigenregie im Vergleich zur Bereitstellung in Form von PPP-Modellen und andererseits die verschiedenen denkbaren PPP-Modelle untereinander zu vergleichen.

Um diesen Vergleich durchzuführen, dürften gesamtwirtschaftliche Betrachtungsverfahren weder zweckmäßig noch zielführend sein. Diese sind angezeigt, wenn die Frage beantwortet werden soll, ob eine Maßnahme überhaupt sinnvoll ist. Erforderlich ist hier vielmehr eine einzelwirtschaftliche Analyse verschiedener Lösungsansätze unter Berücksichtigung sowohl quantitativer als auch qualitativer Aspekte. Hierdurch werden die bislang eher pauschalen Bewertungen transparent und objektiv nachprüfbar. Im Rahmen des Bundesgutachtens „PPP im öffentlichen Hochbau" wird daher die Durchführung einer Wirtschaftlichkeitsuntersuchung in drei Stufen/Phasen vorgeschlagen. Haushaltsrechtlich ist bislang lediglich der „PPP-Wirtschaftlichkeitsnachweis" vorgeschrieben, der die Wirtschaftlichkeit einer Maßnahme unmittelbar vor der Zuschlagserteilung belegen soll. Aufgrund der Komplexität von PPP-Projekten erscheint ein mehrstufiges Verfahren jedoch zweckmäßiger, um die tatsächliche Wirtschaftlichkeit zu belegen (vgl. zur Verdeutlichung der nachfolgenden Ausführungen die Abbildung am Ende von Abschnitt VI.). Dies gilt insbesondere dann, wenn im Rahmen einer derartigen Beurteilung der Wirtschaftlichkeit die Vollkosten des gesamten Projektlebenszyklus abgebildet werden, was eine wesentliche Unterstützung des fortlaufenden Entscheidungs- und Entwicklungsprozesses sowie der Projektentwicklung bedeutet.

Die Belastbarkeit und Aussagekraft einer Wirtschaftlichkeitsuntersuchung, vor allem bei der Verwendung quantitativer Wertgrößen, ist maßgeblich davon abhängig, welche Annahmen getroffen und welche Kennzahlen/Inputdaten verwendet wurden. Mit Hilfe einer Sensitivitätsanalyse lassen sich durch die Änderung eines oder mehrerer dieser Parameter Erkenntnisse über Struktur, Bedeutung und Wirkungszusammenhänge der jeweiligen Größen für das Endergebnis gewinnen. Hierbei sollten bei PPP-Projekten insbesondere folgende Parameter überprüft werden[20]:

– relevante Kosten der Planungs-, Errichtungs- und Betriebsphase,
– Schadenshöhe und Eintrittswahrscheinlichkeit relevanter Risiken, insbesondere Termin- und Kostenüberschreitungen,
– eventuelle Erlöspositionen,

---

19 Vgl. ebenda, S. 36.
20 Vgl. ebenda, Teilbd. 2, S. 72 ff.

- eventuelle Restwerte,
- Zahlungszeitpunkte der relevanten Ein- und Auszahlungen,
- Preisentwicklungen,
- Nutzungsdauer,
- Diskontierungszins.

Neben diesen quantitativen Aspekten sollten vor der endgültigen Vergabeentscheidung auch die qualitativen Aspekte einer Maßnahme und ihre wechselseitigen Wirkungszusammenhänge im Rahmen einer Nutzwertanalyse untersucht und in die Entscheidungsfindung einbezogen werden. Methodisch beinhaltet die Nutzwertanalyse eine Bewertung des Vorhabens unter Verwendung von bestimmten Zielkriterien (Qualitätskriterien), deren Gewichtung und die Vergabe von Punkten je Kriterium. Aus der Gewichtung lässt sich im Regelfall eine Zielhierarchie ableiten, mit der die öffentliche Hand ihre Prioritäten im Rahmen der ihr obliegenden gestalterischen Aufgabe abbilden und durchsetzen kann. Beispiele für mögliche Kriterien sind bauliche und ökologische Gesichtspunkte, Gesundheit, soziokulturelle Aspekte sowie städtebauliche und architektonische Aspekte, wobei aus Gründen der Praktikabilität eine zu große Zahl von Zielkriterien vermieden werden sollte. Darüber hinaus muss ihre sachliche Angemessenheit gewährleistet sein. Multipliziert man die für ein Kriterium vergebenen Punkte mit dessen Gewichtung, ergibt sich hieraus der jeweilige Teilnutzen, die Summe der einzelnen Teilnutzen wiederum ergibt den Nutzwert der Projektvariante.[21]

Die nachfolgende Tabelle verdeutlicht exemplarisch das Vorgehen bei der Nutzwertanalyse[22]:

Zielebene	Zielgewichtung	Teilnutzenbestimmung				Nutzwertbestimmung	
		PPP-Variante		Konventionelle Variante		PPP-Variante	Konventionelle Variante
		Punkte	Teilnutzen	Punkte	Teilnutzen		
Z	1,00						
Z_1	0,40						
Z_{1a}	0,30	0,50	0,15	0,30	0,09	0,06	0,04
Z_{1b}	0,20	0,40	0,08	0,60	0,12	0,03	0,05
Z_{1c}	0,50	0,60	0,30	0,40	0,20	0,12	0,08
Z_2	0,35						
Z_{2a}	0,60	0,70	0,42	0,70	0,42	0,15	0,15
Z_{2b}	0,40	0,50	0,20	0,30	0,12	0,07	0,04
Z_3	0,25						
Z_{3a}	0,55	0,80	0,44	0,70	0,39	0,11	0,10
Z_{3b}	0,30	0,60	0,18	0,70	0,21	0,05	0,05
Z_{3c}	0,15	0,90	0,14	0,70	0,11	0,04	0,03
						0,63	0,54

---

21 Vgl. *NRW (2003)*, S. 19.
22 Vgl. *BMVBW (2003)*, Bd. I, S. 120.

Bei der Gesamtbeurteilung der Wirtschaftlichkeit sind insbesondere das Zusammenspiel und die gegenseitige Abhängigkeit quantitativer (Barwert/Kapitalwert) und qualitativer Größen (Nutzwert) zu beachten. Daher sollten die Ergebnisse der Barwertmethode (in Geldeinheiten) nach Möglichkeit zunächst nicht mit den Ergebnissen der Nutzwertanalyse (bewertet anhand von Punkten auf einer Bewertungsskala) in einer einheitlichen Bewertungsskala zusammengeführt werden. Bei gleichlautenden Ergebnissen der quantitativen und qualitativen Rangfolge der Varianten lässt sich aufgrund der gesonderten Darstellung und Betrachtung die Wirtschaftlichkeit der jeweiligen Beschaffungsvariante ohne größere Umstände ableiten. Bei unterschiedlichen Vergleichsergebnissen hingegen (wenn z.B. das bevorzugte PPP-Angebot nach der Kapitalwertmethode vorteilhafter ist, jedoch einen geringeren Nutzwert aufweist) sind weiterführende Betrachtungen erforderlich. In diesem Fall wäre eine Gesamtbetrachtung der Ergebnisse auf einer einheitlichen Bewertungsskala sinnvoll. Dies setzt voraus, dass den ermittelten Kapitalwerten der einzelnen Varianten Bewertungspunkte zugeordnet werden.[23]

VI. Ablauf und Weiterentwicklung der Wirtschaftlichkeitsuntersuchung (Public Sector Comparator)

Bereits im Vorfeld einer Investitionsmaßnahme sollte in einer *ersten Phase/Stufe* geklärt werden, ob sich das durchzuführende Projekt anstelle der Beschaffung in kommunaler Eigenregie grundsätzlich in Form einer PPP umsetzen lässt (*„PPP-Eignungstest"*, vgl. zur Verdeutlichung erneut die Abbildung am Ende dieses Abschnitts). Der PPP-Eignungstest liefert den Entscheidungsträgern der öffentlichen Hand die erforderlichen Informationen, um über die weitere Projektentwicklung entscheiden zu können. Darüber hinaus legitimiert er im Falle einer positiven Beurteilung den Einsatz der notwendigen Ressourcen für den weiteren Entwicklungsprozess. Bei dieser ersten, eher abstrakten und zumeist qualitativen Überprüfung der generellen PPP-Eignung sollte anhand folgender Prüfkriterien/Checkliste vorgegangen werden[24]:

– *Leistungsumfang:* Ist eine Integration von Planungs-, Bau- und Betreiberleistungen im Rahmen eines Lebenszyklusansatzes möglich?
– *Risikoverteilung:* Besteht ein signifikantes Risikoprofil? Ist ein optimaler Risikotransfer möglich?

---

23 Vl. ebenda, Bd. III, Teilbd. 1, S. 44 u. 123.
24 Vgl. ebenda, Teilbd. 1, Tab. 1, S. 27. Ausführliche Informationen zu den Prüfkriterien finden sich ebenda, Teilbd. 2, 4.2 Diskussion der Prüfkriterien.

- *Leistungsbeschreibung:* Ist eine funktionale Leistungsbeschreibung möglich?
- *Projektvolumen:* Ermöglicht das Projektvolumen eine Kompensation von Transaktionskosten?
- *Interesse:* Kann das Projekt marktnah entwickelt werden? Ist Wettbewerb auf Bieterseite zu erwarten?
- *Vergütungsmechanismus:* Ist die Vereinbarung und Durchsetzung anreizorientierter Vergütungsmechanismen möglich?

In der *zweiten Phase/ Stufe* und ebenfalls noch vor Eröffnung eines Vergabeverfahrens ist ein *Beschaffungsvariantenvergleich* durchzuführen. Dieser dient der Ermittlung der effizientesten und effektivsten Realisierungsvariante (bevorzugte Beschaffungsvariante). Hierbei wird die wirtschaftliche Vorteilhaftigkeit eines PPP-Realisierungskonzepts im Hinblick auf das Preis-Leistungs-Verhältnis analysiert. Auf der Grundlage identischer Leistungsbeschreibungen (Outputspezifikationen) werden die verschiedenen Beschaffungsvarianten einander mit Hilfe eines Barwertvergleichs gegenübergestellt.

Von besonderer Bedeutung ist in dieser Phase die Ermittlung des Barwerts der konventionellen Beschaffungsvariante als „klassischer" Beschaffungsform in kommunaler Eigenregie. International wird hierfür häufig der Begriff Public Sector Comparator (PSC) gebraucht. Der PSC bietet einen quantitativen Vergleichsmaßstab zum Nachweis der wirtschaftlichen Vorteilhaftigkeit konkreter PPP-Realisierungskonzepte im Rahmen des Beschaffungsvariantenvergleichs sowie des anschließenden PPP-Wirtschaftlichkeitsnachweises. Unter Berücksichtigung des gesamten Lebenszyklus sind sämtliche Kosten, Erlöse, Risiken und Verzerrungstatbestände der konventionellen Beschaffungsvariante in einem Cash-flow-Modell abzubilden. Zur Vergleichbarkeit mit alternativen PPP-Ansätzen sind die Zahlungsströme auf einen einheitlichen Betrachtungszeitpunkt zu diskontieren und als Barwert abzubilden.

Der PSC als Schätzung aller risikoadjustierten Kosten und Erlöse der konventionellen Projektrealisierung unter Berücksichtigung des gesamten Projektlebenszyklus stellt den Vergleichsmaßstab für die (bevorzugte(n)) PPP-Beschaffungsvariante(n) dar. Von besonderer Bedeutung sind hierbei die Risiken, welche i.d.R. auf technische, wirtschaftliche oder rechtliche Ursachen zurückzuführen sind und grundsätzlich von dem Partner zu tragen sind, der diese am besten steuern und beeinflussen kann. Management und Auswirkungen von Risiken (Identifizierung, Bewertung, Steuerung und Überwachung) sind mit Kosten verbunden, weshalb eine monetäre Bewertung erforderlich ist. Bei der Entwicklung des PSC sollten allerdings nur die wesentlichen und materiell bedeutsamen Risiken ermittelt werden, wobei ihre Identifizierung, Kategorisierung und Bewertung nachvollziehbar und plausibel sein müssen.

Im Zusammenhang mit der Risikosteuerung sind Standardisierungen sinnvoll und notwendig, z.B. bei der Risikoverteilung und der Entwicklung von Zahlungsmechanismen. So vereinfacht eine bereits zu Beginn vorliegende standardisierte Risikoverteilung (Risikomatrix) das Verfahren, sensibilisiert das Bewusstsein für bestehende Risiken und kann für die öffentliche Hand, u.a. aufgrund des geringeren Beratungsbedarfs, mit einer Senkung der Kosten des Verfahrens verbunden sein. Zudem wird die Projektplanung erleichtert und wertvolle Zeit eingespart, da bestehende Erfahrungswerte lediglich erweitert und an die spezielle Ausgangssituation angepasst werden müssen. Daneben dienen standardisierte Zahlungsmechanismen, z.B. in Form eines Bonus-Malus-Systems, der Absicherung festgelegter Risikostandards und gewährleisten hierdurch i.d.R. eine gleichbleibende Qualität der Leistungserbringung.

Im Interesse einer wirtschaftlich optimalen Aufgabenerfüllung dürfen jedoch die unternehmerische Freiheit und das Innovationspotenzial des privaten Partners durch eine Standardisierung nicht zu sehr eingeschränkt werden. Ferner ist darauf hinzuweisen, dass standardisierte PPP-Elemente zwar zukünftig an Bedeutung gewinnen werden, die Realisierung öffentlicher Vorhaben als PPP gleichwohl immer eine individuelle Lösung darstellen wird und eine genaue Berücksichtigung der spezifischen Ausgangsbedingungen erfordert.

Aufbauend auf den Ergebnissen der konventionellen Beschaffungsvariante wird der Barwert der PPP-Beschaffungsvariante(n) ermittelt. Auch für diese sind die erwarteten Kosten, Erlöse und Risiken zu ermitteln. Grundlagen für die Schätzung der zur Kalkulation erforderlichen Inputdaten sind die Daten und Informationen der konventionellen Beschaffungsvariante, das Erfahrungswissen der Projektbeteiligten, geeignete Vergleichskennzahlen (Benchmarks) und/oder die Ergebnisse einer entsprechenden Marktansprache.[25] Der PPP-Beschaffungsvariante müssen ferner die Kosten der Auftragsüberwachung sowie Planungs- und Steuerungskosten, die durch die jeweilige Kommune zu tragen wären, zugerechnet werden. Auch im Vergleich zur konventionellen Beschaffungsvariante zusätzlich entstehende Transaktionskosten (z.B. Beratungskosten) sind zu berücksichtigen.

Die Betrachtungstiefe bei der Kalkulation der PPP-Beschaffungsvariante(n) wird durch die spezifischen Anforderungen (insbesondere Projektvolumen, Projektkomplexität und/oder verfügbare Datenbasis) des Beschaffungsvariantenvergleichs bestimmt. Vor diesem Hintergrund unterscheiden sich die erforderlichen Arbeitsschritte in Abhängigkeit von den jeweiligen Projektgegeben-

---

25 Vgl. ebenda, Teilbd. 2, Arbeitspapier Nr. 4, S. 40.

heiten und -anforderungen. Grundsätzlich umfasst der Beschaffungsvariantenvergleich damit die folgenden Arbeitsschritte[26]:

- Kalkulation der konventionellen Beschaffungsvariante,
- Darstellung der quantitativen Unterschiede zwischen der konventionellen und der PPP-Beschaffungsvariante,
- Bestimmung von prozentualen Zu- und Abschlagssätzen,
- Ermittlung der Kosten und Erlöse der PPP-Beschaffungsvariante auf Basis der ermittelten Unterschiede zwischen konventioneller und PPP-Beschaffungsvariante sowie der prozentualen Zu-/Abschlagssätze,
- ggf. Abbildung der Kosten und Erlöse der PPP-Beschaffungsvariante in einem Cash-flow-Modell.

Unter Berücksichtigung der Erkenntnisse der vorherigen Untersuchungen wird in der *dritten Phase/Stufe* schließlich der *PPP-Wirtschaftlichkeitsnachweis* durchgeführt. Dieser dient dem Nachweis der Vorteilhaftigkeit der in der Angebotswertung identifizierten bevorzugten PPP-Lösung. Der Wirtschaftlichkeitsnachweis erfolgt unmittelbar vor der Erteilung des Zuschlags und bildet damit den Abschluss des Ausschreibungs-/Vergabeverfahrens.[27] Als Vergleichsmethoden im Rahmen dieser Wirtschaftlichkeitsuntersuchung kommen sowohl quantitative/monetäre (Barwertvergleich) als auch qualitative/nichtmonetäre Betrachtungsverfahren (Nutzwertanalyse) in Frage. Der endgültige Zuschlag für das bevorzugte PPP-Angebot erfolgt, wenn dieses unter Berücksichtigung aller quantitativen und qualitativen Wertungskriterien ein besseres Preis-Leistungs-Verhältnis als die konventionelle Beschaffungsvariante erwarten lässt.

Die Zusammenhänge zwischen den einzelnen Phasen/Stufen verdeutlicht die nachfolgende Abbildung:

---

26 Vgl. ebenda, Teilbd. 1, S. 34 f.
27 Vgl. ebenda, Bd. I, Leitfaden, S. 110.

Abbildung 1: Der PPP-„Beschaffungsprozess"

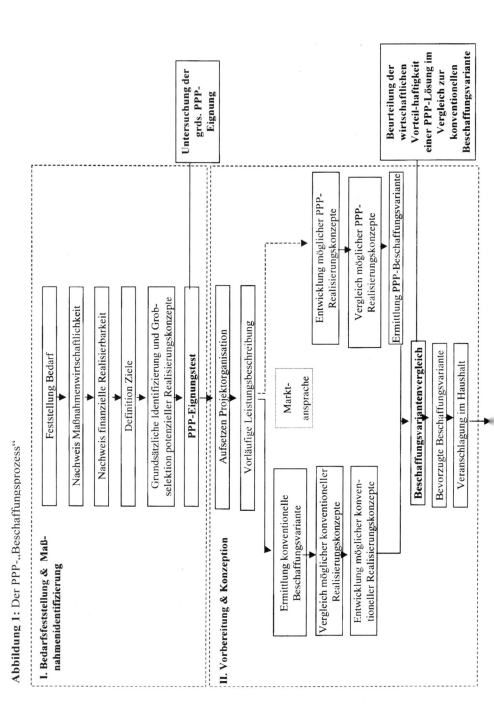

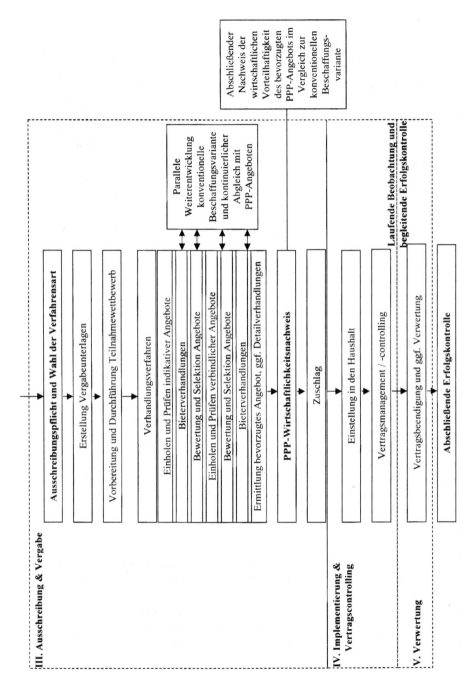

Quelle: *BMVBW (2003)*, Bd. III, Teilbd. 2, Arbeitspapier Nr. 4, S. 5 (modifiziert).

VII. Zusammenfassung und Ausblick

Im Hinblick auf die Gestaltung und Durchführung von Wirtschaftlichkeitsuntersuchungen besteht auf allen Ebenen – auch seitens des Gesetzgebers – noch Handlungsbedarf. Eine generelle Aussage, ob die Durchführung von Maßnahmen in Eigenregie der öffentlichen Hand oder mit Hilfe privater Partner, z.B. in Form einer PPP, wirtschaftlich vorteilhaft ist, lässt sich nicht treffen.[28] Wirtschaftlichkeitsuntersuchungen stellen i.d.R. eine geeignete Maßnahme zur Bewertung und zum Vergleich alternativer (PPP-)Beschaffungsvarianten mit den bisherigen (konventionellen) Beschaffungsmethoden dar.

Im Zusammenhang mit der Einführung des NSM und der Entwicklung der ÖBWL wurden in den zurückliegenden Jahren bereits grundlegende Erkenntnisse zur Durchführung von Wirtschaftlichkeitsuntersuchungen erarbeitet. Ziel muss es nun sein, dieses Wissen in der kommunalen Verwaltungspraxis aufzubauen, d.h. die Umsetzung von Wirtschaftlichkeitsuntersuchungen zu institutionalisieren und gleichzeitig die theoretischen Grundlagen weiterzuentwickeln.

Literaturverzeichnis

BMVBW (2003): Bundesministerium für Verkehr, Bau- und Wohnungswesen, Lenkungsausschuss „PPP im öffentlichen Hochbau", Gutachten PPP im öffentlichen Hochbau, Berlin 2003.

Budäus (1998): Dietrich Budäus, Public Management - Konzepte und Verfahren zur Modernisierung öffentlicher Verwaltungen, 4. Aufl., Berlin 1998.

Eichhorn (2005): Peter Eichhorn, Das Prinzip Wirtschaftlichkeit - Basis der Betriebswirtschaftslehre, 3. Aufl., Wiesbaden 2005.

Grupp (2004): Klaus Grupp, Wirtschaftlichkeit im „schlanken Staat", in:
http://www.jura.uni-sb.de/projekte/Bibliothek/texte/Grupp7.html
Datum: 20.07.2004.

Krems (2004): Burkhardt Krems (Hrsg.), Online-Verwaltungslexikon
http://www.olev.de

Locher/Vygen (2004): Horst Locher u. Klaus Vygen (Hrsg.), VOB, Teile A und B, Kommentar, 15. Aufl., Neuwied 2004 (verfasst von Heinz Ingenstau u. Hermann Korbion).

NRW (2003): PPP-Initiative NRW (Hrsg.), Public Private Partnership im Hochbau, Wirtschaftlichkeitsvergleich, Düsseldorf 2003. (Dieser Beitrag baut auf dem Erkenntnisstand des BMVBW-Gutachtens „PPP im öffentlichen Hochbau" auf).

---

28 Vgl. *Schmidt (2002)*, S. 53.

Pünder (2003): Hermann Pünder, Haushaltsrecht im Umbruch – eine Untersuchung der Erfordernisse einer sowohl demokratisch legitimierten als auch effektiven und effizienten Haushaltswirtschaft am Beispiel der Kommunalverwaltung, Stuttgart 2003.

Schmidt (2002): Jürgen Schmidt, Wirtschaftlichkeit in der öffentlichen Verwaltung, 6. Aufl., Berlin 2002.

Andreas Pfnür und Tim Eberhardt

Allokation und Bewertung von Risiken in immobilienwirtschaftlichen Public Private Partnerships

Gliederung

I. Problemstellung
II. Notwendigkeit eines proaktiven Risiko-Controllings in PPPs
III. Bewertung der Risiken im Rahmen des Performance-Controllings
    1. Finanzplanung auf Basis von Erwartungswerten als Grundlage
    2. Status quo der Risikobewertung: Zuschlagsverfahren
    3. Risikobewertung mittels simulativer Risikoanalyse
    4. Grundzüge eines Performance-Controlling-Konzepts für PPPs
IV. Ein Beispiel
    1. Ausgangslage
    2. Sicht der Kommune
    3. Sicht des Bauunternehmens
    4. Sicht des Betreibers
    5. Ergebnis
V. Zusammenfassung und Ausblick
Literaturverzeichnis

I. Problemstellung

Der Immobilienbestand des öffentlichen Sektors ist vielfach gekennzeichnet durch einen altersbedingten schlechten Instandhaltungsgrad und durch oft nicht mehr zweckmäßige Bauten. Insbesondere der schlechte Instandhaltungsgrad liegt in der sich allgemein verschlechternden wirtschaftlichen Situation der öffentlichen Hand begründet. Aus diesem Grund werden neue Wege der Immobilienbereitstellung gesucht. Die Kommunen verfolgen mit der Public Private Partnership (PPP) das Ziel einer kostenminimalen Bereitstellung der Immobilienflächen unter Einhaltung vorher definierter Mindeststandards der Qualität von Objekten und des immobilienwirtschaftlichen Services. Damit wird dem in den Landeshaushaltsordnungen postulierten Wirtschaftlichkeitsgrundsatz Rechnung getragen.[1] Als Nachweis der Wirtschaftlichkeit ist eine Investitionsrechnung durchzuführen, deren Ergebnis eindeutig die Vorteilhaftigkeit der alternativen Bereitstellungsform gegenüber der konventionellen Beschaffungsvariante zeigt. Der Wirtschaftlichkeitsvergleich wird in der hier diskutierten Anwendung auf eine PPP auch als Public Sector Comparator (PSC) bezeichnet und ist methodisch sowie prozessual in Deutschland wie auch in anderen Ländern schon weitgehend standardisiert.[2] Ein Kernproblem des PSC ist die Unsicherheit über die realisierbaren Cashflows aus der konventionellen wie auch der PPP-Variante. Aufgrund der Langfristigkeit des Planungshorizonts und strukturimmanenter Probleme der Prognose der Cashflows aus Bau und Nutzung der Immobilie[3] ergeben sich für die Kommune erhebliche Unsicherheiten über die Zahlungsverläufe und damit den Erfolg der Bereitstellungsvarianten. Fallen die Plankosten der PPP niedriger aus als die im PSC ermittelten Plankosten, dann hat die Kommune die Chance der wirtschaftlichen Verbesserung, anderenfalls droht das Risiko, die wirtschaftlichen Ziele der PPP zu verfehlen und die benötigten Flächen teurer zu bezahlen. Aus Sicht der Investitionstheorie liegen zwar seit langem durchaus leistungsfähige Instrumente der Bewertung von Investitionen unter Unsicherheit vor[4], in der betrieblichen Praxis wächst die Akzeptanz solcher Tools mit voranschreitender Leistungsfähigkeit computergestützter Entscheidungstechniken nur langsam. So sind auch die gegenwärtig im Wirtschaftlichkeitsvergleich verwendeten Instrumente zur Bewertung der Risiken aus betriebswirtschaftlicher Sicht längst nicht mehr „State-of-the-Art".

Erstes Ziel dieses Beitrags ist deshalb die Kritik und Verbesserung des gegenwärtig im Wirtschaftlichkeitsvergleich angewendeten Risikobewertungsverfahrens.

In der Realität lassen sich sowohl Gründe finden, dass die Chancen als auch die Risiken von PPPs überwiegen.[5] In der Regel führen die Effizienzvorteile des privaten Sektors per se zu einem Kostenvorteil der PPP-Variante. Ohne hierauf näher eingehen zu wollen, könnten die Vorteile der Kommune beispielsweise in steuerlichen Vorteilen oder Finanzierungskostenvorteilen bestehen.[6] Allerdings besteht auch die Möglichkeit, dass die Kommune die

---

1 Vgl. stellvertretend § 10 Abs. 2 u. 3 GemHVO NRW.
2 Vgl. *Treasury Taskforce (2000)*; *Jacob/Kochendörfer (2002)*, S. 48 ff.; *Beratergruppe (2003b)*.
3 Vgl. zum empirischen Befund der Unsicherheit der Determinanten von Immobilieninvestitionen *Pfnür/Armonat (2001)*.
4 Vgl. z.B. *Streitferdt (1973)*; *Blohm/Lüder (1991)*; *Kruschwitz (2003)*.
5 Vgl. *Jacob (2003)*, S. 55 ff.
6 Vgl. *Pfeiffer (2004)*, S. 112 ff.

immobilienwirtschaftlichen Leistungen günstiger erstellt als der private Partner, auch wenn dies eher unwahrscheinlich ist.

Da die Kosten für die PPP-Variante vertraglich fixiert werden, bestimmt zunächst die Unsicherheit über die Kosten der konventionellen Variante das Chancen-Risiken Profil, welches von einer PPP-Maßnahme für die Kommune ausgeht. Bisher wurde vorausgesetzt, dass der private Partner die Leistungen vertragsgemäß erbringt. Ein zusätzliches Risiko entsteht der Kommune dann, wenn ein Partner die vertraglich zugesicherte Leistung schuldig bleibt. Dies ist insbesondere immer dann der Fall, wenn der Baupartner oder der Betreiber in die Insolvenz geht. Angesichts der gegenwärtigen Marktsituation ist dies ein durchaus realistischer Fall.

Soweit muss es allerdings gar nicht erst kommen. Wesensmerkmal einer PPP ist, dass die Leistung bei Vertragsschluss nicht immer hinreichend klar definiert ist.[7] Die Wahrscheinlichkeit, dass der Private bei seinem Angebot von falschen Vorstellungen ausgeht und sich verkalkuliert, ist damit hoch. Aufgrund der gegenwärtigen Wettbewerbssituation wird der Gewinner der Ausschreibung sich mit an Sicherheit grenzender Wahrscheinlichkeit nicht zu seinen Gunsten verkalkuliert haben. Besonders im Falle der Vergabe ohne Verhandlungsverfahren bestehen Anreize für die Bieter, die Preise so niedrig wie möglich anzusetzen, da sie nicht wissen wie das Angebot der Konkurrenz ausfällt.[8] Dieser Anreiz wird aktuell durch die Erwartung auf Seiten der Bieter verstärkt, durch die Bearbeitung eines PPP-Projekts in späteren Ausschreibungen eine Referenz vorweisen zu können, die sich in Form von Folgeaufträgen auszahlt. Ein nicht auskömmlicher Preis für die Leistung des Privaten ist damit wahrscheinlich.

Droht dem privaten Partner ein Verlust aus der PPP, wird nicht nur seine Leistungsfähigkeit sondern auch seine Leistungsbereitschaft deutlich zurückgehen. In diesem Fall wird er versuchen, durch Kosteneinsparungen oder durch Erzielung zusätzlicher Erlöse, beispielsweise in Form von Nachträgen, sein wirtschaftliches Ziel dennoch durchzusetzen. Angesichts mehrjähriger Bauzeiten und einer Vertragslaufzeit von regelmäßig über 20 Jahren wird er hierzu reichlich Gelegenheit erhalten. Wenn Verträge auch noch so umfassend sind, bleiben sie immer unvollständig und weisen offene Punkte auf oder Interpretationsspielräume, die der private Partner opportunistisch für sich nutzen kann.[9] Die Risikoteilung entpuppt sich bestenfalls als Nullsummenspiel. Im Ergebnis wird das eigentlich als transferiert geglaubte Risiko der

---

7 Vgl. *Wissenschaftlicher Beirat (2004)*, S. 411.
8 Vgl. *Schwintowski (2004)*, S. 372 f.
9 Vgl. zur institutionenökonomischen Betrachtung von PPPs den Beitrag von Holger Mühlenkamp in diesem Band (S. 29 ff.) sowie *Budäus u.a. (1997b)*, S. 57 ff.

Kommune quasi durch die Hintertür wieder angelastet. Im schlimmsten Fall droht durch das opportunistische Verhalten des Vertragspartners sogar eine Ausweitung des Risikos in Höhe der Kosten für die Regulierung des Leistungsausfalls.[10]

Neben einer methodisch korrekten Bewertung der Risiken besteht das *zweite Ziel* dieses Beitrags in der Entwicklung einer Systematik zur nachhaltigen Allokation der Risiken unter den Beteiligten der PPP. Besonderes Augenmerk wird dabei auf die Steuerung der Risikopositionen der Beteiligten in der Nutzungsphase gelegt. Hierzu wird im folgenden Kapitel zunächst die Notwendigkeit eines Frühwarnsystems für eine bedrohliche Reallokation der Risiken explizit hergeleitet. Abschließend sei angemerkt, dass die hier bearbeiteten Probleme, wie so viele andere derzeit diskutierte PPP-Themen, grundlegender Natur sind und damit weit über den Anwendungsbereich von PPPs in der kooperativen Zusammenarbeit von Unternehmen Bedeutung haben.[11] Nachfolgend stehen allerdings die empirisch beobachtbaren Probleme in immobilienwirtschaftlichen PPPs im Vordergrund.

II. Notwendigkeit eines proaktiven Risiko-Controllings in PPPs

Dauerhafte Vorteile aus der Risikoabwälzung kann sich eine Kommune nur dann versprechen, wenn die beabsichtigten Veränderungen in der Risikoallokation nicht durch die Hintertür wieder rückgängig gemacht werden. Risikovorteile sind regelmäßig dann zu erwarten, wenn in der Neuverteilung von Risiken derjenige die Risiken übernimmt, der sie am besten beherrschen kann.[12] In diesem Fall ist die Eintrittswahrscheinlichkeit des Negativereignisses geringer, und die Schadenshöhe fällt niedriger aus. Der daraus entstehende Vorteil kann unter den Vertragspartnern verteilt werden. Risiken, die nicht dieser Gesetzmäßigkeit folgend umverteilt werden, führen zur Schlechterstellung eines Partners, was dieser an anderer Stelle wieder aufzuholen sucht.

Partnerschaftliches Verhalten setzt voraus, dass Risiken gemäß einer im Vertragswerk oder implizit fixierten Regelung unter den Akteuren vereinbarungsgemäß geteilt werden.[13] Über die Vertragslaufzeit hinweg kann der einzelne Akteur mit zwei verschiedenen Typen an Risiken in PPPs konfrontiert werden, denen er unterschiedlich entgegentreten muss.[14] Zum einen gibt es Inputrisiken, die von außen auf die PPP einwirken und sie als organisatorisches Ganzes

---

10 Vgl. *Kruse (2001)*, S. 131 ff.
11 Vgl. zur theoretischen Einordnung von PPP: *Budäus u.a. (1997a), (1997b)* u. *(1998)*.
12 Vgl. *Arbeitskreis (2001)*.
13 Vgl. *Budäus (2004)*, S. 313 f.
14 Vgl. *Pfnür (2002a)*, S. 55 ff.

treffen, wie beispielsweise eine Ölpreiserhöhung zum Anstieg der Betriebskosten führt. Ein anderer Typus ist das sogenannte Partnerrisiko, wenn sich der Partner wie einleitend dargestellt opportunistisch verhält.[15]

Die ökonomische Rationalität der handelnden Akteure gepaart mit den langen Laufzeiten von PPPs und der Unvollständigkeit der Verträge lassen erwarten, dass die Risikoallokation im Zeitablauf von sich aus instabil ist. Auf diese Dynamik muss bereits in der Konzeptionsphase der PPP aus zwei Gründen Rücksicht genommen werden.

- Zum einen ist es für jeden der *Akteure selbst* von hoher Bedeutung, seine eigenen Risiken einschätzen zu können. Dazu benötigen die Akteure ein System, das die Risiken transparent macht, welche sie im Lebenszyklus der PPP eingehen. Anders ist eine konzeptionelle Ermittlung des Risikozuschlags in der vorvertraglichen Grenzpreiskalkulation unmöglich. In der Bepreisung von Bauleistungen und Immobilienbetrieb wird ein Risikozuschlag ermittelt.[16] Die Kommune ermittelt hier im Rahmen des Wirtschaftlichkeitsvergleichs den Wert der abgewälzten Risiken.
- Zum anderen ist ein Frühwarnsystem erforderlich, welches anzeigt, ob der wirtschaftliche Erfolg der PPP für die *Vertragspartner* bereits von vornherein oder zu einem späteren Zeitpunkt gefährdet ist. Der Druck zu opportunistischem Verhalten der Partner kann somit frühzeitig erkannt werden. Das Scheitern der partnerschaftlichen Zusammenarbeit kann durch eine entsprechende Umverteilung der Risiken von vornherein vermieden werden. Ferner können in den Verträgen bereits konkrete Regeln eingebaut werden, wie auf eine in der Vertragslaufzeit eintretende Veränderung der Risikoallokation reagiert wird.

Die laufenden Veränderungen in der Risikoallokation machen darüber hinaus in der Bau- und Betriebsphase ein prozessbegleitendes Controlling der Risikoallokation der Vertragspartner erforderlich.

Die auf die Partnerschaft gerichteten Handlungen der Akteure müssen für alle Beteiligten jederzeit berechenbar sein, um das Vertrauen in eine erfolgreiche Zusammenarbeit zu erhalten.[17] Hierfür einige Beispiele:

- Von der Wahrscheinlichkeit eines Verlusts auf Seiten des Bauunternehmens aus einer PPP-Konstruktion hängt die Intensität seines Claim Managements ab. Für die öffentliche Hand bestimmt sich daraus das Risiko, mit Nachträgen überschüttet zu werden.

---

15 Vgl. *Wolter (2004)*; *Lutz/Klaproth (2004)*.
16 Vgl. zur Kalkulation des Risikozuschlags in Bauaufträgen: *Dinort (1997)*, S. 198 ff.
17 Vgl. *Vestner (2004)*, S. 838.

- Von der Wahrscheinlichkeit der Kostenüberschreitung in der Bauphase hängt die Häufigkeit von Qualitätsmängeln ab. Für den Betreiber ergibt sich aus einer Schieflage ein erhöhtes Instandsetzungskostenrisiko, welches in letzter Instanz auch auf die öffentliche Hand in Form eines Qualitätsrisikos in der Flächenbereitstellung durchschlagen kann.
- Von der Wahrscheinlichkeit eines Verlusts auf Seiten des Betreibers hängt die Leistungsbereitschaft und, im Falle einer wirtschaftlichen Notlage, dessen Leistungsfähigkeit ab. Für die öffentliche Hand ergibt sich aus einer Schieflage ein Qualitätsrisiko in der Flächenbereitstellung bis hin zum Ausfall der Flächenverfügbarkeit.
- Von der Wahrscheinlichkeit einer Bedarfsänderung auf Seiten der öffentlichen Hand hängt deren Mängeltoleranz in der Betriebsphase ab. Für den privaten Partner ergibt sich daraus ein Kostenrisiko.

Im Sinne des Sprichworts „Vertrauen ist gut, Kontrolle ist besser" ist die Transparenz über den wirtschaftlichen Erfolg eine wichtige Grundvoraussetzung der dauerhaft angelegten partnerschaftlichen Zusammenarbeit in PPPs.

III. Bewertung der Risiken im Rahmen des Performance-Controllings

Die Schaffung von Transparenz ist kein Selbstzweck. Vielmehr sollen damit Entscheidungen verbessert werden. Hierzu ist eine Bewertung der Risiken anhand monetärer Kriterien erforderlich. In der Finanzwirtschaft werden solche Systeme zur monetären Bewertung der Chancen und Risiken von Investitionen als Performance-Controlling Systeme bezeichnet. Auch für den konkreten Fall von Immobilieninvestitionen sind bereits Performance-Controlling Systeme entwickelt worden.[18] Diese sind bei vielen privatwirtschaftlichen Anwendungen wie beispielsweise im Immobilieninvestment nicht mehr wegzudenken.

1. Finanzplanung auf Basis von Erwartungswerten als Grundlage

Die Basis der Planung und Kontrolle von PPPs ist eine Finanzplanung, in der alle mit der PPP verbundenen Zahlungen im Zeitablauf tabellarisch dargestellt werden. Typischerweise werden in den Zeilen der Tabelle die Zahlungspositionen und in den Spalten die Planungsperioden dargestellt (siehe auch das nachfolgend dargestellte Beispiel).

---

18 Vgl. *Pfnür (2002b)*, S. 39 ff.; *Pfnür (2004)*, S. 278 ff.

Abbildung 1: Grundschema eines immobilienwirtschaftlichen Finanzplans

Perioden Zahlungspositionen	t_1	t_2	t_3	t_4	...	t_n	...	t_N
Sanierung								
Instandhaltung								
Gebäudebetrieb								
Verwaltung								
Sonstige								
Zinsen								
Tilgung								
Wertdifferenz								
Summe Zahlungen								

Quelle: Eigene Darstellung.

Neben den laufenden Zahlungen, die die Nutzung von Immobilien durch die öffentliche Hand mit sich bringt, besteht ein wirtschaftlich wichtiger Aspekt in der Frage der Wertentwicklung des Objekts. Anders als bei Mobilien sind bei Immobilien selbst Wertzuwächse keine Seltenheit. Regelmäßig mitentscheidend über die Wertentwicklung ist die Frage der Instandhaltung des Objekts. Sollten eigentlich notwendige Instandhaltungsmaßnahmen nicht eingeplant sein, so wird sich die wirtschaftliche Konsequenz der Unterlassung in der Wertentwicklung niederschlagen.

Im Wirtschaftlichkeitsvergleich werden für die konventionelle Beschaffungsvariante und die PPP-Beschaffungsvariante jeweils eigene Finanzplanungen erstellt. Durch die Bildung von Kennzahlen sind Vergleiche zwischen den Alternativen möglich. So hat sich in der Vergangenheit insbesondere der Barwertvergleich der Alternativen als wichtiges Entscheidungskriterium etabliert.[19] Hier wird die Summe über die mit einem Diskontierungsfaktor abgezinsten Salden der einzelnen Perioden (Cashflows) gebildet. Diese Methode ist auch für den Vergleich unterschiedlicher PPP-Varianten, z.B. bei der Wertung von Angeboten im Rahmen der Ausschreibung des Projekts, anwendbar.[20] Die effizienteste Variante zeichnet sich durch den geringsten Barwert der Zahlungen aus.

---

19 Vgl. *Beratergruppe (2003b)*, Arbeitspapier Nr. 4 Technik des Vergleichens, S. 51 ff.
20 Vgl. *Beratergruppe (2003a)*, S. 100 ff.

Auch wenn die Methode der finanzplanungsbasierten Wirtschaftlichkeitsanalyse konzeptionell überzeugend ist, weist sie in der praktischen Umsetzung doch ein gravierendes Problem auf. Die Prognose der Eingangsdaten über den gesamten Planungshorizont birgt erhebliche Unsicherheiten der Entscheidungsträger über die Höhen der jeweiligen Zahlungen. Am einfachsten sind die Prognoseprobleme zu lösen, indem mit Erwartungswerten gearbeitet wird. In diesem Fall wird eine Scheinsicherheit erzeugt, die die Unsicherheiten ignoriert. Zudem ist die Arbeit mit Erwartungswerten in der Investitionsrechnung methodisch außerordentlich fragwürdig. Investitionsentscheidungen im Allgemeinen und im PPP-Anwendungsfall im Besonderen kennzeichnet ihre *Einmaligkeit*. Theoretisch wird eine gewisse Anzahl an Wiederholungen der Investitionsentscheidung vorausgesetzt, um mit Methoden der Statistik einen Erwartungswert bestimmen zu können. Im Falle der Einmaligkeit einer Investitionsentscheidung tritt unabhängig von der Verteilung genau eine Realisation ein. Die Annahme, dass dies der Erwartungswert sein muss, ist nicht zu rechtfertigen.[21]

In der betriebswirtschaftlichen Entscheidungstheorie sind die Unsicherheiten über die Eingangsdaten der Planung die Ursache für die Entstehung des Risikos. Immobilienwirtschaftliche Risiken für die konventionelle Bereitstellung von Immobilien der öffentlichen Hand entstehen demzufolge aus der Unsicherheit über die Höhe der Sanierungs-, Instandhaltungs-, Gebäudebetriebs-, Verwaltungs- und Kapitaldienstzahlungen sowie die Entwicklung des Immobilienwerts.

2. Status quo der Risikobewertung: Zuschlagsverfahren

In den bisherigen Empfehlungen zur Berücksichtigung von Risiken in immobilienwirtschaftlichen Wirtschaftlichkeitsvergleichen werden Risiken in Form von Zuschlägen auf erwartete Kosten berücksichtigt.[22] Je Risikoart wird bei dieser Vorgehensweise ein Zuschlag ermittelt. Die Risikokosten einer Beschaffungsvariante ergeben sich in der Summierung der einzelnen Risikozuschläge.

Der Wert eines risikobedingten Zuschlags ergibt sich als Produkt aus Schadenshöhe (Abweichung von den erwarteten Kosten) und der entsprechenden

---

21 Vgl. *Adam* (2000), S. 334 ff.
22 Vgl. *Beratergruppe (2003b)*, Arbeitspapier Nr. 5 Risikomanagement, insb. S. 8 ff. Auch wenn hier von Sicherheitsäquivalent gesprochen wird, ist dies letztendlich nichts anderes als ein Zuschlag.

Eintrittswahrscheinlichkeit. In der Praxis werden Szenarien des Kostenanfalls gebildet, aus denen der Risikozuschlag wie folgt ermittelt wird:

Abbildung 2: Ermittlung eines Risikozuschlags

Szenario	Abweichung von erwarteten Kosten	Wahrscheinlichkeit des Szenarios	Schadenshöhe in % der Bezugskosten
Geringe Unterschreitung	-5 %	5 %	-0,25 %
Keine Abweichung	0 %	10 %	0,00 %
Geringe Überschreitung	10 %	30 %	3,00 %
Moderate Überschreitung	20 %	40 %	8,00 %
Starke Überschreitung	40 %	15 %	6,00 %
Summe (Risikozuschlag)		100 %	16,75 %
Standardabweichung			3,64 %

Quelle: In Anlehnung an *Beratergruppe (2003b)*, Arbeitspapier Nr. 5 Risikomanagement, S. 12.

Angenommen die o.a. Ermittlung des Risikozuschlags würde sich auf Baukosten beziehen, deren Höhe sich in den Jahren 2004 und 2005 jeweils auf 10 Mio. € beliefen, so würde das Baukostenrisiko in der Finanzplanung in den beiden Jahren jeweils mit 1,675 Mio. € an Risikozuschlägen berücksichtigt. Die in der Abbildung 1 dargestellte Finanzplanung wird im Falle des Zuschlagsverfahrens um eine Zeile erweitert, die die Summe der Risikozuschläge der jeweiligen Perioden aufnimmt. Im Ergebnis erhöht sich der Barwert einer Beschaffungsvariante. Die risikoreichere Variante schneidet im Vergleich entsprechend schlechter ab.

Die große Stärke dieses Verfahrens, die enorme Verdichtung aller Risikoinformationen in nur einem Wert, ist zugleich auch seine größte Schwäche.[23] Gleichgültig wie differenziert der Planer seine Risikoposition erfasst, gehen diese Details nur *mit einem Wert* in die Wirtschaftlichkeitsanalyse ein. So geht die Information, dass durchaus auch ein Kostenvorteil gegenüber der ursprünglichen Planung auftreten kann, vollkommen verloren. Beispielsweise wird in dem in Abbildung 2 dargestellten Beispiel die Möglichkeit einer Kostenunterschreitung in der Wirtschaftlichkeitsanalyse keine Berücksichtigung finden, gleichwohl sie in 5 % aller Fälle nach Einschätzung des Entscheidungsträgers zum Tragen kommt. Folgendes extremes Beispiel führt bei gänzlich anderer Ausgangssituation zu Risikokosten in gleicher Höhe wie oben:

---

23 Vgl. zum Korrekturverfahren *Kruschwitz (2003)*, S. 310 ff.

Abbildung 3: Ermittlung eines Risikozuschlags (Extrembeispiel)

Szenario	Abweichung von erwarteten Kosten	Wahrscheinlichkeit des Szenarios	Schadenshöhe in % der Bezugskosten
Unterschreitung	-40 %	29,06 %	-11,63 %
Starke Überschreitung	40 %	70,94 %	28,63 %
Summe (Risikozuschlag)		100 %	16,75 %
Standardabweichung			28,28 %

Quelle: Eigene Darstellung

Bereits intuitiv spürt der Betrachter, dass die Risiken beider Varianten im Falle einer Entscheidung unterschiedlich zu bewerten sind. Das Risiko wird im Abschlagsverfahren somit offenbar nicht vollständig erfasst. Wie lässt sich dieses Defizit der bisher in der Wirtschaftlichkeitsanalyse verwendeten Risikomessmethode nun aber aufklären?

Statistisch gesehen liegt der Unterschied zwischen den zwei Risikosituationen in der Streuung der Schadenshöhen. Während die ursprüngliche Verteilung eine vergleichsweise geringe Streuung aufweist, ist die Streuung in der zweiten Verteilung deutlich höher. Als ein einfaches Maß für die Streuung dient in der Statistik die Standardabweichung. Einer Standardabweichung von 3,64 % im ersten Fall steht eine fast achtfach höhere Streuung von 28,28 % gegenüber. In der Risikotheorie wird Risiko gemeinhin definiert als *Abweichung vom erwarteten Wert*.[24] Damit ist die Streuung der Verteilung Ausdruck des Risikos. Streng der Risikotheorie folgend ist der Risikozuschlag gar kein Maß für das Risiko. Er ist vielmehr der Erwartungswert des wirtschaftlichen Nachteils in allen alternativ für möglich gehaltenen Situationen. Ausdruck des Risikos ist hingegen die Streuung der Schadenshöhen um diesen Erwartungswert herum.

In der Praxis der Entscheidungstheorie wird trotz des gezeigten Mangels in vielen Anwendungen das Risiko mit dem oben dargestellten Abschlagsverfahren berücksichtigt. Damit werden aber gravierende Prämissen unterstellt, denen die Realität nicht immer standhält. Insbesondere impliziert dieses Vorgehen, dass der Entscheidungsträger risikoneutral ist. Ein risikoneutraler Entscheidungsträger bewertet die oben dargestellten Situationen als gleichwertig. Kein ökonomisch rational handelndes Unternehmen, und erst recht nicht die öffentliche Hand, verhalten sich bei solchen Investitionen risikoneutral. Viel-

---

24 Vgl. *Streitferdt (1973)*, S. 8 f.

mehr ist das Wirtschaftsleben geprägt von risikoaversen Akteuren, die sich allerdings in ihrer Risikoeinstellung hinsichtlich des Grads der Risikoaversion deutlich unterscheiden.[25] Die öffentliche Hand muss, schon aus ihrem Auftrag heraus, bei der Bereitstellung von Immobilien für ihren Leistungserstellungsprozess die Handlungsstrategien eines Hasadeurs oder eines Spielers vermeiden und in besonderem Maße risikoavers agieren. Im zweiten Beispiel gleicht die Frage, ob denn Risiken mit der Beschaffungsvariante vermieden werden, eher einem Spiel als einer planbaren Situation. Das Risiko ist aus Sicht des risikoaversen Akteurs damit deutlich höher zu bewerten als in der ersten Variante. Die Ausführungen machen deutlich, dass unter der Prämisse der Risikoneutralität die Möglichkeiten des Risikotransfers in PPPs systematisch fehlerhaft, nämlich zu niedrig, bewertet werden.

Neben einem systematischen Fehler in der Risikobewertung birgt das Abschlagsverfahren einen zweiten gravierenden Nachteil in sich. Die Verkürzung des Risikos in einen Wert führt dazu, dass viele entscheidungsrelevante Informationen unwiederbringlich verloren gehen. So tritt im zweiten o.a. Beispiel in knapp einem Drittel der Fälle ein Wirtschaftlichkeitsvorteil gegenüber der Plansituation ein, der in dem Risikozuschlag von 16,75 % und somit auch in allen weiteren Planungsschritten nicht mehr erkennbar sein wird. Die Situation wird immer diffuser, je weiter die Risikodaten verdichtet werden. Insbesondere dann, wenn Summen über die Wertansätze aller Risiken einer Beschaffungsvariante gebildet werden, verwischen die Aussagen über Chancen und Risiken der jeweiligen Varianten noch weiter. Es versteht sich von selbst, dass insbesondere die Bewertung der Risiko- und Chancenverteilung zwischen Vertragspartnern auf Basis solch hoch aggregierter Informationen nicht mehr möglich ist.

Da, wie oben gezeigt wurde, die Transparenz der Chancen und Risiken zwischen den Vertragspartnern Grundvoraussetzung der dauerhaften Stabilität von PPPs ist und der Risikotransfer systematisch zu niedrig bewertet wird, müssen ergänzend zum Zuschlagsverfahren ausgefeiltere Verfahren der Risikobewertung bei der Wirtschaftlichkeitsanalyse von PPPs zum Einsatz kommen. Ein solches Verfahren, welches deutlich höhere Transparenz in die Risikosituation bringt und systematisch exaktere Bewertungen der Risiken zulässt, ist die simulative Risikoanalyse.

---

25 Vgl. *Laux (2003)*, S. 180 ff.

3. Risikobewertung mittels simulativer Risikoanalyse

In der simulativen Risikoanalyse werden im Gegensatz zum Abschlagsverfahren alle zur Verfügung stehenden Informationen zur Bewertung der Risiken in

Abbildung 4: Verlauf der simulativen Risikoanalyse

---

1. Auswahl der unsicherheitsbehafteten Parameter (z.B. Baukosten, Betriebskosten, FK-Zins).
2. Schätzung von Wahrscheinlichkeitsfunktionen der unsicherheitsbehafteten Parameter aus empirischen Daten oder mittels Expertenbefragung. Die Ergebnisse können entweder diskrete Häufigkeitsverteilungen oder allgemeine theoretische Verteilungen sein, welche den erwarteten Funktionsverlauf bestmöglich approximieren. Die Angabe von Wahrscheinlichkeitsverteilungen entspricht dem intuitiven Vorgehen eines Entscheidungsträgers bei der Prognose der Periodencashflows im Rahmen der Investitionsrechnung. Empirische Ergebnisse zeigen, dass insbesondere Immobilieninvestoren mit der Angabe von Verteilungsfunktionen vertraut sind und sich derartige Schätzungen regelmäßig gut zutrauen.[26]
3. Sind die Funktionsverläufe der Häufigkeitsverteilungen zweier oder mehrerer unsicherheitsbehafteter Variablen voneinander abhängig, so müssen diese Abhängigkeiten bei der weiteren Verarbeitung des Inputs Berücksichtigung finden. Einfache und wirkungsvolle Methoden sind die Angabe von bedingten Wahrscheinlichkeiten oder Korrelationskoeffizienten.[27]
4. Aus den Verteilungsfunktionen wird mit Hilfe von Zufallszahlengeneratoren im nächsten Schritt ein Wertetupel bestehend aus je einem Wert jeder Verteilungsfunktion gezogen. Die Ziehung beispielsweise nach der Monte Carlo oder Latin Hypercube Methode berücksichtigt dabei die vom Entscheidungsträger angegebenen Häufigkeiten sowie die gegebenenfalls in Schritt 3. erkannten Abhängigkeiten der Variablen. Die gezogenen Werte werden in die o.a. Finanzplanung eingesetzt. Das Ergebnis wird berechnet und in einem Speicher abgelegt. Dieser Prozess wird so oft wiederholt, bis die entstandene Ergebnisverteilung sich durch weitere Wiederholungen nicht mehr entscheidend verändert, also stabil ist.
5. Die Menge der Ergebnisse lässt sich mit Hilfe eines Histogramms in Klassen einteilen. Eine grafische Aufbereitung der Ergebnisse erlaubt die Darstellung von Ergebnisverteilungen in Kurvenform. Ebenso können Kennzahlen gebildet werden, die Rückschlüsse auf Chancen, Risiken und erwartete Werte zulassen. Hierzu folgt im nächsten Kapitel ein Beispiel.

Quelle: Eigene Darstellung.

die Wirtschaftlichkeitsanalyse mit einbezogen.[28] Die simulative Risikoanalyse besteht aus den in Abbildung 4 beschriebenen Schritten.

---

26 Vgl. *Wiedenmann u.a. (2002)*.
27 Vgl. *Henking (1998)*.
28 Vgl. *Blohm/Lüder (1991)*, S. 247 ff.

Bei der simulativen Risikoanalyse wird mit denselben Informationen gearbeitet wie bereits beim Abschlagsverfahren (siehe Abbildung 2). Der Unterschied liegt lediglich in der rechnerischen Weiterverarbeitung der Daten. Während sich die Chancen und Risiken einer Beschaffungsvariante bislang nur in einem Wert in der Kalkulation niederschlagen, gehen jetzt alle für möglich gehaltenen Szenariowerte mit ihren jeweiligen Wahrscheinlichkeiten in die Planung ein. Da die Eingangsdaten nun mehrwertig sind, ist auch das Ergebnis der simulativen Risikoanalyse eine Verteilungsfunktion des Barwerts der Kosten einer Beschaffungsvariante. Diese Verteilungsfunktion ist hinsichtlich der Chancen und Risiken des Projekts aussagekräftig. Im Beschaffungsvariantenvergleich der öffentlichen Hand können nun beispielsweise auch Aussagen darüber getroffen werden, mit welcher Wahrscheinlichkeit die PPP-Variante wirtschaftlicher ist als die konventionelle Variante. Zur Verdeutlichung dient die folgende Abbildung:

Abbildung 5: Beispielhafte grafische Darstellung der Ergebnisse der simulativen Risikoanalyse

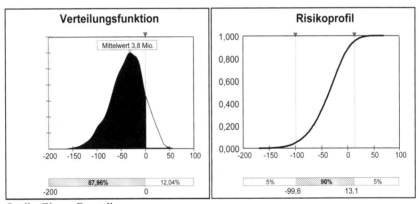

Quelle: Eigene Darstellung.

Der rechten Abbildung ist zu entnehmen, dass der Mittelwert des Wirtschaftlichkeitsvorteils in diesem Beispiel 3,8 Mio. € beträgt. Dies ist das Ergebnis der Planung mit Erwartungswerten. Mit einer Wahrscheinlichkeit von 12,04 %. Das Chancen-Risiken-Verhältnis der PPP verdeutlichen die dunklen und die hellen Flächen unter der Kurve. Im dunklen Fall, mit einer Wahrscheinlichkeit von 87,96 %, entsteht durch die PPP-Variante ein Wirtschaftlichkeitsvorteil und im hellen Fall (12,04 %) ein Nachteil. Bildet man das Integral unter der hellen Fläche erhält man nach der o.a. Abschlagsmethodik einen Betrag für den Wert des Risikos, das die PPP-Variante zu einem wirtschaftlichen Nachteil führt.

Die rechte Abbildung verdeutlicht in der kumulierten Darstellung das sogenannte Risikoprofil der PPP. Diese Darstellung ermöglicht die einfache Bestimmung von beliebigen Quantilswerten. Besondere Relevanz in der Finanzwirtschaft besitzen beispielsweise das 5- und 95 %-Quantil. Letzteres wird auch als Cashflow at Risk bezeichnet. Mit einer Wahrscheinlichkeit von 5 % erzielt die PPP-Variante einen Wirtschaftlichkeitsvorteil von mindestens 99,6 Mio. €. Mit einer Wahrscheinlichkeit von 95 % ist der Wirtschaftlichkeitsnachteil nicht höher als 13,1 Mio. €.

Nach der beispielhaften Darstellung einiger Ergebnisse muss an dieser Stelle noch kurz auf die Durchführung der Analysen eingegangen werden. Durch die mittlerweile breite Einführung von Zusatzinstrumenten (sogenannten Plugins) für alle gängigen Tabellenkalkulationsprogramme, die eine methodisch einwandfreie und sehr leicht zu handhabende Durchführung der simulativen Risikoanalyse erlauben, gehören Urteile, nach denen dieses Verfahren aufwändig sei und Aufwand und Nutzen in keinem angemessenen Nutzen stünden, der Vergangenheit an.[29]

4. Grundzüge eines Performance-Controlling-Konzepts für PPPs

Nimmt man das dritte „P" wörtlich, so ist die partnerschaftliche Zusammenarbeit ein notwendiger Bestandteil einer PPP. Die langfristig effektive Zusammenarbeit in PPPs erfordert, wie oben dargestellt, eine gegenseitige Transparenz über die bisherigen Erfolge, die die Partner mit dem gemeinschaftlichen Vorhaben erzielt haben, sowie deren Zukunftsaussichten. Grundvoraussetzungen dieser Transparenz sind den Beteiligten zugängliche Finanzplanungen der PPP-Aktivitäten auf Ebene jedes einzelnen Partners sowie eine ständige Überarbeitung dieser Planungen. Die Planungsergebnisse zeigen dann, wie sich Gewinne sowie Chancen und Risiken der Partner in der PPP verteilen. Notwendig ist ein System von vernetzten Finanzplanungen der Akteure, welches die Wechselwirkungen der finanzwirtschaftlichen Erfolge ganz allgemein transparent macht. Beispielsweise werden in einer PPP-Konstruktion die Finanzpläne der Projektgesellschaft durch Zahlungen in Form von Entgelten, Bauleistungen, Miete und Gebühren determiniert. Indirekte Interdependenzen bestehen, wie oben gezeigt wurde, zwischen den Finanzplänen der Bauunternehmen und Betreiber (siehe Abbildung 6).

---

29 Produkte wie @Risk von der Firma Palisade oder Crystal Ball vom gleichnamigen Hersteller sind für einen Preis von ca. 1.000 € erhältlich.

Abbildung 6: Beispiele für Interdependenzen zwischen den Finanzplanungen der PPP-Akteure

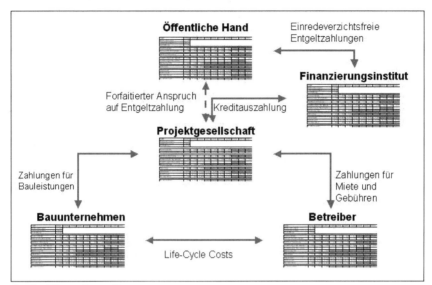

Quelle: Eigene Darstellung.

Die finanzwirtschaftlichen Risiken resultieren aus den Unsicherheiten über die Höhe der jeweiligen Zahlungsströme. In dem System kann mit Hilfe der simulativen Risikoanalyse gezeigt werden, wie sich unterschiedliche Allokationen der Risiken auf den Erfolg der Partner auswirken.

In der Praxis von PPPs lassen sich die Risiken ebenso wie die Chancen der Vertragspartner an unterschiedlichen Kriterien festmachen. Während bei Bauunternehmen, Betreibern und Banken die Rendite die Meßlatte ist, geht es aus Sicht der Kommune, wie oben gezeigt, um den Kostenvorteil in der Immobiliennutzung. Im nächsten Kapitel wird mit Hilfe eines Beispiels gezeigt, wie die Risiken aus einer PPP-Konstruktion verteilt sein können. Hierzu sind willkürlich Grenzwerte für die Mindestrenditen der privaten Partner angenommen worden. Ein Überschreiten der Grenzwerte stellt die Chance, das Unterschreiten der Grenzwerte das Risiko der einzelnen Partner dar.

Die im Vergleich zur bisherigen Vorgehensweise gestiegene Qualität der Informationen zu Art und Umfang der Risiken auf Seiten der Beteiligten schafft neue Handlungsspielräume im Risikomanagement der öffentlichen Hand. Die Handlungsspielräume bestehen sowohl proaktiv von der Konzeptionsphase der PPP bis in die Implementierungsphase. Beispielsweise könnte die öffentliche Hand bei der Grobselektion möglicher Realisierungskonzepte in Erwägung ziehen, die Partnerrisiken proaktiv zu „verkaufen". In diesem Fall würde die Finanzierung der Projektgesellschaft in Form einer rein auf deren Cashflows abstellenden Projektfinanzierung ohne die sonst übliche Forfaitierung der Forderungen der Projektgesellschaft gegen die öffentliche Hand unter Einredeverzicht erfolgen. In diesen in Deutschland beispielsweise von der KfW und der Bayerischen Landesbank angebotenen Projektfinanzierungen trägt die Bank letztendlich das Risiko, dass die Leistung durch die privaten Partner nicht oder nur unzureichend erbracht wird. Diese Risikoübernahme hat ihren Preis, der sich in der Konditionsgestaltung der Finanzierung niederschlägt. Hierzu hat eine monetäre Bewertung der Unsicherheiten in den Zahlungsströmen der Bank zu erfolgen. Auf der anderen Seite bewertet der kommunale Partner den durch die Projektfinanzierung erzielten Zugewinn an Sicherheit in seinen Zahlungsströmen. Eine Vorteilhaftigkeit einer solchen Lösung entsteht immer dann, wenn der Risikoaufschlag der Bank geringer ausfällt als die Risikobewertung der öffentlichen Hand. Ein Beispiel für diese Form der Finanzierung stellt das Kreishaus in Unna dar, zu dessen Finanzierung der Kreis jüngst eine Projektfinanzierung abgeschlossen hat.

Abbildung 7: Verkauf von Partnerrisiken an die Bank durch Projektfinanzierung

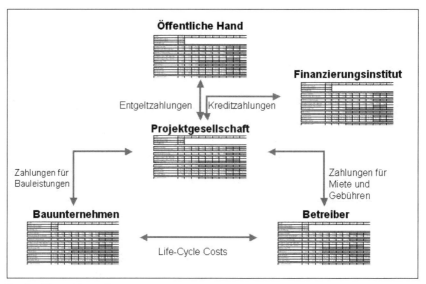

Quelle: Eigene Darstellung.

In der zweiten Stufe des PPP-Beschaffungsprozesses, dem Wirtschaftlichkeitsvergleich, werden die Risiken der konventionellen Beschaffung und der zuvor entwickelten Form einer PPP-Beschaffungsvariante, wie oben bereits gezeigt, systematisch erfasst und bewertet. Die Auswertung der Risikoanalyse zeigt zunächst, mit welcher Wahrscheinlichkeit ein Wirtschaftlichkeitsvorteil für die eine oder andere Beschaffungsvariante zu erzielen ist. Es sei daran erinnert, dass im bisher praktizierten Vorgehen lediglich ermittelt wird, für welche Seite ein Vorteil entsteht, nicht aber, mit welcher Wahrscheinlichkeit dieser dann auch zu realisieren ist. In dieser Phase des Beschaffungsprozesses liefert die Risikoanalyse auf Basis erster Annahmen wichtige Erkenntnisse für realistische Ziele und Rahmenbedingungen des Risikotransfers. Werden gleichartig aufgebaute Risikoanalysen nach dem hier gezeigten Vorbild systematisch durchgeführt, können Benchmarks für die gebräuchlichen Risikokennzahlen aufgestellt werden. So könnte insbesondere für das 95 %-Quantil (Cashflow at Risk) ein prozentualer Mindestvorteil definiert werden oder eine Grenzwahrscheinlichkeit, mit der ein Wirtschaftlichkeitsvorteil mit der PPP-Beschaffungsvariante zu erzielen ist.

Mit diesen grundlegenden Analysen werden die folgenden Markttransaktionen und insbesondere deren Ausschreibung vorbereitet. Zeigt sich beispielsweise, dass die Übertragung eines Altlastenrisikos auf die Seite der Privaten mit hoher Wahrscheinlichkeit auf deren Seite zu Verlusten aus dem PPP-Geschäft führt, ist fraglich, ob ein nachhaltiger Transfer des Risikos gelingen kann. Die Einbeziehung der Übernahme dieses Risikos in die Ausschreibung würde auf Seiten der öffentlichen Hand zumindest intensiver hinterfragt werden, wenn nicht ganz unterbleiben.

In der Phase der Ausschreibung und Vergabe hat die öffentliche Hand, insbesondere im Falle der funktionalen Ausschreibung, die Vergleichbarkeit der Angebote im Allgemeinen und der Bewertung der Risiken im Besonderen zu gewährleisten. Hierzu sind zum einen die Unterschiede in den direkt erkennbaren Risikotransfers zu bewerten, zum anderen sind die Finanzpläne der privaten Bieter auf Risiken, resultierend aus unauskömmlichen Kalkulationen ihrer Leistungen, zu untersuchen. Wie bereits in der vorausgehenden Phase ist auch hier, allerdings basierend auf detaillierten Finanzplänen der Privaten, die Wahrscheinlichkeit eines Verlusts auf Seiten des Partners und damit das Risiko seines opportunistischen Verhaltens zu analysieren.

In der Phase der Implementierung mündet der Prozess schließlich in einen Kreislauf. In turnusmäßigen Abständen sind die Finanzpläne, welche Gegenstand der Vergabeentscheidung waren, fortzuschreiben und die entsprechenden Risikoanalysen zu aktualisieren. Auf diese Weise werden die im Wirtschaftlichkeitsvergleich präzisierten Wirtschaftlichkeits- und Risikoziele nachgehalten. Drohende Zielabweichungen können mit diesem Instrument im

Sinne eines Frühwarnsystems antizipiert und entschärft werden. Insbesondere können Bandbreiten der Begünstigung und Benachteiligung einzelner Akteure definiert werden, bei deren Über- bzw. Unterschreiten Mechanismen des Risikomanagements in Gang gesetzt werden. Die risikoanalytischen Auswertungen der geänderten Plandaten zeigen, ob die Chancen- und Risikokorridore der Partner eingehalten werden.

Ausgehend vom PPP-Beschaffungsprozess der öffentlichen Hand[30] leitet sich der in Abbildung 8 dargestellte Performance-Controlling Prozess ab. Die Abbildung verdeutlicht die Ansatzpunkte für die Schlüsselfragen der Implementierung eines Risiko-Controllings von PPP-Projekten durch die öffentliche Hand.

Abbildung 8: Ansatzpunkte eines Risikocontrollings von PPP-Projekten durch die öffentliche Hand

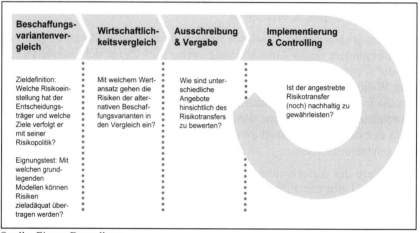

Quelle: Eigene Darstellung.

---

30 Vgl. *Beratergruppe (2003a)*, S. 8 ff.

IV. Ein Beispiel

1. Ausgangslage

Anhand eines bewusst einfach gehaltenen Beispiels sollen die Zusammenhänge verdeutlicht werden. Die Eckdaten des Beispiels sind in folgender Tabelle zusammengefasst.

Abbildung 9: Vergleich PPP-Variante mit konventioneller Beschaffung

	PPP-Variante	Konventionelle Beschaffung
Bau		
Bauzeit	1 Jahr	
Baupreis	50.000.000	55.000.000
Selbstkosten Bauunternehmen	43.792.747	
Immobilienwert		
Immobilienwert nach Fertigstellung	60.000.000	60.000.000
Durchschnittliche Wertentwicklung p.a.	1,00 %	-0,30 %
Betrieb		
Anfängl. Bewirtschaftungspreis	4.500.000	5.000.000
Anfängl. Selbskosten Betreiber	4.080.406	
Teuerungsrate Bewirtschaftungskosten p.a.	1,00 %	
Finanzierung		
FK Zinssatz (EURIBOR + 40 bis 60 Pkte.)	5,00 %	4,90 %
Anfängliche Tilgung des Darlehens p.a.	1,00 %	1,00 %

In einer PPP soll eine Reihe von Immobilien, beispielsweise ein Portfolio an Schulen, saniert und betrieben werden. Der Preis für die Baumaßnahmen wird in der PPP-Variante mit 50 Mio. € veranschlagt. In der konventionellen Beschaffung werden die Selbstkosten der öffentlichen Hand mit 10 % über dem Preis der PPP-Beschaffungsvariante prognostiziert. Die Selbstkosten des Bauunternehmens werden auf ca. 43,79 Mio. € geschätzt.

Der Immobilienwert nach Fertigstellung der Sanierung beträgt in beiden Fällen 60 Mio. €. Die Entwicklung der Immobilienpreise wird grundsätzlich positiv bewertet. Man geht von einer durchschnittlichen jährlichen Wertentwicklung im Falle der PPP-Variante von 1 % p.a. aus. Dies ist insbesondere dadurch gerechtfertigt, dass bei der PPP Variante besonderer Wert auf die Drittverwendungsfähigkeit der Objekte gelegt wird. In der konventionellen Variante ist der Aufbau eines Instandhaltungsstaus zu erwarten. Der daraus resultierende Wertverlust wird mit 0,3 % p.a. angenommen. Die Endschaftsregelung nach Auslaufen der Verträge ist so ausgestaltet, dass die Kommune wieder wirtschaftlicher Eigentümer des Immobilienportfolios wird und somit an Wertsteigerungen wie Wertverlusten vollständig partizipiert.

Der anfängliche Preis für die Bewirtschaftung der Objekte wird in der PPP-Variante mit 4,5 Mio. € veranschlagt. Im Falle der konventionellen Beschaffung beträgt der anfängliche Kostennachteil p.a. 5 Mio. €. Die Selbstkosten des privaten Betreibers liegen zu Beginn bei ca. 4,08 Mio. €. Die durchschnittliche Teuerungsrate aller laufenden Kosten wird mit 1 % angenommen.

Die Finanzierung der Baumaßnahme erfolgt in beiden Fällen annuitätisch mit einer anfänglichen Tilgung von 1 %. Zur Bedienung des Kredits werden die Ansprüche der Projektgesellschaft gegenüber der öffentlichen Hand auf Zahlung eines Nutzungsentgelts an die Bank abgetreten. Da die öffentliche Hand eine Einredeverzichtserklärung abgibt, erfolgt die Finanzierung zu Konditionen nahe denen des Kommunalkredits. Das Fremdkapital steht im Falle der konventionellen Variante zu 4,9 % und im Falle der PPP-Variante zu einem geringfügig teureren Satz von 5,0 % zur Verfügung. Die Differenz erklärt sich durch einen höheren Bearbeitungsaufwand auf Seiten der Bank im PPP-Fall. Hinsichtlich einer Reihe finanzwirtschaftlicher Eingangsdaten der Planung besteht Unsicherheit. Im Einzelnen werden folgende Verteilungsfunktionen angenommen:

Abbildung 10: Vergleich PPP-Variante mit konventioneller Beschaffung

Baukosten in der konventionellen Beschaffung

Höhe	44.000.000	49.500.000	55.000.000	60.500.000	66.000.000
Wahrsch.	10 %	10 %	40 %	30 %	10 %

Differenz in der Wertentwicklung zwischen konventioneller und PPP-Beschaffung

Höhe	0 %	0,50 %	1,30 %	2,00 %
Wahrsch.	10 %	20 %	40 %	30 %

Bewirtschaftungskosten in der konventionellen Variante

Höhe	3.960.000	4.455.000	5.000.000	5.445.000	5.940.000
Wahrsch.	10 %	10 %	30 %	40 %	10 %

Finanzierungskosten in der konventionellen Variante

Minimal	Wahrscheinlichster Wert	Maximal
3,00 %	4,90 %	6,77 %

Verteilungstyp: PERT

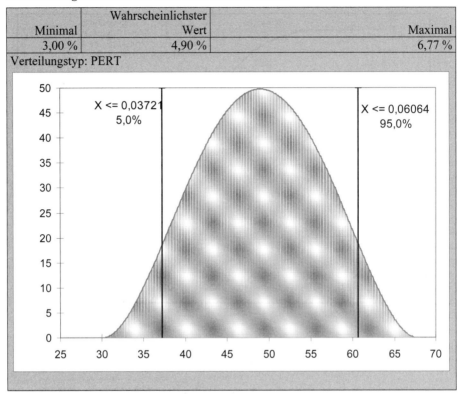

2. **Sicht der Kommune**

Die Kommune erzielt mit einer Wahrscheinlichkeit von knapp 3,45 % keinen Vorteil aus der PPP. Der Erwartungswert des Wirtschaftlichkeitsvorteils beträgt 25,73 Mio. €. Im ungünstigsten Fall entsteht der Kommune ein Nachteil aus der PPP Variante von 22,38 Mio. €. Im günstigsten Fall beträgt der Vorteil 69,50 Mio. €. In 95 % aller Fälle, dem Wert der häufig als synonym für „Sicherheit" gilt, beträgt der Wirtschaftlichkeitsvorteil mindestens 2,85 Mio. €.

Abbildung 11: Risikoprofil der Kommune (Endwertvorteil in Mio. €)

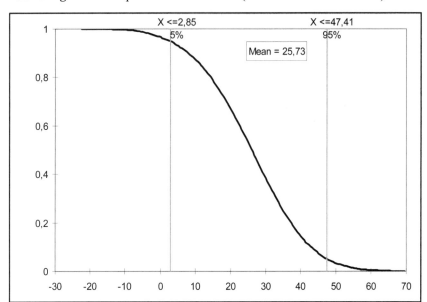

Quelle: Eigene Darstellung.

3. Sicht des Bauunternehmens

Das Bauunternehmen erzielt mit einer Wahrscheinlichkeit von 82,54 % eine Umsatzrendite, die 5 % oder mehr beträgt. Die Schwankungsbreite liegt zwischen minus 21 und plus 44 %. Der Erwartungswert beträgt 12,4 %. Das Bauunternehmen erzielt mit 95-prozentiger Wahrscheinlichkeit eine Rendite, die besser ist als -1 %. In 5 % aller Fälle ist der Erfolg größer als 25 %.

Aus der Perspektive des Bauunternehmens ist das Projekt insgesamt als zufriedenstellend zu bewerten. Allerdings geht das Bauunternehmen ein signifikantes Risiko ein, da der 95 %-Wert mit -1 % negativ ist und sich im Extremfall sogar eine negative Umsatzrendite von -21 % ergibt. Der öffentliche Partner dürfte damit ebenso wie ein möglicher privater Partner im Betrieb des Objekts einem geringen, sehr wohl aber vorhandenen Risiko des opportunistischen Verhaltens des Bauunternehmens ausgesetzt sein.

Abbildung 12: Risikoprofil Bauunternehmen (Rendite in %)

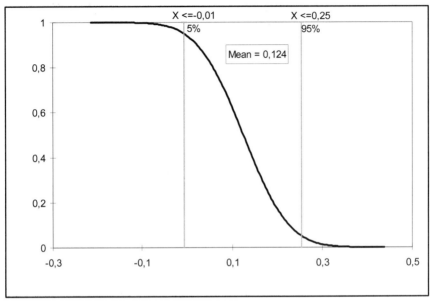

Quelle: Eigene Darstellung.

4. Sicht des Betreibers

Der Betreiber erzielt mit einer Wahrscheinlichkeit von 62,29 % eine Umsatzrendite, die oberhalb seiner Mindestforderung von 5 % liegt. Im Durchschnitt beträgt seine Umsatzrendite 9,3 %. Mit einer Wahrscheinlichkeit von 18,72 % erzielt der Betreiber ein negatives Ergebnis. Mit 95-prozentiger Wahrscheinlichkeit (Sicherheit) erzielt er ein besseres Ergebnis als -6 %. Die Schwankungsbreite seiner Umsatzrendite bewegt sich zwischen -11,5 und +35,7 %.

Insgesamt ist das Risiko für die öffentliche Hand, einem opportunistischen Verhalten des Betreibers ausgesetzt zu werden, deutlich gegeben. Zwar erscheint ein Erwartungswert der Umsatzrendite mit 9,3 % für diesen Sektor durchaus als auskömmlich, allerdings spricht das Ergebnis der simulativen Risikoanalyse auch eine andere Sprache. So wird der Betreiber mit einer Wahrscheinlichkeit von einem Drittel sein angepeiltes Erfolgsziel nicht erreichen und mit einer Wahrscheinlichkeit von ca. einem Fünftel sogar Verlust machen. In dieser Situation sollte die öffentliche Hand über weitergehende Maßnahmen der Risikopolitik dringend nachdenken.

Abbildung 13: Risikoprofil Betreiber (Umsatzrendite in %)

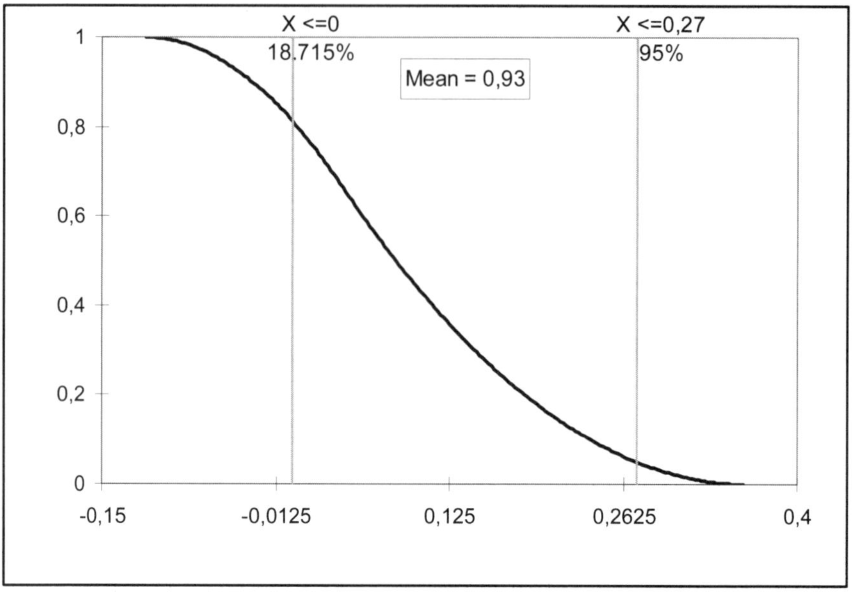

Quelle: Eigene Darstellung.

5. Ergebnis

Das Beispiel hat gezeigt, dass die Risiken für alle Akteure erheblich sind. Insbesondere die privaten Partner haben in der dargestellten Situation erhebliche finanzwirtschaftliche Risiken zu tragen. Aber auch für die öffentliche Hand besteht ein Restrisiko, dass der angestrebte Wirtschaftlichkeitsvorteil nicht realisierbar ist.

– Angenommen, die Risiken im Bereich der Bau- und Betriebskosten treten ein, so ist die Kommune aus dem Schneider, da sie diese Risiken in den typischen PPP-Konstruktionen an die privaten Partner abwälzt. Verschlechtern sich zusätzlich die Finanzierungsbedingungen, so hat die Kommune im Extrem einen Vorteil von 70 Mio. €. Bei grob gerechneten Lebenszykluskosten von insgesamt 200 Mio. € ist das ein Vorteil von ca. einem Drittel, während die Partner aus dem Bau- und Betreiberbereich Verluste machen.

– Angesichts derart ungleich verteilter Ergebnisse wäre es nicht verwunderlich, wenn die privaten Partner ihre Situation opportunistisch zu verbessern suchten. Sie könnten versuchen, Nachträge durchzusetzen oder im

Extremfall, wie im Fall Toll Collect, mit dem Konkurs des Unternehmens drohen, um wirtschaftlichen Schaden zu vermeiden.
- Auf der anderen Seite wäre eine ähnliche Situation denkbar. Im für die öffentliche Hand ungünstigsten Fall entsteht aus der PPP ein Wirtschaftlichkeitsnachteil von über 20 Mio. €. Streng genommen wären in diesem Fall die Grundsätze der Wirtschaftlichkeit verletzt. Fragt man nach den Ursachen, so liegen diese aller Voraussicht nach in niedrigen Finanzierungs-, Bau- und Betriebskosten, die den privaten Partnern eine hohe Umsatzrendite von bis zu 35 % bescheren.
- Letztendlich lassen sich Zusammenhänge aus der Risikoallokation auch zwischen den privaten Partnern konstruieren, auch wenn dies in dem o.a. Beispiel nicht näher analysiert wurde. So wird die Bauqualität und -ausführung durchaus in Zusammenhang mit der Instandhaltung stehen.

Die Grundidee der PPP ist die Schaffung von Win-Win-Situationen, in denen jeder der beteiligten Akteure sich besser stellt als zuvor. Durch die Hebung von Effizienzvorteilen und eine geschickte Risikoallokation stehen die Chancen hierfür grundsätzlich gut. Die drei Beispiele haben gezeigt, dass PPPs durch die Dynamik der Risiken durchaus wirtschaftliche Gewinner und Verlierer haben können. Es ist zu erwarten, dass die Verlierer in dieser Situation ihren Verlust auf die Schultern der Partner zu verlagern suchen. Das daraus resultierende Ergebnis ist für alle Beteiligten suboptimal und widerspricht darüber hinaus der Grundidee partnerschaftlichen Verhaltens.

V. Zusammenfassung und Ausblick

Der Beitrag verdeutlicht die erheblichen Risiken, die Akteure mit einer PPP eingehen. Ohne eine starke Betonung des partnerschaftlichen Elements in der PPP-Konstruktion und -Durchführung ist der angestrebte Wirtschaftlichkeitsvorteil der PPP gegenüber der konventionellen Beschaffung stark gefährdet. Partnerschaft basiert auf Vertrauen. Voraussetzung für das Vertrauen in die Leistungswilligkeit und -fähigkeit des jeweiligen Partners in der PPP-Konstruktion ist die Schaffung von Transparenz und damit die Möglichkeit zur Kontrolle. Ein wichtiger Schritt zur Schaffung von Transparenz ist die Offenlegung der Cashflows sowie der aus deren Unsicherheit resultierenden Risiken. Das hier skizzierte Performance-Controlling-System für PPPs macht die erzielten Erfolge sowie zukünftige Risiken und Chancen der öffentlichen und privaten Partner transparent. Diese Transparenz ist kein Selbstzweck, sondern erlaubt eine spürbar effektivere Konstruktion von PPPs.

Das bisher zum Einsatz kommende Abschlagsverfahren der Risikomessung führt zu einer systematischen Fehlbewertung der Risiken einzelner Beschaffungsvarianten und des Risikotransfers. Zudem gehen für die Risikoallokation notwendige Informationen aufgrund der hohen Verdichtung der Ergebnisse verloren. Insbesondere die mit Hilfe der simulativen Risikoanalyse erzeugten Verteilungsfunktionen erlauben einen systematisch korrekten und erheblich genaueren Vergleich konventioneller und alternativer Beschaffungsvarianten im öffentlichen Immobilienmanagement. Die explizite Transparenz von Chancen und Risiken der Varianten trägt somit zu einer Verbesserung der Beschaffungsentscheidung bei.

Die Allokation der Risiken in PPPs ist instabil. Ein laufendes Performance-Controlling der Gewinne, Chancen und Risiken auf der Ebene der Partner ermöglicht die Früherkennung von Situationen, in denen die Risiken gegenüber der ursprünglich vorgesehenen Teilung asymmetrisch zu Lasten einzelner Partner verteilt sind. Die Erkennung dieser Situationen ist notwendig, um den gemeinsamen Erfolg aller Akteure zu garantieren und einem Auseinanderbrechen der partnerschaftlichen Beziehung vorbeugen zu können.

Die Entwicklung eines Risikomanagementinstrumentariums für PPPs wird eine zentrale Aufgabe der zukünftigen Weiterentwicklung von PPP-Konzepten in Forschung und Praxis sein. Die mit Hilfe des Performance-Controllings erarbeiteten Informationen bilden die Basis für den gezielten Einsatz dieser Instrumente entlang des gesamten Lebenszyklus der PPP. In der Konstruktionsphase ermöglicht die an Kosten und Risiken zweidimensional orientierte Bewertung der PPP-Modelle eine genauere Abbildung der Wirtschaftlichkeit alternativer Konzepte wie dem Projektfinanzierungs- und dem Forfaitierungsmodell bei Einredeverzicht. Ebenso werden die Notwendigkeit des Risikotransfers und deren Wert beispielsweise durch eine Versicherung schon in der frühen Projektphase deutlich. In der Vergabephase wird einerseits der geplante Risikotransfer in den Konzepten alternativer Bieter explizit bewertet, andererseits sind erstmalig auch Aussagen zu dessen Nachhaltigkeit möglich. Der größte Nutzen des Performance-Controlling-Konzepts entsteht in der Durchführungsphase. Zur Absicherung des partnerschaftlichen Erfolgs sind vertraglich fixierte Mechanismen notwendig, die den Umgang mit Risikoasymmetrien regeln. Auf Basis von Wahrscheinlichkeitsverteilungen können Schwellenwerte und Bandbreiten für Tolleranzzonen für die asymmetrisch verlaufende Entwicklung von Chancen und Risiken der Partner definiert werden. In Anlehnung an die aus der Finanzwelt bekannten „Caps" oder „Floors" können die (Miss-)Erfolge der Einzelnen in einer partnerschaftlichen Lösung begrenzt werden. Wird einer der Partner im Verlauf der PPP unangemessen belastet oder begünstigt, ist die Allokation der Chancen und Risiken neu anzupassen. Dem partnerschaftlichen Grundverständnis der PPP wird so Rechnung getragen und die Erzielung des geplanten Wirtschaftlichkeitsvorteils nachhaltig gesichert.

Literaturverzeichnis

Adam (2001): D. Adam, Investitionscontrolling. 3. Aufl., München 2000.

Arbeitskreis (2001): Arbeitskreis Finanzierungsrechnung der Schmalenbach-Gesellschaft für Betriebswirtschaft e.V., Risikomanagement und Risikocontrolling in Industrie- und Handelsunternehmen, in: Schmalenbachs Zeitschrift für Betriebswirtschaftliche Forschung und Praxis, Sonderheft 46, G. Gebhardt u. H. Mansch (Hrsg.).

Beratergruppe (2003a): Beratergruppe PPP im öffentlichen Hochbau, PPP im öffentlichen Hochbau. Bd. I: Leitfaden, Berlin 2003.

Beratergruppe (2003b): Beratergruppe PPP im öffentlichen Hochbau, PPP im öffentlichen Hochbau, Bd. III: Wirtschaftlichkeitsuntersuchungen, Berlin 2003.

Blohm/Lüder (1991): H. Blohm u. K. Lüder, Investitionsrechnung, 7. Aufl., München 1991.

Budäus (2004): D. Budäus, Public Private Partnership. Strukturierung eines nicht ganz neuen Problemfeldes, in: zfo, 73. Jg. (2004), H. 6, S. 312-318.

Budäus u.a (1997a): D. Budäus, G. Grüning u. A. Steenbock, Public Private Partnership I - State of the Art, in: D. Budäus (Hrsg.), Public Management Diskussionsbeiträge des Arbeitsbereichs Public Management der Hochschule für Wirtschaft und Politik Nr. 32, Hamburg 1997.

Budäus u.a. (1997b): D. Budäus, G. Grüning u. A. Steenbock, Public Private Partnership II - Methodische Grundlagen und Elemente einer Theorie der Public Private Partnership, in: D. Budäus (Hrsg.), Public Management Diskussionsbeiträge des Arbeitsbereichs Public Management der Hochschule für Wirtschaft und Politik Nr. 33, Hamburg 1997.

Budäus u.a. (1998): D. Budäus, G. Grüning u. A. Steenbock, Public Private Partnership III - Theorie der Public Private Partnership, in: D. Budäus (Hrsg.), Public Management Diskussionsbeiträge des Arbeitsbereichs Public Management der Hochschule für Wirtschaft und Politik Nr. 34, Hamburg 1998.

Dinort (1997): G. Dinort, Richtig kalkulieren im Hochbau, 2. Aufl., Köln 1997.

Henking (1998): A. Henking, Risikoanalyse unter Berücksichtigung stochastischer Abhängigkeiten, München 1998.

Jacob (2003): D. Jacob, Erstellung eines Gerüsts für einen Public Sector Comparator bei 4 Pilotprojekten im Schulbereich, Forschungsbericht, Freiberg 2003.

Jacob/Kochendörfer (2002): D. Jacob u. B. Kochendörfer, Effizienzgewinne bei privatwirtschaftlicher Realisierung von Infrastrukturvorhaben, Köln 2002.

Kruschwitz (2003): L. Kruschwitz, Investitionsrechnung, 9. Aufl., München u.a. 2003.

Kruse (2001): O. Kruse, Public Private Partnership in der kommunalen Gebäudewirtschaft, Marburg 2001.

Laux (2003): H. Laux, Entscheidungstheorie, Berlin u.a. 2003.

Lutz/Klaproth (2004): U. Lutz u. T. Klaproth, Riskmanagement im Immobilienbereich : technische und wirtschaftliche Risiken, Berlin u.a. 2004.

Pfeiffer (2004): M. Pfeiffer, Immobilienwirtschaftliche PPP Modelle im Schulsektor, Hamburg 2004.

Pfnür (2002a): A. Pfnür, Betriebliche Immobilienökonomie, Heidelberg 2002.

Pfnür (2002b): A. Pfnür, Performance-Controlling der Kapitalanlage in Immobilien, in: Zeitschrift für Immobilienökonomie, 1. Jg (2002), H. 1., S. 39-54.

Pfnür (2004): A. Pfnür, Modernes Immobilienmanagement, Berlin u.a. 2004.

Pfnür/Armonat (2001): A. Pfnür u. S. Armonat, Immobilienkapitalanlage institutioneller Investoren - Risikomanagement und Portfolioplanung. Arbeitspapier Nr. 26 - April 2001 des Arbeitsbereichs Öffentliche Wirtschaft am Fachbereich Wirtschaftswissenschaften der Universität Hamburg (Online unter *www.immobilienforschung.de*).

Schwintowski (2004): H.-P. Schwintowski, Konkurrenz der öffentlichen Hand für privatwirtschaftliche Unternehmen aus der Perspektive des Vergaberechts, in: Zeitschrift für öffentliche und gemeinwirtschaftliche Unternehmen, Bd. 24, H. 4, S. 360- 376.

Streitferdt (1973): L. Streitferdt, Grundlagen und Probleme der betriebswirtschaftlichen Risikotheorie, Wiesbaden 1973.

Treasury Taskforce (2000): How to construct a public sector comparator, Technical note no. 5, London 2000.

Vestner (2004): R. Vestner, Risikoverteilung bei ÖPP-Modellen für Bundeswehr-Immobilien, in: Immobilien und Finanzierung. 24. Jg. (2004), S. 838-840.

Wiedenmann u.a. (2002): M. Wiedenmann, T. Harlfinger u. J. Wagner, Forschungsbericht: Risiken in der Immobilienprojektentwicklung, in: LACER, Nr. 7, 10/2002, S. 515-521.

Wissenschaftlicher Beirat (2004): Wissenschaftlicher Beirat der Gesellschaft für öffentliche Wirtschaft, Public Private Partnership, Positionspapier, in: Zeitschrift für öffentliche und gemeinwirtschaftliche Unternehmen, Bd. 27 (2004), H. 4, S. 410-414, und im vorliegenden Band auf S. 247 ff.

Wolter (2004): M. Wolter, BOT im Bauwesen: Grundlagen, Risikomanagement, Praxisbeispiele, Berlin u.a. 2004.

Fünftes Kapitel:

PPP auf EU-Ebene

Hans-Peter Schwintowski und Birgit Ortlieb

PPP zwischen Markt und Regulierung – ein Diskussionsbeitrag zum Grünbuch der Europäischen Kommission

Gliederung

I. Einleitung
II. Historischer Hintergrund
III. Das Grünbuch der Europäischen Kommission
   1. Charakteristika von PPP
   2. Rechtsrahmen
   3. PPP auf Vertragsbasis
      a) Definition
      b) Anzuwendende Rechtsvorschriften bei der Auswahl des Partners
      c) Konzessionen als besondere Form der PPP auf Vertragsbasis
   4. Institutionalisierte PPP
      a) Definition
      b) Einschätzungen der Kommission
IV. Markt oder Regulierung?
   1. Marktversagen als Anknüpfungspunkt
   2. Überregulierung?
      a) Teleaustria-Entscheidung
      b) Teckal-Entscheidung
      c) Stadt Halle-Entscheidung zu Inhouse-Geschäft
V. Ergebnis
Literaturverzeichnis

I. Einleitung

PPP – Public Private Partnership – bezeichnet die Kooperation von Staat und Verwaltung einerseits und dem privaten Sektor andererseits, wobei sich die Handlungsfelder im einzelnen von rein öffentlich wahrgenommenen Aufgabenfeldern, über öffentliche Infrastrukturmaßnahmen, bis hin zu Aufgaben der klassischen Hoheitsverwaltung erstrecken.[1] Es gibt eine ganze Fülle von Betätigungsfeldern auch im kommunalen Bereich[2], in denen PPP seit Jahren erfolgreich praktiziert werden.[3] Jüngste Beispiele auf Bundesebene sind die Autobahn-Ausbaumaßnahmen der A 8 in Bayern (Augsburg West – München Allach), der A 4 in Thüringen (AS Waltershausen – AS Herleshausen („Umfahrung Hörselberge"), der A 1/A 4 in Nordrhein-Westfalen (AS Düren – AS Köln Nord), der A 5 in Baden-Württemberg (AS Baden-Baden – AS Offenburg) und der A 1 in Niedersachsen (AD Buchholz – AK Bremer Kreuz), die am 25. Februar 2005 von Bundesverkehrsminister Stolpe als PPP angeordnet worden sind.[4] Bei diesen so genannten A-Modellen übernehmen private Unternehmen Bau, Betrieb und Unterhaltung der einzelnen Autobahnabschnitte und refinanzieren sich im wesentlichen durch Einnahmen aus der LKW-Maut, die auf dem jeweiligen Abschnitt anfällt. Der Bundesverkehrsminister erwartet aus den PPP-Projekten „neben finanziellen Vorteilen (für den Bundeshaushalt) vor allem auch zeitliche Gewinne und neue Impulse für Straßenbau, Betrieb und Erhaltung der Autobahnen". Dies entspricht der langläufig bekannten Rechtfertigung für die Inanspruchnahme von PPP und wird teilweise als „Teil der allgemeinen Tendenz zur Ökonomisierung von Staat und Verwaltung" interpretiert.[5]

Sobald die öffentliche Hand nach außen an den Markt tritt und sich des know hows oder der Management-Methoden Privater bedienen will, wird unmittelbar die Frage nach der Anwendbarkeit vergaberechtlicher Vorschriften aufgeworfen. So auch im Zusammenhang mit PPP: Dies hat die Europäische Kommission bewogen, sich in ihrem *„Grünbuch zu öffentlich-privaten Partnerschaften und den gemeinschaftlichen Rechtvorschriften für öffentliche Aufträge und Konzessionen"* vom 30. April 2004[6] mit PPP[7] zu befassen. Dieses Grünbuch knüpft inhaltlich an die im Jahr 2000 veröffentlichte „Mitteilung zu Auslegungsfragen im Bereich Konzessionen im Gemeinschaftsrecht"[8] an.

---

1 *Budäus (2003)*, S. 213.
2 Vgl. auch die Stellungnahme des Wissenschaftlichen Beirats der Gesellschaft für öffentliche Wirtschaft „Zur Beibehaltung kommunaler Dienstleistungen in der Europäischen Union" unter
http://europa.eu.int/comm/internal_market
3 *Heinz/Scholz (1996)* und *Reichard (1994)*.
4 Vgl. die Elektronische Pressemitteilung Nr. 049/05 des BMVBW v. 25.02.2005.
5 *Budäus (2003)*, S. 215 ff., der die einzelnen Modelle erläutert.
6 KOM(2004) 327 endg.
7 Die Kommission nennt sie ÖPP, für öffentlich-private Partnerschaft.
8 Mitteilung der Kommission zu Auslegungsfragen im Bereich Konzessionen im Gemeinschaftsrecht, ABl. C 121, Brüssel 29.04.2000.

Grünbücher sind von der Kommission veröffentlichte Mitteilungen, die zur Diskussion über einen bestimmten Politikbereich dienen. Sie richten sich vor allem an interessierte Dritte, Organisationen und Einzelpersonen, die dadurch die Möglichkeit erhalten, an der jeweiligen Konsultation und Beratung teilzunehmen. In bestimmten Fällen ergeben sich daraus legislative Maßnahmen.

Zum Thema PPP, so stellt die Kommission eingangs fest, gäbe es keine besonderen gemeinschaftsrechtlichen Regelungen, Definitionen oder ein besonderes System für PPP[9], wohl aber die Regelungen des öffentlichen Auftragswesens, die im Grundsatz anzuwenden seien.

In Deutschland werden dennoch PPP in vielen Fällen gar nicht europaweit ausgeschrieben oder lediglich im Verhandlungsverfahren (vgl. § 101 Abs. 4 GWB in Verb. mit § 3 a Nr. 1 Abs. 1 und 4 VOL/A) vergeben. Wesentliche Begründung dafür ist im ersten Fall, dass PPP als Dienstleistungskonzession einzuordnen sind, die aufgrund der Vorgaben des Europäischen Vergaberechts nicht (vergaberechtlich) ausgeschrieben werden müssen. Im zweiten Fall wird die Anwendung des Verhandlungsverfahrens damit begründet, dass sowohl Preisbestandteile als auch die Leistung im Vorfeld nicht erschöpfend beschrieben werden können, sondern gerade konzeptionelle Vorschläge von den Bietern erwünscht sind. Preis und Leistungen könnten dann nur im Wege von Verhandlungen sachgerecht festgelegt werden.

Das Grünbuch der Europäischen Kommission[10] hat den Zweck, das Phänomen PPP im Hinblick auf die Regelungen zum Öffentliche Auftragswesen näher zu beleuchten, ohne eine fertige Meinung der Europäischen Kommission zu präsentieren. Genauer gesagt wird mit diesem Grünbuch der Zweck verfolgt, die Tragweite der Gemeinschaftsregeln zu erläutern, die für die Phase der Auswahl des privaten Partners und für die sich daran anschließende Phase gelten; gegebenenfalls bestehende Unsicherheiten sollen ermittelt werden, ferner soll analysiert werden, ob der Gemeinschaftsrahmen den Herausforderungen und spezifischen Merkmalen von PPP gerecht wird. Für etwaige Gemeinschaftsmaßnahmen werden Denkanstöße geliefert.

Die Kommission beschränkt sich also nicht auf eine Beschreibung des Problems oder der tatsächlichen Gegebenheiten, sondern gibt gezielte Hinweise, ob sie die Sachverhalte – soweit ihr bekannt – für derzeit rechtlich einwandfrei behandelt hält oder nicht. Außerdem soll die interessierte Öffent-

---

9   Siehe Rzn. 1 u. 8 des Grünbuchs.
10 Solche Konsultationen sind auf der Site *Ihre Stimme in Europa* zusammengestellt.

lichkeit durch eine Fülle gezielter Fragen zur weiteren Aufklärung der Sachverhalte um PPP angeregt werden.[11]

Im Mittelpunkt all dessen steht dabei immer die Frage der Europäischen Kommission:

Sollen wir den Bereich PPP besonders gemeinschaftsrechtlich regeln?[12]

Diese Frage stelle sich auch vor dem Hintergrund, dass einige Interessenträger der Auffassung seien – so die Kommission –, die Gemeinschaftsregeln für die Auswahl von Unternehmen für eine PPP sowie die Auswirkungen dieser Regeln auf die Vertragsbeziehungen innerhalb der Partnerschaft seien nicht klar genug und zwischen den einzelnen Mitgliedstaaten uneinheitlich. Diese Situation würde die Akteure in der Gemeinschaft verunsichern und könnte damit die Schaffung und das Gelingen von PPP behindern sowie die Finanzierung wichtiger Infrastrukturmaßnahmen und die Bereitstellung qualitativ hochwertiger öffentlicher Dienstleistungen vereiteln.[13]

Dem steht in Deutschland die Forderung entgegen, gerade im Hinblick auf das Gebührenrecht und das Vergaberecht eine Vielzahl von Erleichterungen zuzulassen, um Investitionsstaus im Bereich der öffentlichen Infrastruktur durch PPP zu beseitigen.[14]

Insgesamt stellt also die Kommission mit diesem Grünbuch zur Diskussion, ob PPP zu regulieren sind – möglicherweise auch im Wege des bereits geltenden Öffentlichen Auftragswesens – oder ob generell dem Marktgeschehen – in den Grenzen des vorhandenen Rechtsrahmens - überlassen bleiben soll, wie sich PPP (weiter) entwickeln.

Mit diesem Beitrag soll neben der Darstellung der wesentlichen Inhalte des Grünbuchs der Versuch unternommen werden, die von der Kommission aufgeworfenen Frage nach der Notwendigkeit der Regulierung zu beantworten.

---

11 Auf das Grünbuch haben 14 Länder reagiert. Für Deutschland haben 3 Behörden (u.a. die Regierung der Bundesrepublik Deutschland), 15 Verbände und 2 Unternehmen sowie zahlreiche Einzelpersonen Stellungnahmen abgegeben. Diese können unter *http://europa.eu.int/comm/internal_market* eingesehen werden.
12 Zu dieser Frage hatte das Europäische Parlament die Kommission aufgefordert zu prüfen, ob ein Richtlinienvorschlag zur einheitlichen Regulierung von Konzessionen und anderen Formen von ÖPP möglich ist (vgl. die Stellungnahme des Europäischen Parlaments in erster Lesung zum Vorschlag der Kommission KOM(2002) 275 v. 10.05.2002). Der Europäische Wirtschafts- und Sozialausschuss hält eine gesetzgeberische Maßnahme für geboten (vgl. die Stellungnahmen des Ausschusses Abl. C 14 v. 16.01.2002 und Abl. C 193 v. 10.07.2001).
13 Vgl. Rz. 14 des Grünbuchs.
14 Vgl. *Pegatzky (2005)*, S. 61.

Das Grünbuch ist so strukturiert, dass es zunächst umschreibt, was die Kommission unter PPP versteht und wo nach Auffassung der Kommission die Schwierigkeiten im Hinblick auf die eingangs gestellte Frage, ob es weiterer Regelungen bedarf, liegen. Durch zahlreiche konkrete Fragen, die die Kommission von der interessierten Öffentlichkeit beantwortet haben will, sollen die einzelnen Sachverhalte weiter aufgeklärt werden.

Im folgenden sollen nicht die einzelnen Fragen wiederholt, sondern in erster Linie die Auffassungen der Kommission um das Thema PPP zusammengestellt werden. Allein daraus leitet sich nämlich bereits eine klare Tendenz der Kommission für die Beantwortung der eingangs gestellten Frage ab, ob es weiterer Regelungen bedarf.

Zuvor soll jedoch ein kurzer historischer Abriss gegeben werden, der zeigt, dass insbesondere das Thema Dienstleistungskonzession schon lange ein Thema ist, welches die Kommission gemeinschaftsrechtlich regeln möchte, aber sich bisher nicht durchsetzen konnte.

II. Historischer Hintergrund

Die Kommission hatte sich sowohl in ihrem Vorschlag vom 13. Dezember 1990 als auch in dem von ihr am 28. August 1991 vorgelegten geänderten Vorschlag für eine Richtlinie des Rates über die Koordinierung der Verfahren zur Vergabe öffentlicher Dienstleistungsaufträge[15] (nachstehend: Vorschlag vom 28. August 1991), welche zum Erlass der Richtlinie 92/50/EWG, die für öffentliche Dienstleistungsaufträge im Allgemeinen gilt, führten, ausdrücklich dafür ausgesprochen, in deren Anwendungsbereich die öffentliche Dienstleistungskonzession einzubeziehen. Sie rechtfertigte diese Aufnahme mit der Absicht, kohärent Vergabeverfahren einzuführen, und führte in der zehnten Begründungserwägung des Vorschlags vom 13. Dezember 1990 aus, öffentliche Dienstleistungskonzessionen müssten von dieser Richtlinie in der gleichen Weise erfasst werden wie öffentliche Baukonzessionen von der Richtlinie 71/305/EWG. Zwar war die Bezugnahme auf die Richtlinie 71/305/EWG des Rates vom 26. Juli 1971 über die Koordinierung der Verfahren zur Vergabe öffentlicher Bauaufträge[16] in der zehnten Begründungserwägung des Vorschlags vom 28. August 1991 nicht mehr enthalten, doch wurde auch dort die Zielsetzung, kohärente Vergabeverfahren einzuführen, ausdrücklich weiter erwähnt.

---

15 91/C 250/05, ABl. 1991, C 250, S. 4.
16 ABl. L 185, S. 5.

Im Gesetzgebungsverfahren strich jedoch der Rat sämtliche Bezugnahmen auf Dienstleistungskonzessionen, insbesondere weil aufgrund der unterschiedlichen Gegebenheiten in den einzelnen Mitgliedstaaten hinsichtlich der Übertragung von Befugnissen bei der Verwaltung von öffentlichen Dienstleistungen sowie hinsichtlich der Einzelheiten dieser Befugnisübertragung eine große Unausgewogenheit in Bezug auf die Zugangsmöglichkeiten zu diesen Konzessionsaufträgen entstehen würde.[17]

In ähnlicher Weise hatte der Rat bereits den Standpunkt verworfen, den die Kommission in dem am 18. Juli 1989 vorgelegten geänderten Vorschlag für eine Richtlinie des Rates betreffend die Auftragsvergabe durch Auftraggeber im Bereich der Wasser-, Energie- und Verkehrsversorgung sowie im Telekommunikationssektor[18] – der zum Erlass der Richtlinie 90/531/EWG, der ersten Vergaberichtlinie für diesen Sektor und Vorgängerrichtlinie der Richtlinie 93/38/EWG, führte – vertreten hatte; in diesen Vorschlag hatte die Kommission für die genannten Sektoren ebenfalls einige Vorschriften über öffentliche Dienstleistungskonzessionen aufgenommen.

Der Rat[19] begründete die Zurückweisung dieses Vorschlags der Kommission, in die Richtlinie 90/531 Regelungen über öffentliche Dienstleistungskonzessionen aufzunehmen, damit, dass es solche Konzessionen nur in einem einzigen Mitgliedstaat gebe und dass es nicht angebracht sei, sie ohne eingehende Untersuchung der in den Mitgliedstaaten bestehenden verschiedenen Konzessionsregelungen für diese Bereiche zu regeln.

Dieser Standpunkt wird auch bestätigt durch die Entwicklung des Anwendungsbereichs der Richtlinien über die Vergabe öffentlicher Bauaufträge. In Art. 3 Abs. 1 der Richtlinie 71/305/EWG, der ersten Vergaberichtlinie für diesen Sektor, waren nämlich Konzessionsverträge ausdrücklich von deren Anwendungsbereich ausgenommen. Durch die Richtlinie 89/440/EWG des Rates vom 18. Juli 1989 zur Änderung der Richtlinie 71/305/EWG[20] wurde jedoch in die Richtlinie 71/305/EWG der Art. 1b eingefügt, durch den Baukonzessionsverträge ausdrücklich berücksichtigt wurden, indem auf sie die in Art. 12 Abs. 3, 6, 7, 9 bis 13 sowie in Art. 15a enthaltenen Veröffentlichungsvorschriften für anwendbar erklärt wurden. Die geänderte Richtlinie

---

17 Dokument Nr. 4444/92 ADD 1 v. 25.02.1992, Begründung des Rates, Nr. 6, das dem Gemeinsamen Standpunkt vom selben Tag beiliegt.
18 89/C 264/02, ABl. 1989, C 264, S. 22.
19 Nr. 10 des Dokuments Nr. 5250/90 ADD 1 v. 22.03.1990, Begründung des Rates, das dessen Gemeinsamem Standpunkt vom selben Tag zum geänderten Vorschlag für eine Richtlinie des Rates betreffend die Auftragsvergabe durch Auftraggeber im Bereich der Wasser-, Energie- und Verkehrsversorgung sowie im Telekommunikationssektor beiliegt.
20 ABl. L 210, S. 1.

71/305/EWG wurde später durch die Richtlinie 93/37/EWG des Rates vom 14. Juni 1993 zur Koordinierung der Verfahren zur Vergabe öffentlicher Bauaufträge[21] ersetzt, die unter den Verträgen, die in ihren Anwendungsbereich fielen, ausdrücklich die öffentliche Baukonzession erwähnt. Dagegen enthält die *am selben Tag* wie die Richtlinie 93/37/EWG erlassene Richtlinie 93/38/EWG keine Vorschriften über öffentliche Dienstleistungsverträge. Somit hat der Gemeinschaftsgesetzgeber beschlossen, diese nicht in den Anwendungsbereich der Richtlinie 93/38/EWG einzubeziehen. Andernfalls hätte er dies wie beim Erlass der Richtlinie 93/37/EWG ausdrücklich getan.

Da Verträge über öffentliche Dienstleistungskonzessionen demnach nicht in den Anwendungsbereich der Richtlinie 93/38/EWG fallen, werden solche Verträge bis heute nicht vom Begriff entgeltliche schriftliche Verträge des Art. 1 Nr. 4 dieser Richtlinie bzw. entgeltliche Verträge im Sinne des § 99 Abs. 1 GWB erfasst.

Historisch betrachtet hatte die Kommission also bisher für ihr Ansinnen, den Bereich Konzessionen und damit einen wesentlichen Kernbereich der PPP gemeinschaftsrechtlich zu regeln, keine Mehrheit gefunden. Offensichtlich soll mit diesem Grünbuch ein neuer Versuch in diese Richtung unternommen werden.

III. Das Grünbuch der Europäischen Kommission

Zunächst merkt die Kommission zu PPP ganz generell kritisch an, es sei zwar richtig, dass die Zusammenarbeit zwischen dem öffentlichen und dem privaten Sektor mikroökonomische Vorteile bringen könne, wodurch sich ein Projekt mit einem besseren Preis-Leistungs-Verhältnis unter gleichzeitiger Wahrung der öffentlichen Belange realisieren ließe, allerdings sollten PPP nicht als Patentlösung für den von Haushaltszwängen geplagten öffentlichen Sektor dargestellt werden.[22] Die Erfahrung zeige, dass für jedes einzelne Projekt

---

21 ABl. L 199, S. 54.
22 Eurostat, das Statistische Amt der Europäischen Gemeinschaften, hat am 11.02.2004 (vgl Pressemitteilung STAT/04/18) eine Entscheidung in der Frage getroffen, wie Verträge staatlicher Einheiten, die im Rahmen von Partnerschaften mit nichtstaatlichen Einheiten abgeschlossen werden, in den Volkswirtschaftlichen Gesamtrechnungen zu verbuchen sind. In der Entscheidung werden die Auswirkungen auf das Defizit bzw. den Überschuss des Staates und den öffentlichen Schuldenstand dargelegt. Eurostat empfiehlt, Vermögenswerte, die Gegenstand einer öffentlich-privaten Partnerschaft sind, nicht als Vermögenswerte des Staates zu klassifizieren und folglich nicht in der Bilanz des Sektors Staat zu verbuchen, wenn die beiden folgenden Bedingungen erfüllt sind: (1) Der Private Partner trägt das Baurisiko, und (2) der Private Partner trägt mindestens entweder das Ausfallrisiko oder das Nachfragerisiko.

bewertet werden müsse, ob diese Art der Partnerschaft einen tatsächlichen Zusatznutzen gegenüber anderen Möglichkeiten bringe, wie etwa gegenüber der klassischen Vergabe eines öffentlichen Auftrags.

1. Charakteristika von PPP

Folgende Kriterien sind nach Auffassung der Europäischen Kommission charakteristisch für Public Private Partnerships:
– Die Projektbeziehung, die eine Zusammenarbeit zwischen dem öffentlichen und dem privaten Partner in vielerlei Hinsicht umfasst, ist langfristig angelegt.
– Die Finanzierung eines Projekts wird zum Teil von der Privatwirtschaft getragen, manchmal über komplizierte Konstruktionen, an denen verschiedene Akteure beteiligt sind. Eine solche private Finanzierung kann jedoch durch öffentliche Mittel manchmal beträchtlich ergänzt werden.
– Der Wirtschaftsteilnehmer, der sich an verschiedenen Phasen des Projekts (Konzeption, Durchführung, Inbetriebnahme, Finanzierung) beteiligt, spielt eine wichtige Rolle. Der öffentliche Partner konzentriert sich im Wesentlichen auf die Bestimmung der Ziele im Sinne des öffentlichen Interesses, der Qualität der angebotenen Dienstleistungen oder der Preispolitik und wacht über die Einhaltung dieser Ziele.
– Es besteht Risikoteilung; auf den privaten Partner werden Risiken transferiert, die herkömmlicherweise der öffentliche Sektor trägt. Eine PPP bedeutet jedoch nicht unbedingt, dass der private Partner sämtliche oder den größten Teil der mit dem Projekt verbundenen Risiken zu tragen hat. Die Teilung des Risikos wird von Fall zu Fall genau festgelegt und hängt im Einzelnen von der Fähigkeit der Beteiligten ab, diese zu beurteilen, zu kontrollieren und zu beherrschen.

2. Rechtsrahmen

Anschließend untersucht die Kommission die so charakterisierten PPP unter dem Blickwinkel der vorhandenen gemeinschaftlichen Rechtsvorschriften für öffentliche Aufträge und Konzessionen. Nach Auffassung der Kommission ließen sich PPP – obwohl es in der Europäischen Gemeinschaft eine Fülle von Erscheinungsformen von PPP gäbe – unterteilen in solche, die auf *Vertragsbasis* begründet würden, und solche, die *institutionalisiert* seien, das heißt durch Gründung einer gemeinsamen Gesellschaft der öffentliche Hand mit einem Privaten entstünden.[23]

Ausgangspunkt im Hinblick auf das anzuwendende Recht ist weiterhin die schon eingangs erläuterte Feststellung der Kommission, dass es kein besonderes System für PPP gäbe. Deshalb so die Kommission schlussfolgernd, müsse jeder Vertrag vor dem Hintergrund der Regelungen und Grundsätze betrachtet werden, die sich aus dem EG-Vertrag ergäben, insbesondere in Bezug auf die Niederlassungsfreiheit und die Dienstleistungsfreiheit (Art. 43 und 49 EG-Vertrag).[24] Hierzu zählten vor allem der Grundsatz der Transparenz, der Gleichbehandlung, der Verhältnismäßigkeit und der gegenseitigen Anerkennung.[25] Für Fälle, die in den Anwendungsbereich der Richtlinien über die Koordinierung der Verfahren zur Vergabe öffentlicher Aufträge fielen, würden darüber hinaus weitere detaillierte Bestimmungen gelten.[26] Die Kommission geht außerdem davon aus, dass nicht nur die *klassischen* öffentlichen Auftraggeber Gegenstand dieser Untersuchung und damit Adressaten dieses Grünbuchs sein sollen, sondern bezieht ausdrücklich alle öffentlichen Unternehmen im Sinne der sog. Sektorenrichtlinie 93/38/EWG (2004/17/EWG) in ihre Überlegungen ein.[27]

---

23 Vgl. Rz. 20 des Grünbuchs.
24 Das Binnenmarktrecht einschließlich der Vorschriften und Grundsätze für öffentliche Aufträge und Konzessionen gilt für jede Wirtschaftstätigkeit, also für jede Tätigkeit, die darin besteht, Dienstleistungen, Waren oder Arbeiten auf einem Markt anzubieten, auch wenn diese Dienstleistungen, Waren oder Arbeiten dazu dienen, einen „öffentlichen Dienst" gemäß der entsprechenden Definition eines Mitgliedstaats zu gewährleisten.
25 Vgl. Mitteilung der Kommission zu Auslegungsfragen im Bereich Konzessionen im Gemeinschaftsrecht, ABl. C 121 v. 29.04.2000.
26 Das heißt die Richtlinien 92/50/EWG, 93/36/EWG, 93/37/EWG und 93/38/EWG über die Koordinierung der Verfahren zur Vergabe öffentlicher Dienstleistungsaufträge, über die Koordinierung der Verfahren zur Vergabe öffentlicher Lieferaufträge, zur Koordinierung der Verfahren zur Vergabe öffentlicher Bauaufträge und zur Koordinierung der Auftragsvergabe durch Auftraggeber im Bereich der Wasser-, Energie- und Verkehrsversorgung sowie im Telekommunikationssektor. Die Richtlinien werden ersetzt durch die Richtlinie 2004/18/EG des Europäischen Parlaments und des Rates v. 31.03.2004 über die Koordinierung der Verfahren zur Vergabe öffentlicher Bauaufträge, Lieferaufträge und Dienstleistungsaufträge sowie die Richtlinie 2004/17/EG des Europäischen Parlaments und des Rates v. 31.03.2004 zur Koordinierung der Auftragsvergabe durch Auftraggeber im Bereich der Wasser-, Energie- und Verkehrsversorgung und der Postdienste, die in Kürze im Amtsblatt der Europäischen Union veröffentlicht werden. Der [vorläufige] Text der neuen Richtlinien ist einzusehen unter der Internetadresse *http://www.europarl.eu.int/code/concluded/default_2003_en.htm*
27 Vgl. die Fn. 12 zu Rz. 9 des Grünbuchs: „Bei PPP-Vereinbarungen sind in erster Linie nationale, regionale oder lokale Behörden die öffentlichen Partner. Partner können auch öffentlich-rechtliche Einrichtungen sein, die zur Erfüllung eines öffentlichen Auftrags unter staatlicher Aufsicht gegründet wurden, oder Betreiberunternehmen netzgebun-

3. PPP auf Vertragsbasis

a) Definition

Als PPP auf Vertragsbasis bezeichnet die Kommission die Partnerschaften zwischen öffentlichem und privatem Sektor, die nur auf vertraglichen Beziehungen basieren.[28] Dabei sei weiter zu differenzieren zwischen PPP auf Vertragsbasis, die als öffentliche Aufträge einzustufen seien[29], und solchen PPP auf Vertragsbasis, die als Konzessionen behandelt werden müssten[30].

Merkmal eines der bekanntesten Modelle, das häufig als „Konzessionsmodell" bezeichnet wird, ist die direkte Verbindung zwischen dem privaten Partner und dem Endnutzer: Der private Partner stellt der Öffentlichkeit „an Stelle" des öffentlichen Partners, aber unter dessen Aufsicht eine Dienstleistung bereit.[31]

Ein weiteres Merkmal ist die Art der Vergütung des Auftragnehmers: Die Dienstleistungsempfänger zahlen Gebühren, die gegebenenfalls durch Beihilfen der öffentlichen Stellen ergänzt werden. Bei anderen Konstruktionen hat der private Partner die Aufgabe, eine Infrastruktur für die öffentliche Verwaltung aufzubauen und zu betreiben (beispielsweise eine Schule, ein Krankenhaus, eine Strafanstalt, eine Verkehrsinfrastruktur). Typischste Ausprägungsform dieses Modells ist die PFI (Private Finance Initiative).[32] Hier werden keine Gebühren beim Nutzer des Bauwerks oder der Dienstleistung erhoben; stattdessen erhält der private Partner regelmäßige Zahlungen vom öffentlichen Partner. Diese Zahlungen können eine feste Höhe haben, sie können aber auch variabel berechnet werden, je nach Verfügbarkeit des Bauwerks oder der entsprechenden Dienstleistungen oder auch nach der Nutzungsfrequenz.[33]

---

dener Wirtschaftszweige. Zur Vereinfachung werden all diese Stellen in dem Grünbuch als ‚Vergabestelle' bezeichnet. Dieser Begriff beinhaltet also die ‚öffentlichen Auftraggeber' im Sinne der Richtlinien 92/50/EWG, 93/36/EWG, 93/37/EWG et 2004/18/EG sowie die Auftraggeber ‚staatliche Behörden' und ‚öffentliche Unternehmen' im Sinne der Richtlinien 93/38/EWG und 2004/17/EG."

28 Vgl. Rz. 20 des Grünbuchs.
29 Vgl. Rz. 24 ff. des Grünbuchs.
30 Vgl. Rz. 28 ff. des Grünbuchs.
31 Vgl. Rz. 22 des Grünbuchs.
32 Vgl. Fn. 25 zu Rz. 23 des Grünbuchs: Ein Programm der britischen Regierung, das die Modernisierung öffentlicher Infrastruktur mittels privater Finanzierung ermöglicht. Dasselbe Modell findet in anderen Mitgliedstaaten Anwendung, manchmal mit beträchtlichen Varianten. Beispielsweise ist in Anlehnung daran das deutsche „Betreibermodell" entstanden.
33 Vgl. Rz. 23 des Grünbuchs.

b) Anzuwendende Rechtsvorschriften bei der Auswahl des Partners

Soweit PPP auf Vertragsbasis als öffentlicher Auftrag zu qualifizieren sei, sei nach Auffassung der Kommission bei der Auswahl von Partnern für diese PPP auf Vertragsbasis grundsätzlich das *Offene oder das Nicht Offene Verfahren* (vgl. § 101 Abs. 2 bzw. Abs. 3 GWB in Verb. mit § 3 a Nr. 1 Abs. 1 VOL/A) zu wählen. Kritisch sieht die Kommission dagegen die Anwendung des Verhandlungsverfahrens, denn dies sei gemäß Art. 7 Abs. 2 der Richtlinie 93/37/EWG nur in Ausnahmefällen anzuwenden, namentlich dann, wenn es sich bei dem Auftrag „um Arbeiten handelt, die ihrer Natur nach oder wegen der damit verbundenen Risiken eine vorherige globale Preisgestaltung nicht zulassen", nicht aber bereits dann, wenn andere Unwägbarkeiten aufträten, etwa Probleme mit der vorherigen Preisfestlegung aufgrund der Tatsache, dass die rechtliche und finanztechnische Konstruktion sehr komplex sei.[34]

Im Ergebnis kritisiert die Kommission damit die in Deutschland in den überwiegenden Fällen praktizierte Anwendung des Verhandlungsverfahrens und lehnt auch die eingangs dargestellte Begründung für die Wahl des Verhandlungsverfahrens – aufgrund der Komplexität von PPP ließe sich nur durch Verhandlung ein sachgerechtes Preis-Leistungs-Verhältnis erzielen – ab.

In diesem Zusammenhang merkt die Kommission ergänzend an, dass die Umsetzung des wettbewerblichen Dialogs[35] in einzelstaatliche Rechtsvorschriften den betroffenen Parteien ein Verfahren an die Hand gäbe, welches sich ganz besonders für die Vergabe öffentlicher Aufträge in Zusammenhang mit der Einrichtung einer PPP auf Vertragsbasis eigne und gleichzeitig die Grundrechte der Wirtschaftsteilnehmer wahre.[36]

Das Verfahren des wettbewerblichen Dialogs wird eingeschlagen, wenn der öffentliche Auftraggeber objektiv nicht in der Lage ist, die für seinen Auftrag und seine Ziele geeigneten technischen Mittel zu bestimmen, oder wenn er objektiv nicht in der Lage ist, ein Projekt rechtlich und/oder finanztechnisch zu konzipieren. Das neue Verfahren erlaubt den Vergabestellen, mit den Bewerbern in einen Dialog einzutreten, in dem es um die Ausarbeitung bedarfsgerechter Lösungen geht. Abschließend werden die Bewerber aufgefordert, ihr endgültiges Angebot auf der Grundlage der im Dialog ermittelten Lösung(en) zu unterbreiten. Diese Angebote müssen sämtliche für die Ausführung des Projekts geforderten und notwendigen Elemente enthalten. Die Vergabestellen bewerten die Angebote auf der Grundlage der zuvor festgelegten Zuschlagskriterien. Der Bieter, der das wirtschaftlich günstigste An-

---

34 Vgl. Rz. 24 des Grünbuchs.
35 Art. 29 der Richtlinie 2004/18/EG.
36 Vgl. Rzn. 25 u. 27 des Grünbuchs.

gebot unterbreitet hat, kann dazu aufgefordert werden, bestimmte Aspekte seines Angebots zu erläutern oder die darin eingegangenen Verpflichtungen zu bestätigen; Voraussetzung hierfür ist, dass die wesentlichen Elemente des Angebots oder der Ausschreibung dadurch nicht verändert werden, der Wettbewerb nicht verfälscht wird oder Diskriminierungen entstehen.[37] Offensichtlich hat die Kommission erkannt, dass es der öffentlichen Hand kaum mehr zumutbar ist, komplexe Projekte allein zu entwickeln. Deshalb soll der öffentlichen Hand mit dem Weg über den wettbewerblichen Dialog anstelle des Verhandlungsverfahrens ein vergaberechtskonformes Instrument an die Hand gegeben werden, das in großem Maß Innovationen zulässt, ohne die vergaberechtliche Grundsätze der Gleichbehandlung, der Nichtdiskriminierung und der Transparenz zu verletzen.

Anmerkung: Mittlerweile ist durch das *Gesetz zur Beschleunigung der Umsetzung von Öffentlich Privaten Partnerschaften und zur Verbesserung gesetzlicher Rahmenbedingungen für Öffentlich Private Partnerschaften* (ÖPP-Beschleunigungsgesetz)[38] das Instrument des wettbewerblichen Dialogs in nationales Recht umgesetzt worden. Nunmehr wird durch die Änderung des § 99 Gesetz gegen Wettbewerbsbeschränkungen – GWB – „staatlichen Auftraggebern" die Möglichkeit eröffnet, unter bestimmten Voraussetzungen anstelle des Offenen Verfahrens, des Nichtoffenen Verfahrens oder des Verhandlungsverfahrens das Verfahren des Wettbewerblichen Dialogs durchzuführen. Allerdings bleibt die Verpflichtung, grundsätzlich das Offene Verfahren anzuwenden, bestehen, so dass die Anwendung des Wettbewerblichen Dialogs[39] nur in besonders gelagerten Fällen (das Gesetz spricht von „besonders komplexen Aufträgen") und nur mit ausführlicher Begründung angewandt werden kann. Die Einzelheiten des Verfahrens sind neu in der Vergabeverordnung geregelt durch Einführung des neuen § 6 a VgV.

---

37 Vgl. Rz. 25 des Grünbuchs.
38 Vgl. BT-Drucksache 15/5668 v. 14.06.2005 in der Fassung des Bundesratsbeschlusses v. 01.07.2005, BR-Drucksache 544/05. Der Veröffentlichungstermin des Gesetzes stand bei Redaktionsschluss noch nicht fest.
39 Interessant sind die Aktivitäten in verschiedenen Bundesländern, die sich der Thematik in unterschiedlicher Weise angenommen haben. So will z. B. das Wirtschaftsministerium in Baden-Württemberg ÖPP im Land weiter voranbringen. Dazu war bereits Ende vergangenen Jahres unter Leitung von Wirtschaftsstaatssekretär Dr. Horst Mehrländer eine Task-Force eingesetzt worden, die Ansprechpartner für Interessierte sein und Pilotprojekte initiieren soll. Sie wird Impulsveranstaltungen durchführen und Studien zu bestimmten Schwerpunktthemen vergeben. Ein Beirat aus externen Sachverständigen, an dem neben den Kommunalen Spitzenverbänden und Wirtschaftsorganisationen auch der ZVEI beteiligt ist, berät die Task-Force bei ihrer Arbeit.

c) **Konzessionen als besondere Form der PPP auf Vertragsbasis**

Konzessionen (Baukonzessionen ebenso wie Dienstleistungskonzessionen) unterliegen – so die Kommission auch mit Hinweis auf die bereits zitierte Mitteilung zu Konzessionen aus dem Jahr 2000[40] - nur sehr eingeschränkt dem Recht für die Koordinierung der Vergabe von Aufträgen. Insbesondere gäbe es kein festgelegtes Verfahren, das die öffentlichen Auftraggeber zwingend anzuwenden hätten, um einen Konzessionär auszuwählen. Öffentliche Auftraggeber seien insoweit lediglich den sich aus dem EG-Vertrag ergebenden Grundsätzen und Regeln verpflichtet (Grundsätze der Art. 43-49 EG-Vertrag, nämlich Transparenz, Gleichbehandlung, Verhältnismäßigkeit und gegenseitige Anerkennung). Gleichwohl stehe seit der Entscheidung des EuGH in der Rechtssache „Telaustria"[41] fest – so die Kommission weiter – dass *„Kraft dieser Verpflichtung zur Transparenz [...] der Auftraggeber zugunsten potenzieller Bieter einen angemessenen Grad von Öffentlichkeit sicherstellen (muss), der den Dienstleistungsmarkt dem Wettbewerb öffnet und die Nachprüfung ermöglicht, ob die Vergabeverfahren unparteiisch durchgeführt wurden."*[42]

Die Kommission fasst die Handhabung bei der Auswahl eines Partners (Konzessionärs) daher wie folgt zusammen:

- Festlegung der Regeln für die Auswahl des privaten Partners;
- angemessene Bekanntmachung der Absicht der Konzessionserteilung und der Regeln für die Auswahl, damit die Unparteilichkeit während des gesamten Verfahrens kontrolliert werden kann;
- Aufruf der Wirtschaftsteilnehmer, die gegebenenfalls daran interessiert und/oder dazu in der Lage sind, die in Rede stehenden Aufgaben auszuführen, zur Teilnahme am Wettbewerb;
- Wahrung des Grundsatzes der Gleichbehandlung aller Teilnehmer während des gesamten Verfahrens;

---

40 Mitteilung der Kommission zu Auslegungsfragen im Bereich Konzessionen im Gemeinschaftsrecht, ABl. C 121 v. 29.04.2000.
41 Rechtssache C-324/98.
42 Vgl. auch den Beschluss des Gerichtshofs v. 30.05.2002 in der Rechtssache C-358/00, Deutsche Bibliothek, Slg. I-4685. Diese Grundsätze gelten ebenfalls für andere staatliche Akte, durch die einem Dritten eine wirtschaftliche Leistung übertragen wird, beispielsweise für die Aufträge, die vom Geltungsbereich der Richtlinien ausgenommen sind, weil ihr Auftragswert unterhalb der Schwellen liegt, ab denen das abgeleitete Recht gilt (Beschluss des Gerichtshofs v. 03.12.2001 in der Rechtssache C-59/00, Vestergaard, Slg. I-9505), oder für die sogenannten nicht prioritären Dienstleistungen.

- Vergabe auf der Grundlage objektiver Kriterien, die niemanden benachteiligen.[43]

Das für die Erteilung von Konzessionen geltende Gemeinschaftsrecht ergäbe sich somit im Wesentlichen aus allgemeinen Verpflichtungen, die keine Koordinierung der Rechtsvorschriften der Mitgliedstaaten implizierten. Außerdem hegten nur sehr wenige Mitgliedstaaten den Wunsch, auf nationaler Ebene allgemeine oder ausführliche rechtliche Rahmenbedingungen für die Erteilung von Bau- oder Dienstleistungskonzessionen festzulegen, obgleich sie die Möglichkeit hätten. Daher – so die Kommission schlussfolgernd – werde die Auswahl eines Konzessionärs durch eine Vergabestelle zumeist von Fall zu Fall geregelt.

Diese Situation könnte für gemeinschaftsweit tätige Akteure jedoch problematisch sein. Denn die Tatsache, dass die einzelstaatlichen Vorschriften nicht koordiniert seien, könnte nämlich einer echten gemeinschaftsweiten Öffnung derartiger Vorhaben im Weg stehen. Darüber hinaus könnte die sich daraus ergebende Rechtsunsicherheit kostentreibend wirken.[44]

Vor diesem Hintergrund stellt die Kommission auch zur Diskussion, ob ergänzend zu den bereits bestehenden Texten über die Vergabe öffentlicher Aufträge ein Legislativvorschlag in Erwägung zu ziehen sei, durch den die Verfahren zur Erteilung von Konzessionen in der Europäischen Union koordiniert würden. Dann müssten ausführliche Bestimmungen für die Konzessionsvergabe festgelegt werden. Außerdem müsste geprüft werden, ob objektive Gründe dagegen sprächen, die Erteilung von Konzessionen einem anderen als dem Regelwerk zu unterwerfen, das bereits für die Vergabe von PPP-Vorhaben auf Vertragsbasis bestehe. Hier sei daran erinnert, dass das Nutzungsrecht und seine natürlichen Folgen, nämlich der Transfer der mit der Nutzung verbundenen Risiken, das Kriterium zur Unterscheidung öffentlicher Aufträge von Konzessionen sei. Sollte sich bestätigen, dass bei der Vergabe bestimmter PPP-Vorhaben auf Vertragsbasis häufig Rechtsunsicherheit herrsche, weil es schwierig sei, von vornherein über die Teilung der Nutzungsrisiken zwischen den Partnern zu befinden, könnte die Kommission in Erwägung ziehen, die Vergabe aller PPP-Vorhaben auf Vertragsbasis ein und demselben Vergabesystem zu unterwerfen. Und zwar unabhängig davon, ob die Vorhaben nun als öffentliche Aufträge oder als Konzessionen eingestuft würden.[45]

Hier ist bereits eindeutig die Tendenz der Kommission ablesbar, einen neuen eigenständigen Rechtsrahmen schaffen zu wollen.[46]

---

43 Vgl. Rz. 30 des Grünbuchs.
44 Vgl. Rz. 32 des Grünbuchs.
45 Vgl. Rzn. 34-36 des Grünbuchs.
46 Siehe auch *Ortlieb (2001)*, S. 390.

4. Institutionalisierte PPP

a) Definition

Als institutionalisierte PPP will die Kommission all die Partnerschaften verstanden wissen, bei denen die Zusammenarbeit zwischen öffentlichem und privatem Sektor innerhalb eines eigenständigen Rechtssubjekts erfolge.[47] Dafür könne die Einrichtung einer institutionalisierten PPP entweder dadurch erfolgen, dass ein gemeinsam vom öffentlichen und vom privaten Sektor unterhaltenes Wirtschaftsgebilde geschaffen oder dass die Kontrolle über ein bestehendes öffentliches Unternehmen vom privaten Sektor übernommen würde.[48]

Aufgabe dieses gemeinsamen Gebildes sei es dann, für die Bereitstellung eines Bauwerks oder einer Dienstleistung zugunsten der Öffentlichkeit zu sorgen. In den Mitgliedstaaten griffen die staatlichen Stellen zuweilen auf diese Strukturen zurück, insbesondere für öffentliche Dienstleistungen auf lokaler Ebene (beispielsweise Wasserversorgung oder Müllabfuhr). Die direkte Zusammenarbeit zwischen dem öffentlichen und dem privaten Partner in einem Rahmen mit eigener Rechtspersönlichkeit ermögliche dem öffentlichen Partner eine weiterhin relativ starke Kontrolle über die Abläufe; Anpassungen könne er im Lauf der Zeit den Umständen entsprechend durch seine Präsenz unter den Teilhabern und in den Entscheidungsgremien dieses gemeinsamen Wirtschaftsgebildes bewirken. Die Zusammenarbeit ermögliche dem öffentlichen Partner außerdem, seine Erfahrungen mit der Bereitstellung der fraglichen Dienstleistung zu erweitern und sich gleichzeitig von einem privaten Partner unterstützen zu lassen.

b) Einschätzungen der Kommission

Aus der Sicht der Kommission werde der Vorgang der Gründung eines Wirtschaftsgebildes mit gemischtem Kapital an sich nicht in den Rechtsvorschriften für öffentliche Aufträge und Konzessionen behandelt. Allerdings dürfe die Wahl eines privaten Partners, der solche Aufgaben im Rahmen eines gemischtwirtschaftlichen Gebildes wahrnehmen solle, nicht ausschließlich auf dem Wert des zugeführten Kapitals oder auf seiner Erfahrung basieren, sondern müsse die Merkmale seines – wirtschaftlich günstigsten – Angebots in Bezug auf die zu erbringende Leistung berücksichtigen. Gäbe es keine klaren

---

47 Vgl. Rz. 20 des Grünbuchs.
48 Vgl. Rz. 55 des Grünbuchs.

und objektiven Kriterien, nach denen ein öffentlicher Auftraggeber das wirtschaftlich günstigste Angebot auszuwählen habe, könnte die Kapitalzuführung einen Verstoß gegen die Vorschriften für öffentliche Aufträge und Konzessionen darstellen.[49]

In diesem Zusammenhang hebt die Kommission weiter hervor, dass die Beteiligung der Vergabestelle an einem gemischtwirtschaftlichen Gebilde, das nach Abschluss des Auswahlverfahrens zum Auftragnehmer werde, nicht als Rechtfertigung dafür dienen könne, dass die Rechtsvorschriften über öffentliche Aufträge und Konzessionen bei der Auswahl des privaten Partners nicht berücksichtigt würden. Die Geltung des Gemeinschaftsrechts über öffentliche Aufträge und Konzessionen hänge nämlich nicht davon ab, ob der Vertragspartner des öffentlichen Auftraggebers öffentlichen, privaten oder gemischtwirtschaftlichen Status habe.[50] Wie der Gerichtshof dies in seinem Urteil in der Rechtssache Teckal bestätige[51] – so die Kommission weiter –, gelten die Vorschriften, sobald ein öffentlicher Auftraggeber beschließe, eine Aufgabe einem Dritten, das heißt einer eigenständigen Rechtsperson, zu übertragen. Ein anderes Vorgehen komme nur dann in Frage, wenn der öffentliche Auftraggeber über die in Rede stehende Rechtsperson eine Kontrolle ausübe, die der gleichkomme, die sie über ihre eigenen Dienststellen ausübe, und wenn diese Rechtsperson ihre Wirtschaftstätigkeit im Wesentlichen mit der oder den Körperschaften abwickle, die sie unterhalte. Nur die Wirtschaftsgebilde, auf die beide Bedingungen zuträfen, könnten internen Einheiten des öffentlichen Auftraggebers gleichgestellt werden und könnten ohne Wettbewerb Aufträge erhalten.[52] Hier greift die Kommission die aktuelle Diskussion um die Anerkennung der sog. Inhouse-Geschäfte, als Ausnahme von der Verpflichtung auszuschreiben, auf. Mittlerweile hat der EuGH hierzu eine neue Entscheidung getroffen[53], auf die unten näher einzugehen sein wird.

Im Ergebnis stellt die Kommission damit klar, dass selbst wenn die Gründung einer gemeinsamen Gesellschaft als „erster Akt" einer institutionalisierten PPP nicht vergaberechtlich relevant ist, der sich unmittelbar anschließende „zweite Akt" der institutionalisierten PPP – die Beauftragung mit einer Dienstleistung – sehr wohl vergaberechtliche Relevanz habe. Wirtschaftlich betrachtet ist damit der Wert einer institutionalisierten PPP erheblich in Frage gestellt; denn die Gründung einer gemeinsamen Gesellschaft wird ja in den weitaus überwiegenden Fällen nur deshalb initiiert, um die ins Auge gefasste Dienstleistung zu erbringen. Wenn es aber gerade um diese Dienstleistung einen

---

49 Vgl. Rz. 59 des Grünbuchs.
50 Vgl. Rz. 63 des Grünbuchs.
51 Rechtssache C-107/98, Teckal, Urteil v. 18.11.1999, Rn. 50.
52 Vgl. Rz. 63 des Grünbuchs mit weiteren Nachweisen.
53 Rechtssache C-26/03, „Stadt Halle", Urteil v. 11.01.2005.

weiteren Wettbewerb geben soll, macht auch die Gesellschaftsgründung keinen Sinn. Im Ergebnis ist daher – folgt man der Auffassung der Kommission – dieser Form der institutionalisierten PPP rein faktisch die Grundlage entzogen.

IV. Markt oder Regulierung?

Fasst man die Erläuterungen der Kommission ausweislich des dargestellten Grünbuchs zusammen, so muss man feststellen, dass die Tendenz der Kommission eindeutig in Richtung Regulierung zeigt. Die Frage, die die Kommission der interessierten Öffentlichkeit eigentlich mit diesem Grünbuch stellt: „Sollen wir den Bereich PPP gesondert gemeinschaftlich regeln?" scheint damit bereits beantwortet, genauer gesagt, eindeutig bejaht zu werden. Die Kommission zieht dabei ihre Überzeugung im wesentlichen aus der Erkenntnis, dass die derzeit existierenden unterschiedlichen vergaberechtlichen Rechtsvorschriften den Bereich PPP nur teilweise oder uneinheitlich regeln und durch einheitliche gemeinschaftliche Marktregeln mehr Transparenz entstehen würde und somit mehr Wettbewerb. Fraglich ist jedoch, ob es tatsächlich der Regulierung durch gemeinschaftliche Rechtsvorschriften bedarf, oder ob es dem Markt – in dem gegebenen rechtlichen Rahmen – überlassen bleiben muss, wie sich PPP (weiter) entwickeln.

1. Marktversagen als Anknüpfungspunkt

Die Tendenz der Europäischen Kommission, den Bereich PPP einheitlich regeln zu wollen, wäre gerechtfertigt, wenn ein sog. *Marktversagen* festgestellt werden könnte; denn generell ist es oberstes Ziel der Regeln des öffentlichen Auftragswesens, die Auftraggeber beim Einkauf auf das Prinzip der Wirtschaftlichkeit zu verpflichten.[54] Überall dort nämlich, wo von vornherein wettbewerbliche Strukturen fehlen, gibt es keinen Mechanismus, der den handelnden Institutionen den Maßstab der Wirtschaftlichkeit aufzwingt. Ökonomischer Zwang zu wirtschaftlichem Einkaufsverhalten besteht nur dort, wo unwirtschaftliches Verhalten letztlich mit dem Untergang, das heißt *Konkurs*, bedroht ist.[55] Das ist bei steuer- und abgabefinanzierten öffentlichen Institutionen ebenso wenig der Fall wie bei öffentlichen Versorgungsmonopolen. Diesen Institutionen muss daher vorgeschrieben werden, nach welchen Maßstäben sie einzukaufen haben.[56] Diese Regeln verkörpern das

---

54 *Jasper/Marx (2003)*, Einleitung, S. XVI.
55 Vgl. ebenda.
56 Vgl. ebenda.

öffentliche Auftragsrecht. In der Regel wird dieser Gesichtspunkt unter dem Stichwort Vermeidung von *Hoflieferantentum* eingeordnet, d.h. das öffentliche Auftragsrecht sorgt dafür, dass Bund, Länder und Gemeinden die Aufträge nach Kriterien der Wirtschaftlichkeit und Leistungsäquivalenz und nicht im Sinne einer „Vetternwirtschaft" vergeben.

Kein Zweifel, wenn und soweit die Peitsche des Wettbewerbs ausfällt, wenn dem öffentlichen Auftraggeber selbst bei „miserablem Wirtschaften"[57] kein Konkurs droht, so haben wir es ökonomisch gesprochen mit einem Fall von Marktversagen zu tun, der eine entsprechende ex-ante-Regulierung legitimiert.[58] Ergänzend verweist *Marx* zur Legitimation des Vergaberechts darauf, dass der Staat ein besonders starker Nachfrager sei, dass „richtige Preise" nur bei funktionierendem Wettbewerb zustande kämen und dass der europäische Binnenmarkt ohne regulierende Eingriffe im Bereich der öffentlichen Beschaffungsmärkte nicht erreicht würde.[59] Genau besehen, sind die zuletzt genannten drei Argumente nur Ausprägungen des von *Marx* grundlegend beschriebenen Marktversagens auf öffentlichen Beschaffungsmärkten. Infolge des Marktversagens entstehen weder richtige Preise noch ein europäischer Binnenmarkt, eben weil der Auftraggeber in Ermangelung funktionsfähigen Wettbewerbs nicht zu effizientem und effektivem Verhalten gezwungen ist.

Das Argument, der Staat sei in der Regel ein starker Nachfrager und müsse allein deshalb ex ante reguliert werden, geht aber fehl. Auch andere starke, selbst marktbeherrschende Unternehmen oder Oligopole werden in ihrem Nachfrageverhalten weder vom GWB noch von Art. 82 EG ex ante reguliert. Sie unterliegen einer nachträglichen Missbrauchsaufsicht (§ 19 GWB/Art. 82 EGV) und sie müssen das Diskriminierungsverbot einhalten (§ 20 GWB /Art. 82 EGV). Aus der Tatsache, dass ein Unternehmen über eine marktbeherrschende Stellung verfügt, folgt also noch keine wettbewerbsrechtliche Legitimation für eine ex-ante-Regulierung im Sinne des öffentlichen Auftragsrechts.

Grundlegend und durchaus überzeugend ist aber die These des Marktversagens als Erklärung der staatlichen Regulierung. *Blankart* bringt dies auf die griffige Formel:

- Der Staat greift immer dort ein, wo Marktversagen herrscht.
- Und: Wo er eingreift, arbeitet er besser als der Markt.[60]

---

57 Vgl. ebenda, S. XXI.
58 Vgl. *Schwintowski (2003)*, S. 283 (286 ff.); *Blankart (2003)*, S. 56 ff.; *Fritsch u.a. (2002)*, passim.
59 Vgl. *Jasper/Marx (2003)*, S. XV.
60 Vgl. *Blankart (2003)*, S. 67.

Kritisch merkt *Blankart* an, dass sich hinter dem zweiten Punkt eine naive Sicht verberge. Der Staat beseitige natürlich nicht mit einer Handbewegung mal eben das Marktversagen. Er selbst leide unter Unvollkommenheiten und Kompromissen. Er benötige eine schwerfällige Bürokratie. Er arbeite häufig mit höheren Kosten und unterliege manchmal der Korruption.[61]

Wichtiger ist aber die Beobachtung von *Blankart*, dass es Fälle gäbe, in denen ein Marktversagen in Wirklichkeit *nicht* vorliege, aber dennoch ein Staatseingriff stattfinde.[62] Wir sprechen von *Überregulierung* oder von *Wettbewerbsverzerrungen durch Recht*.

Dieser Fallgruppe ist hier noch etwas mehr Aufmerksamkeit zu widmen, weil die Frage zu stellen ist, ob das durch die Kommission ins Auge gefasste neue Recht wirklich durch Marktversagen legitimiert ist oder sich bereits die Gefahr einer Überregulierung am Horizont abzeichnet.

2. Überregulierung?

Die Kommission selbst äußert sich in ihrem Grünbuch nicht zur Frage des Marktversagens. Vielmehr geht die Kommission wie selbstverständlich davon aus, dass es der Regulierung durch die EU bedarf, wenn festgestellt worden ist, dass es aufgrund unterschiedlicher Rechtsrahmen in der EU und unterschiedlicher Behandlung von PPP zu Unsicherheiten gekommen ist bzw. kommen könnte. Die Kommission setzt damit das Vorhandensein unterschiedlicher Rechtsrahmen quasi mit Marktversagen gleich, um ihr Tätigwerden zu legitimieren. Damit setzt sich die Kommission aber in einen gewissen Widerspruch zu ihren eigenen Ausführungen im Grünbuch, denn auch nach Auffassung der Kommission hat die Rechtsprechung des Europäischen Gerichtshofs – EuGH – bereits wichtige Weichen zum Thema PPP gestellt, die wichtige Schritte aufzeigen und alle, die sich mit PPP befassen, auch juristisch binden.

Die Kommission selbst erwähnt ausdrücklich die EuGH-Entscheidung Telaustria und die Teckal-Entscheidung. Anzufügen wäre noch die aktuelle Entscheidung des EuGH „Stadt Halle" zum Thema Inhouse-Geschäft. Auch aus der Sicht der Kommission müsste sich daher zunächst die Frage stellen, ob bereits bei konsequenter Beachtung der von der Rechtsprechung aufgestellten Grundsätze hinreichende Regelungen gegeben sind und folglich sich eine legislative Behandlung des Themas PPP gänzlich erübrigen könnte. Im folgen-

---

61 Vgl. ebenda.
62 Vgl. ebenda, S. 68 f.

den wird daher der Frage nachgegangen, welche Verhaltensregeln durch die Rechtsprechung bereits entwickelt worden sind.

a) Telaustria-Entscheidung

Mit der Telaustria-Entscheidung[63] hatte der EuGH zum ersten Mal die Gelegenheit allgemeinen Grundsätze für die Behandlung von Dienstleistungskonzessionen aufzustellen. Der EuGH hat festgestellt, dass – weil der Bereich der Dienstleistungskonzessionen seinerzeit bewusst nicht in die Regelungen der Dienstleistungs-Koordinierungsrichtlinie aufgenommen worden war[64] – die vergaberechtlichen Regelungen für die Vergabe von Dienstleistungen nicht auf Dienstleistungskonzession anzuwenden seien, wohl aber die allgemeinen Regelungen des Europäischen Rechts, also die Grundsätze der Artikel 43 bis 49 EG-Vertrag. Damit seien insbesondere die allgemeinen Grundsätze der Transparenz, der Gleichbehandlung, der Verhältnismäßigkeit und der gegenseitigen Anerkennung zu beachten, ebenso im besonderen das Verbot der Diskriminierung aus Gründen der Staatsangehörigkeit.[65] Außerdem hat der Gerichtshof festgestellt, dass *„Kraft dieser Verpflichtung zur Transparenz [...] der Auftraggeber zugunsten potenzieller Bieter einen angemessenen Grad von Öffentlichkeit sicherstellen (muss), der den Dienstleistungsmarkt dem Wettbewerb öffnet und die Nachprüfung ermöglicht, ob die Vergabeverfahren unparteiisch durchgeführt wurden."*[66] Die Kommission hat ergänzend darauf hingewiesen, dass diese Grundsätze ebenfalls für andere staatliche Akte gelten, durch die einem Dritten eine wirtschaftliche Leistung übertragen werde, beispielsweise für die Aufträge, die vom Geltungsbereich der Richtlinien ausgenommen seien, weil ihr Auftragswert unterhalb der Schwellen läge[67], ab denen das abgeleitete Recht gelte, oder für die so genannten nicht prioritären Dienstleistungen[68].

Aus dieser Rechtsprechung ergibt sich für einen öffentlichen Auftraggeber ein klares Gerüst dessen, was er tun muss, wenn er eine Dienstleistungskonzession vergeben will: Er muss ein transparentes Verfahren gestalten, was ihn insbesondere zwingt, seine Absicht, eine Dienstleistungskonzession vergeben

---

63 Rechtssache C-324/98 – VergabE A-1-5/00.
64 Vgl. die Ausführungen unter II.
65 Vgl. EuGH a.a.O. VergabE A-1-5/00, Rn. 60.
66 Vgl. auch den Beschluss des Gerichtshofs v. 30.05.2002 in der Rechtssache C-358/00, Deutsche Bibliothek, Slg. I-4685.
67 Beschluss des Gerichtshofs v. 03.12.2001 in der Rechtssache C-59/00, Vestergaard, Slg. I-9505.
68 Vgl. Fn. 34 zu Rz. 29 des Grünbuchs.

zu wollen, hinreichend bekannt zu machen. Er muss weiterhin im Vorfeld ein Verfahren und Entscheidungskriterien ankündigen, an das bzw. die er sich bis zur Entscheidung auch gebunden hält. Er muss außerdem alle Angebote gleich behandeln, darf also keinen Bieter diskriminieren und muss die Anforderungen an alle Bieter und alle Angebote so gestalten, dass Mittel und Zweck in einem angemessenen Verhältnis zueinander stehen (Grundsatz der Verhältnismäßigkeit).

Überträgt man diese Grundsätze auf alle von der Kommission definierten Formen von PPP, so kann man jedenfalls feststellen, dass sich diese Grundvoraussetzungen für jedes Verfahren zur „Beschaffung" von PPP erfüllen lassen. Werden diese Grundsätze also konsequent umgesetzt und beachtet, besteht keine Notwendigkeit für weitere Regelungen.

b) Teckal-Entscheidung

Während die soeben zitierte Entscheidung Telaustria also grundsätzliche Vorgaben zum Verfahren gibt, wird aufgrund der Teckal-Entscheidung[69] grundsätzlich geklärt, wann ein öffentlicher Auftraggeber am Markt nachfragt bzw. wann sich sein Agieren noch als interner Organisationsakt darstellt.

Die Kommission selbst weist in ihrem Grünbuch darauf hin, dass seit der Teckal-Entscheidung des EuGH[70] feststehe, nach welchen Kriterien ein Inhouse-Geschäft zu beurteilen sei, oder umgekehrt formuliert, wann die Vorschriften des öffentlichen Auftragswesens nicht anzuwenden seien. Grundsätzlich – so hatte der EuGH in dieser Entscheidung erstmals entschieden – gelten die Vorschriften des öffentlichen Auftragswesens, sobald ein öffentlicher Auftraggeber beschließe, eine Aufgabe einem Dritten, das heißt einer eigenständigen Rechtsperson, zu übertragen. Ein anderes Vorgehen komme nur dann in Frage, wenn der öffentliche Auftraggeber über die in Rede stehende Rechtsperson eine Kontrolle ausübe, die der gleichkomme, die sie über ihre eigenen Dienststellen ausübe, und wenn diese Rechtsperson ihre Wirtschaftstätigkeit im Wesentlichen mit der oder den Körperschaften abwickele, die sie unterhalte. Nur die Wirtschaftsgebilde, auf die beide Bedingungen zuträfen, könnten internen Einheiten des öffentlichen Auftraggebers gleichgestellt werden und könnten ohne Wettbewerb Aufträge erhalten.[71]

---

69 EuGH Rechtssache C-107/98 – VergabE A-1-5/99.
70 Rechtssache C-107/98, Teckal, Urteil v. 18.11.1999.
71 Vgl. Rz. 63 des Grünbuchs mit weiteren Nachweisen.

Durch diese Entscheidung wird jedem öffentlichen Auftraggeber auch im Hinblick auf die Etablierung einer PPP der Maßstab dafür präzisiert, wann noch ein vergabefreies Inhouse-Geschäft vorliegt bzw. wann ein dem Vergaberecht unterliegendes Auftreten am Markt gegeben ist. Insbesondere im Zusammenhang mit der Etablierung von institutionalisierten PPP weist die Kommission selbst darauf hin, dass das Vergaberecht durch Gründung von gemischtwirtschaftlichen Unternehmen nicht umgangen werden dürfe. Auch hier lässt sich feststellen, dass durch die Rechtsprechung des EuGH die einzuhaltenden Regeln klar umrissen sind. Bei konsequenter Anwendung dieser Grundsätze erübrigt sich daher eine weitere legislative Maßnahme.

c) Stadt Halle-Entscheidung zu Inhouse-Geschäft

In derselben Weise macht die jüngst ergangene Entscheidung des EuGH „Stadt Halle" zum Thema Inhouse-Geschäft deutlich, welche Regeln öffentliche Auftraggeber juristisch bindend zu beachten haben:

In dem der Entscheidung zugrunde liegenden deutschen Vergabenachprüfungsverfahren hatte sich die Beschwerdeführerin dagegen gewandt, dass die Stadt Halle ihrer Enkelgesellschaft, an der auch ein privates Unternehmen zu 24,9 % beteiligt war, einen Auftrag zur Erbringung von Entsorgungsdienstleistungen erteilt hatte, ohne ein europaweites Vergabeverfahren durchgeführt zu haben. Die Stadt Halle ging davon aus, dass es sich bei der Beauftragung um ein nicht der Ausschreibungspflicht unterfallendes „Inhouse-Geschäft" handele.

Das zuständige OLG Naumburg hatte dem Europäischen Gerichtshof neben der Frage zum Rechtsschutz gegen die Direktvergabe, d.h. die Nichtdurchführung eines förmlichen Vergabeverfahrens, vor allen Dingen die Frage zur Vorabentscheidung vorgelegt, ob bei der dargestellten Konstellation von privater Beteiligung und öffentlicher Beteiligung die Voraussetzungen für so genannte Inhouse-Vergaben als Ausnahme vom Anwendungsbereich des Vergaberechts erfüllt sind. Dies hat der EuGH verneint, also das Vorliegen eines sog. Inhouse-Geschäftes in vollem Umfang abgelehnt.

Zur Begründung hebt der Gerichtshof zunächst hervor, dass jede Ausnahme von der Anwendung des Gemeinschaftsrechts eng auszulegen sei. Im weiteren nimmt der Gerichtshof dann Bezug auf die bereits zitierte Teckal-Entscheidung und führt aus: „Im Sinne einer mit den Gemeinschaftsvorschriften bezweckten Öffnung des öffentlichen Auftragswesens für einen möglichst umfassenden Wettbewerb hat der Gerichtshof in Bezug auf die Richtlinie 93/36/EWG des Rates vom 14. Juni 1993 über die Koordinierung der

Verfahren zur Vergabe öffentlicher Lieferaufträge[72] entschieden, dass diese Richtlinie anwendbar ist, wenn ein öffentlicher Auftraggeber beabsichtigt, mit einer Einrichtung, die sich rechtlich von ihm unterscheidet, einen entgeltlichen Vertrag zu schließen, ob diese Einrichtung nun selbst ein öffentlicher Auftraggeber ist oder nicht.[73] Der Vertragspartner in dieser Rechtssache war ein aus mehreren öffentlichen Auftraggebern bestehendes Konsortium, an dem auch der betreffende öffentliche Auftraggeber beteiligt war.

Eine öffentliche Stelle, die ein öffentlicher Auftraggeber sei – so der Gerichtshof weiter –, habe die Möglichkeit, ihre im allgemeinen Interesse liegenden Aufgaben mit ihren eigenen administrativen, technischen und sonstigen Mitteln zu erfüllen, ohne gezwungen zu sein, sich an externe Einrichtungen zu wenden, die nicht zu ihren Dienststellen gehörten. In einem solchen Fall könne von einem entgeltlichen Vertrag mit einer Einrichtung, die sich rechtlich von dem öffentlichen Auftraggeber unterscheide, nicht die Rede sein. Die Gemeinschaftsvorschriften über das öffentliche Auftragswesen seien daher nicht anwendbar.

Nach der Rechtsprechung des Gerichtshofs sei es aber nicht ausgeschlossen, dass es weitere Umstände gäbe, unter denen eine Ausschreibung nicht obligatorisch sei, auch wenn der Vertragspartner eine Einrichtung sei, die sich vom öffentlichen Auftraggeber rechtlich unterscheide. Das gelte dann, wenn die öffentliche Stelle, die ein öffentlicher Auftraggeber ist, über die fragliche Einrichtung eine ähnliche Kontrolle ausübe wie über ihre eigenen Dienststellen und diese Einrichtung ihre Tätigkeit im Wesentlichen mit der oder den öffentlichen Stellen verrichte, die ihre Anteile innehätten.[74] Es sei – so der Gerichtshof ausdrücklich – daran zu erinnern, dass in dem vorgenannten Fall die Einrichtung zu 100 % von öffentlichen Stellen gehalten wurde.

Anknüpfend an diese Rechtsprechung erklärt der Gerichtshof dann im weiteren, eine – auch nur minderheitliche – Beteiligung eines privaten Unternehmens am Kapital einer Gesellschaft, an der auch der betreffende öffentliche Auftraggeber beteiligt sei, schließe es auf jeden Fall aus, dass der öffentliche Auftraggeber über diese Gesellschaft eine ähnliche Kontrolle ausübe wie über seine eigenen Dienststellen.

Insoweit sei zunächst festzustellen, dass die Beziehung zwischen einer öffentlichen Stelle, die ein öffentlicher Auftraggeber sei, und ihren Dienststellen durch Überlegungen und Erfordernisse bestimmt werde, die mit der Verfolgung von *im öffentlichen Interesse liegenden Zielen* zusammenhingen. Die

---

72 ABl. L 199, S. 1.
73 Vgl. Urteil v. 18.11.1999 in der Rechtssache C-107/98, Teckal, Slg. 1999, I-8121, Rzn. 50 u. 51.
74 Vgl. in diesem Sinne das Urteil Teckal a.a.O., Rz. 50.

Anlage von privatem Kapital in einem Unternehmen beruhe dagegen auf Überlegungen, die *mit privaten Interessen* zusammenhingen, und verfolge *andersartige Ziele.*

Zweitens würde die Vergabe eines öffentlichen Auftrags an ein gemischtwirtschaftliches Unternehmen ohne Ausschreibung das Ziel eines freien und unverfälschten Wettbewerbs und den in der Richtlinie 92/50 genannten Grundsatz der Gleichbehandlung der Interessenten beeinträchtigen, insbesondere weil ein solches Verfahren einem am Kapital dieses Unternehmens beteiligten privaten Unternehmen einen Vorteil gegenüber seinen Konkurrenten verschaffen würde.

Nach der Rechtsprechung des EuGH kommt also ein vergabefreies Inhouse-Geschäft bereits dann nicht mehr in Betracht, wenn auch nur die kleinste private Beteiligung an einen öffentlichen Unternehmen (= Auftragnehmer) gegeben ist.[75] Jeder öffentliche Auftraggeber, der insbesondere über die Etablierung einer institutionalisierten PPP nachdenkt und sich rechtstreu verhalten will[76], hat daher aufgrund der vom EuGH aufgestellten und durch die jüngste Rechtsprechung präzisierten Regeln die Verpflichtung, die Vorschriften des Vergaberechts zu beachten. Diese Regeln sind klar und unmissverständlich. Gegebenenfalls müsste der konsequenten Durchsetzung im Wege weiterer Gerichtsverfahren mehr Nachdruck verliehen werden, einer weiteren Regelung in Form legislativer Akte – und damit einer Regulierung – bedarf es jedoch nicht.

V. Ergebnis

Die Analyse der Rechtsprechung des Europäischen Gerichtshofs zeigt, dass es bereits hinreichend klare Regeln gibt, die alle öffentlichen Auftraggeber bei der Befassung mit dem Thema PPP in die Lage versetzen, europarechtskonforme Verfahren durchzuführen und die Grundprinzipien des Europäischen Vertrags zu beachten. Es besteht daher keine Notwendigkeit, über weitere legislative Akte – sozusagen im Vorgriff auf sich entwickelnde Marktstrukturen – nachzudenken. Eine solche Regulierung könnte vielmehr die Gefahr in sich bergen, selbst gegen bereits geltendes europäisches Recht zu verstoßen, denn die funktionalen Grundzielen einer Marktwirtschaft, wie sie

---

75 Wie hier *Jaeger (2001)*, S. 10; *Faber (2001)*, S. 248 (256); *Ortlieb (2002)*, S. 29 (33); *Ortlieb (2003)*, S. 146 (148); im Ergebnis auch *Dreher (2001)*, S. 360 (363, 366).
76 Zum Problem des Umgehungsverbotes vgl. Vergabekammer Düsseldorf, NZBau 2001, S. 46; OLG Brandenburg v. 13.07.2001, NZBau 2001, S. 645 (Zeitraum von 6 Jahren zwischen Beauftragung und Anteilsverkauf schließt nicht per se den wirtschaftlichen Gesamtzusammenhang aus); *Endler (2002)*, S. 125 (132 ff.); *Jaeger (2001)*, S. 610.

durch Artt. 4, 98 EGV geschützt werden, könnten tangiert sein: Nach Art. 4 Abs. 1 EGV sind die Mitgliedstaaten der Gemeinschaft dem Grundsatz einer offenen Marktwirtschaft mit freiem Wettbewerb verpflichtet. Dies wiederholt Art. 98 EGV. Dort heißt es: „Die Mitgliedstaaten und die Gemeinschaft handeln im Einklang mit dem Grundsatz einer offenen Marktwirtschaft mit freiem Wettbewerb, wodurch ein *effizienter Einsatz der Ressourcen gefördert wird, und halten sich dabei an die in Art. 4 genannten Grundsätze.*" Dies sind keine bloßen Programmsätze, sondern rechtlich verbindliche Vorschriften.[77] Wenn durch die Rechtsprechung jetzt und auch in Zukunft Verhaltensregeln geschaffen werden, die diese Grundsätze mit Leben erfüllen, wäre eine Ex-ante-Regulierung des Themas PPP nichts anderes als eine Wettbewerbsbeschränkung durch Recht. Diese würde gegen Artt. 4, 98 EGV verstoßen und folglich nichtig sein.

Die Antwort auf die Frage der Europäischen Kommission „Sollen wir den Bereich PPP gesondert gemeinschaftsrechtlich regeln?", kann daher nur lauten: Nein!

Literaturverzeichnis

Blankart (2003): Charles Beat Blankart, Öffentliche Finanzen der Demokratie, 5. Aufl., München 2003.

Budäus (2003): Dietrich Budäus, Neue Kooperationsformen zur Erfüllung öffentlicher Aufgaben. Charakterisierung, Funktionsweise und Systematisierung von Public Private Partnership, in: Jens Harms und Christoph Reichard (Hrsg.), Die Ökonomisierung des öffentlichen Sektors: Instrumente und Trends, Schriftenreihe der Gesellschaft für öffentliche Wirtschaft, H. 50, Baden-Baden 2003, S. 213-234.

Callies/Ruffert-Höde (1999): Christian Callies u. Matthias Ruffert-Höde (Verf.), Kommentar zum EU- und EG-Vertrag, Neuwied 1999.

Dreher (2001): Meinrad Dreher, Die Privatisierung bei Beschaffung und Betrieb der Bundeswehr: zugleich ein Beitrag zur Frage der vergaberechtlichen Privilegierung so genannter In-house-Lösungen, in: Neue Zeitschrift für Bau- und Vergaberecht (NZBau), Jg. 2001, S. 360-366.

Endler (2002): Jan Endler, Privatisierung und Vergaberecht, in: Neue Zeitschrift für Baurecht, Neue Zeitschrift für Bau- und Vergaberecht (NZBau), Jg. 2002, S. 125-136.

Faber (2001): Angela Faber, Öffentliche Aufträge an kommunal beherrschte Unternehmen – In-house-Geschäfte oder Vergabe im Wettbewerb, in: Deutsche Verwaltungsblätter (DVBl), Jg. 2001, S. 248-259.

---

77 Vgl. *Callies/Ruffert-Höde (1999)*, Art. 4 EGV, Rz. 8.

Fritsch u.a. (2003): Michael Fritsch, Thomas Wein u. Hans-Jürgen Ewers, Marktversagen und Wirtschaftspolitik, 5. Aufl., München 2003.

Heinz/Scholz (1996): W. Heinz und C. Scholz, Public Private Partnership im Städtebau, Erfahrungen aus der kommunalen Praxis, Berlin 1996.

Jaeger (2001): Wolfgang Jaeger, Public Private Partnership und Vergaberecht, in: Neue Zeitschrift für Baurecht (NZBau), Jg. 2001, S. 6-12.

Jasper/Marx (2003): Ute Jasper und Friedhelm Marx, Textausgabe Vergaberecht, 6. Aufl., München 2003.

Ortlieb (2001): Birgit Ortlieb, Vergaberechtliche Beurteilung von Konzessionsverträgen, in: Peter Becker, Christian Held, Martin Riedel u. Christian Theobald (Hrsg.), Energiewirtschaft im Aufbruch, Köln 2001, S. 379-392.

Ortlieb (2002): Birgit Ortlieb, Inhouse-Geschäft als Ausnahme zur Ausschreibungspflicht, zugleich eine Besprechung des BGH vom 12. Juni 2001, in: Zeitschrift für neues Energierecht (ZNER), Jg. 2002, S. 29 ff.

Ortlieb (2003): Birgit Ortlieb, Umfang und Reichweite sog. Inhouse-Geschäfte als Ausnahme zur Ausschreibungspflicht im Spannungsfeld zunehmender Privatisierung – zugleich eine Besprechung der Entscheidung des Bundesgerichtshofes vom 12. Juni 2001, Zeitschrift Wirtschaft und Wettbewerb (WuW), Jg. 2003, S. 146 ff.

Pegatzky (2005): Claus Pegatzky, Public-Private-Partnership im Lichte der Oderwitz-Rechtsprechung, Neue Zeitschrift für Verwaltungsrecht (NVwZ), Jg. 2005, S. 61-66.

Reichard (1994): Christoph Reichard, Umdenken im Rathaus, Berlin 1994.

Schwintowski (2003): Hans-Peter Schwintowski, Gemeinwohl, öffentliche Daseinsvorsorge und Funktionen öffentlicher Unternehmen im europäischen Binnenmarkt, in: Zeitschrift für öffentliche und gemeinwirtschaftiche Unternehmen (ZögU), Bd. 26, Jg. 2003, S. 283-310.

Sechstes Kapitel:

Cross Border Leasing
als Variante einer Finanzierungs-PPP

Thomas Lenk

Cross Border Leasing: Finanzwissenschaftliche Analyse eines kommunalen Finanzierungskonzepts unter besonderer Berücksichtigung der Auswirkungen ausländischer Rechtsänderungen

Gliederung

I. Problemstellung
II. Cross Border Leasing: Grundlagen
III. Eine Risikoanalyse aus finanzwirtschaftlicher Perspektive
  1. Vorvertragliche Risiken
     a) Kostenrisiko
     b) Risiko der Einschränkung der Daseinsvorsorge
  2. Risiken während der Vertragslaufzeit
     a) Angewendetes Recht und Rechtsänderungen
        aa) Kostenrisiko
        bb) Risiko der Einschränkung der Daseinsvorsorge
     b) Nutzungsrecht und Laufzeit
        aa) Kostenrisiko
        bb) Risiko der Einschränkung der Daseinsvorsorge
     c) Leistungsstörungen und Untergang der Anlage
        aa) Kostenrisiko
        bb) Risiko der Einschränkung der Daseinsvorsorge
     d) Insolvenzrisiko
        aa) Kostenrisiko
        bb) Risiko der Einschränkung der Daseinsvorsorge
  3. Risiken bei Beendigung des Vertrags
     a) Kostenrisiko
     b) Risiko der Einschränkung der Daseinsvorsorge
IV. Weitergehende finanzwirtschaftliche Fragestellungen
  1. Vereinbarkeit mit geltenden Haushaltsgrundsätzen
  2. Haushaltstechnische Behandlung des Barwertvorteils
  3. Rolle der Kommunalaufsicht
V. Auswertung der Ergebnisse
Literaturverzeichnis

I. Problemstellung[1]

Public Private Partnerships (PPP) werden zunehmend auf kommunaler Ebene als neue Form von Kooperationsmodellen zwischen öffentlicher Verwaltung und Privatwirtschaft eingesetzt. Nicht nur politische und rechtliche Vorgaben, die sich vorwiegend aus EU-Richtlinien und Verordnungen ergeben, sondern auch finanzielle Zwänge veranlassen Gemeinden und Städte, im Rahmen von PPP den neuen Anforderungen zu begegnen. Motivation für Cross-Border-Leasing (CBL)-Geschäfte ist ebenfalls die Suche nach zusätzlichen finanziellen Mittel zur Realisierung von Investitionen oder zum Abbau von Schulden. Im Unterschied zu PPP erfolgt im Rahmen von CBL-Geschäften, die folgend charakterisiert und in ihrer Wirkung auf die Wahrnehmung kommunaler Aufgaben untersucht werden, jedoch keine materielle Kooperationen zwischen privater und öffentlicher Wirtschaft, z.B. im Rahmen eines Betreibermodells, da die betroffene öffentliche Aufgabe bzw. die zu ihrer Erfüllung notwendigen Anlagen weiterhin bei der Kommune verbleiben. Vielmehr ist die Erzielung finanzieller Vorteile gemeinsames Ziel der Vertragsparteien und nicht die Realisierung einer öffentlichen Aufgabe. Sich aus der Erzielung des Barwertvorteils ergebende Investitionsprojekte könnten allerdings im Rahmen von PPP erfolgen, so dass CBL-Geschäfte auch als PPP vorgelagert betrachtet werden könnten.

Ähnliche Beweggründe zur Durchführung des Geschäfts bzw. der Kooperationsform und mögliche Auswirkungen auf öffentliche Aufgaben durch CBL liefern somit Argumente für eine Betrachtung des CBL im Rahmen der Analyse von PPP.

In den letzten Jahren hat die Zahl von Cross-Border-Leasing-Transaktionen in Deutschland verstärkt zugenommen.[2] Mit wachsender Bedeutung rückte diese Sonderform des Leasings aber auch immer mehr ins öffentliche Blickfeld und begegnet großem Misstrauen.

Besonderheit des hier untersuchten US-CBL ist die Kombination der Beteiligung der öffentlichen Hand mit gleichzeitiger Internationalität des Geschäfts.

---

1 Bei dem vorliegenden Beitrag handelt es sich um eine gekürzte Fassung des Arbeitspapiers *Lenk/Köpping (2004)*.
2 Siehe Anhang 1 für eine beispielhafte Auflistung einer Auswahl von US-CBL-Geschäften, die die East Merchant GmbH durch Arrangeurs- oder Bankleistungen seit 1999 betreute. Im folgenden Beitrag wird aufgrund seiner Wichtigkeit beispielhaft das US-CBL untersucht. Da die Grundstruktur von CBL-Geschäften jedoch gleich ist, gelten die meisten Aussagen auch allgemein. Dies ist insbesondere mit Blick auf die zukünftige Entwicklung, im Rahmen derer auch andere Märkte an Bedeutung gewinnen werden, wichtig.

Vordergründiges Ziel der abgeschlossenen Transaktionen ist die Realisierung einer Einnahme zur Sanierung der Haushalte, der Finanzierung konkreter Projekte oder der Konstanthaltung von Gebühren. Gleichzeitig basieren diese Einnahmen auf der Existenz von Anlagen, die meist in öffentlichem Besitz sind oder zumindest der Sicherstellung eines Teils der öffentlichen Daseinsvorsorge dienen. An diesem Punkt soll der vorliegende finanzwissenschaftliche Beitrag anknüpfen, um festzustellen, ob große Risiken vorliegen oder Unkenntnis der Regelungen den Diskussionen zugrunde liegt.

II. Cross Border Leasing[3]: Grundlagen[4,5]

Beim US-CBL[6] (vgl. Abb. 1 zur Grundstruktur) wird in der zuletzt praktizierten Ausgestaltung des lease-to-service-Contract eine in deutschem Eigentum befindliche Anlage an einen US-Trust vermietet (Hauptmietvertrag) und im gleichen Zug von diesem an den deutschen Eigentümer zurückvermietet (Untermietvertrag). Durch den Hauptmietvertrag und insbesondere durch seine

Abbildung 1: Beteiligte einer CBL-Transaktion

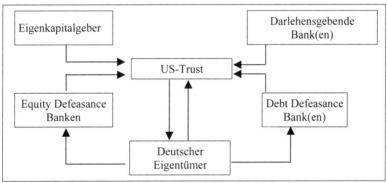

Quelle: Eigene Darstellung.

---

3   Die Analyse des CBL wird im Folgenden am Beispiel des US-CBL durchgeführt. Für einen kurzen Überblick zur Entwicklung des US-CBL vom Leasing über die Pickle-Dole-Regelungen und das Lease-in-Lease-out-Modell (Lilo) zur Service-Contract-Struktur, wie sie heute praktiziert wird, vgl. *Smeets u.a. (2003)*, S. 1061 f.
4   Zur detaillierten Darstellung der Funktionsweise des US-CBL vgl. *Lenk/Köpping (2004)*.
5   Vgl. zu den folgenden Abschnitten auch: *Die Grünen (2003)*; *Günther/Niepel (2002)*; *Sester (2003a)* u. *(2003b)*; *SPD (2004)*.
6   In der zuletzt praktizierten Ausgestaltung des lease-to-service-Contract.

bis zu 99-jährige Laufzeit wird dem US-amerikanischen Vertragspartner nach US-Steuerrecht das wirtschaftliche Eigentum an der betreffenden Anlage verschafft. Diese Tatsache versetzt den US-Trust in die Lage, das Objekt abzuschreiben und Steuerstundungseffekte zu erzielen. Von diesem finanziellen Vorteil profitiert die deutsche Kommune durch den sogenannten Barwertvorteil, der ihr zu Vertragsabschluss zufließt.

Beteiligte Banken finanzieren den Fremdkapitalanteil des US-Trusts und gewährleisten die Mietzahlungen im Rahmen des Untermietvertrags, der für bis zu 30 Jahre abgeschlossen wird. Die deutsche Gebietskörperschaft tritt im Rahmen einer Erfüllungsübernahme[7] die Zahlung der Miete an Banken ab und wird so wirtschaftlich gesehen von ihren Schulden befreit.

III. Eine Risikoanalyse aus finanzwissenschaftlicher Perspektive

Die nun folgende Untersuchung soll gemäß den Aspekten der Sicherung der Daseinsvorsorge und potentieller unerwarteter zusätzlicher finanzieller Belastungen aufgrund von Vertragsstörungen, die zur Einbuße des Barwertvorteils führen können, erfolgen.

1. Vorvertragliche Risiken

a) Kostenrisiko

Es ist denkbar, dass die deutsche Kommune oder der US-Trust nicht mit den Vertragskonditionen einverstanden sind und das Geschäft nicht zustande kommt. Weiterhin könnte die Kommune am Abschluss des Geschäfts durch die fehlende Zustimmung der Kommunalpolitiker oder Genehmigungsbehörden gehindert werden. Eine Änderung des US-Steuerrechts vor Abschluss des Vertrags, die die Anerkennung der Transaktion in Frage stellt, ist ebenfalls möglich.[8] Bei durch den US-Investor verschuldetem vorzeitigen Abbruch der

---

7 Der Schuldner haftet weiterhin gegenüber dem Schuldner, ist also nicht befreit von seinen Schulden. § 329 BGB legt dazu folgendes fest: „Verpflichtet sich in einem Vertrage der eine Teil zu Befriedigung eines Gläubigers des anderen Teiles, ohne die Schuld zu übernehmen, so ist im Zweifel nicht anzunehmen, dass der Gläubiger unmittelbar das Recht erwerben soll, die Befriedigung von ihm zu fordern." Es handelt sich um einen Vertrag zugunsten Dritter, bei dem sich eine Partei verpflichtet, einen Gläubiger der anderen Partei zu befriedigen, ohne die Verbindlichkeiten zu übernehmen., in: *Tilch/Arloth (2001)*, S. 4582.

8 *Smeets u.a. (2003)*, S. 1063.

Vertragsverhandlungen trägt dieser die bis zu diesem Zeitpunkt entstandenen Kosten. Alle weiteren Risiken, wie z.B. eine Rechtsänderung in den USA, müssen von der Kommune bzw. vom Arrangeur getragen werden. Für die Ausgestaltung dieser Kostenübernahme bestehen verschiedene Möglichkeiten.[9] Häufig kann ein Teil der im Rahmen der Vorverhandlungen bestehenden Risiken auf den Arrangeur abgewälzt werden. Falls jedoch die Kommune den mit dem Arrangeur vereinbarten Regelungen zuwider handelt, trägt sie die entstehenden Kosten.[10]

b) Risiko der Einschränkung der Daseinsvorsorge

In dieser Phase der CBL-Transaktion entstehen keine konkreten Sachverhalte, die die Gewährleistung der Daseinsvorsorge gefährden. Jedoch sollten in die Überlegung, ob ein CBL-Geschäft getätigt wird, und insbesondere bei der sorgfältigen Auswahl der zu verleasenden Anlage, Aspekte der Sicherung der Daseinsvorsorge als hoheitliche Aufgabe einfließen.

2. Risiken während der Vertragslaufzeit

a) Angewendetes Recht und Rechtsänderungen

Die Internationalität des Vertrags führt von vornherein zu Rechtsunsicherheiten. Auch wenn festgelegt wird, dass US-amerikanisches Recht angewendet wird[11], muss sich die deutsche Kommune regelmäßig versichern, wie bestimmte Sachverhalte vom deutschen Gesetzgeber beurteilt werden. Insbesondere steuerrechtliche Aspekte fallen hierunter. Für die deutsche Vertragsseite kommt erschwerend die englische Verhandlungs- und Vertragssprache hinzu.

---

9   Hierzu ausführlich ebenda, S. 1063 f.
10 *Busch (2003)*, S. 11-14; *Geerling (2003)*, S. 19.
11 Damit stellt sich laut Sester die Frage nach der Zuständigkeit amerikanischer oder deutscher Gerichte nicht. Er verweist in diesem Zusammenhang auf die Tatsache, dass kaum Situationen entstehen sollten, in denen eine gerichtliche Durchsetzung von Schadenersatzansprüchen notwendig sein sollte. Lediglich im Fall von Klagen Dritter gegen die Gemeinde kann es in sehr seltenen Fällen zu Klagen vor US-amerikanischen Gerichten kommen. Diesbezüglich stellt sich allerdings die Frage, in welcher Form welche Betroffenen Klagen erheben sollten. *Sester (2003b)*, S. 1836-1840.

aa) Kostenrisiko

In Verbindung mit Rechtsänderungen müssen zwei wesentliche Fälle potenzieller Kostenrisiken unterschieden werden:

- Einerseits könnte eine Einführung von Steuern auf die zu leistenden Transaktionen die Kosten stark erhöhen (Quellensteuer).
- Eine Gesetzesänderung könnte andererseits zur Nichtanerkennung der Geschäftsgrundlage führen (Änderung der grundsätzlichen Steuergestaltung).

Grundsätzlich soll jede Vertragspartei das Risiko einer Gesetzesänderung im eigenen Rechtssystem tragen. So trägt der US-Trust das Risiko einer Verweigerung der Anerkennung des Geschäfts in den USA und die deutsche Gebietskörperschaft das Risiko für potenzielle Gesetzesänderungen, die zu zusätzlichen finanziellen Belastungen der Vertragsparteien führen. Wenn allerdings die deutsche Seite durch nicht vertragskonformes Verhalten, wie die Nichterfüllung vereinbarter Handlungspflichten und Falschangaben, die Anerkennung der Transaktion in den USA gefährdet, ist der Trust berechtigt, den Vertrag zu kündigen und von der Kommune die Zahlung des Beendigungswerts, den sogenannten Termination Value[12], zu verlangen.[13]

Eine Ausnahme von der Handhabung, Risiken des eigenen Rechtssystems zu tragen, bildet das Quellensteuerrisiko. In allen CBL-Verträgen wird dieses Risiko i.d.R. von der deutschen Vertragsseite übernommen. Die Konstruktion der Verträge schließt die Erhebung von Quellensteuern nach den bei Abschluss der Verträge gültigen Gesetzen aus.[14] Die spätere Erhebung von Quellensteuern würde zu einer Gewinnschmälerung für die Gemeinde führen, da zusätzliche finanzielle Mittel eingebracht werden müssten. Regelungen über Quellensteuern im grenzübergreifenden Zahlungsverkehr unterliegen dem Doppelbesteuerungsabkommen vom 29. August 1989.[15] Die Einführung einer Quellensteuer würde demzufolge die Änderung des Abkommens erfordern. Ein nationaler Alleingang kann ausgeschlossen werden, da es sich um einen völkerrechtlichen Vertrag handelt. Grundsätzlich bleibt aber ein Restrisiko,

---

12 Seine Höhe wird zu Beginn des Vertrags festgelegt und ist gestaffelt. Mit fortschreitender Vertragslaufzeit nimmt der Termination Value ab. In Literatur und Praxis werden die Begriffe Termination Value, Beendigungswert, Kündigungswert, Abfindungswert und Vorfälligkeitsentschädigung synonym verwendet.
13 *Busch (2003)*, S. 12; *Güpner (2004)*, S. 20 f.; *Geerling (2003)*, S. 19.
14 *Innenministerium NRW (2003)*.
15 Abkommen vom 29.08.1989 zwischen der Bundesrepublik Deutschland und den Vereinigten Staaten von Amerika zur Vermeidung der Doppelbesteuerung und zur Verhinderung der Steuerverkürzung auf dem Gebiet der Steuern vom Einkommen und vom Vermögen und anderer Steuern, in: BStBl 1991, Teil 1, S. 94-112.

auch wenn entsprechende Änderungen massive Eingriffe in internationale Finanzierungen darstellen würden. CBL-Verträge sehen jedoch die Möglichkeit einer Umstrukturierung vor, so dass trotz der Einführung einer Quellensteuer keine Belastung entstünde. So besteht z.B. für die deutsche Kommune die Möglichkeit, Finanzinstitute, die in anderen Staaten ansässig sind, zu wählen.[16] Der Wechsel der erfüllungsübernehmenden Institution wäre aber mit zusätzlichen Kosten verbunden.[17]

Bleibt nun die Frage offen, ob eine Änderung des US-Steuerrechts, die einer CBL-Transaktion die Grundlage entziehen würde, wahrscheinlich ist und ob für bereits abgeschlossene Verträge Bestandsschutz angewendet wird. Dieser Aspekt ist nicht unproblematisch, da es in den letzten Jahren heftige Diskussionen in der US-amerikanischen Steuerbehörde – dem Internal Revenue Service – gegeben hat. Die daraus entstandene politische Debatte führte jedoch zur Entwicklung neuer Strukturen, der sogenannten Service Contract-Struktur, die den Anforderungen der Behörde gerecht werden sollte. Alle betroffenen Behörden wurden über die Geschäfte informiert und tolerieren die indirekte Subventionierung großer US-amerikanischer Investoren und Banken.[18,19]

Aufgrund der im Mai 2004 im Senat und kurz darauf im Juni im Repräsentantenhaus verabschiedeten Gesetzesvorschläge ist das Risiko einer Gesetzesänderung momentan sehr groß.[20] Eine dabei möglicherweise eintretende Rückwirkung auf in der Vergangenheit abgeschlossene Verträge würde keine negativen Auswirkungen auf die deutschen Vertragspartner zur Folge haben, da das Risiko der Änderung der US-Steuergesetzgebung von der US-amerikanischen Seite getragen wird. Der durch die Transaktion erzielbare Vorteil für den US-Investor würde demzufolge geringer ausfallen bzw. gänzlich erlöschen, wenn keine Stichtagsregelung eingeführt wird, sondern neue Regelungen auf die gesamte Vertragslaufzeit angewendet werden. Für den US-Trust bestehen keine Kündigungsrechte oder Ansprüche auf den ausgezahlten Barwertvorteil.[21]

Im unwahrscheinlichen Fall der Einführung einer Quellensteuer würden zusätzliche Zahlungen, z.B. durch den Wechsel der Banken und die Umstrukturierung der Verträge, auf die Gemeinde zukommen. Problematisch ist, dass dieses Risiko grundsätzlich nicht im Einflussbereich der Vertragsparteien liegt, andererseits sollte die Beteiligung von mehr als 150 deutschen Gemein-

---

16 *Scholz u.a. (2003); o.V. (o.J.).*
17 *Busch (2003),* S. 12; *Güpner (2004),* S. 20 f.; *Geerling (2003),* S. 19.
18 *Busch (2003),* S. 12; *Rügemer (2003),* S. 6 f.
19 *Bausch (2001).*
20 *Neubauer (2004b).*
21 *Smeets u.a. (2003),* S. 1065.

den und kommunalen Unternehmen sowie renommierten US-amerikanischen Finanzdienstleistern als Investoren Anreize setzen, aus Regierungssicht die Einführung einer Quellensteuer zu vermeiden.

bb) Risiko der Einschränkung der Daseinsvorsorge

Eine Gefahr der Einschränkung der Daseinsvorsorge besteht in diesem Zusammenhang nicht.

Da das Steuerrisiko beim US-Trust liegt, stehen ihm in diesem Fall keine Sonderkündigungsrechte zu. Geschlossene Verträge laufen unverändert weiter, die deutsche Kommune bleibt Eigentümer des Objekts.

Im Fall einer Änderung der Quellenbesteuerung und der Unmöglichkeit, diese durch Umstrukturierung der Verträge zu umgehen, entstünden für die deutsche Vertragsseite zusätzliche Kosten, am Zustand der Eigentümerschaft und des Betreibers ändert sich jedoch nichts.

b) Nutzungsrecht und Laufzeit

Risiken, die mit dem Betrieb der Anlage verbunden sind, sollten vom Betreiber, also der Gebietskörperschaft, getragen werden, da so Anreize gesetzt werden, alle Maßnahmen für die ordnungsgemäße Funktionsweise durchzuführen. So liegt denn auch das Betriebsrisiko – laut § 823 Abs.1 BGB die allgemeinen Versicherungspflichten – beim deutschen Eigentümer. Diese sogenannte Schadloshaltungspflicht, die Wartungs- und Instandhaltungspflichten beinhaltet und den Eigentümer zur Einhaltung aller verbindlichen Standards anhält, besteht unabhängig von der Durchführung einer CBL-Transaktion.

Seitens des US-Trusts wird kein Interesse bestehen, dieses Risiko zu übernehmen, da er lediglich finanzielle Interessen verfolgt. Bei Nichteinhaltung der Pflichten und Standards steht dem US-Trust ein Kündigungsrecht zu.

Der deutsche Eigentümer bleibt zwar Eigentümer, legt sich durch die Verträge aber auf die Nutzung des Objekts für einen bestimmten Zweck und über einen langen Zeitraum fest. Dies ist unbestritten. Darüber, ob tatsächlich eine Einschränkung der Verfügungsgewalt besteht, wird in der Öffentlichkeit heftig debattiert.

Die Diskussion rankt sich dabei um die Frage, ob der Vertragsabschluss nicht von vornherein den Verlust der Anlage impliziert, auch wenn zunächst Nutzungsrechte eingeräumt werden, und ob durch die Regelungen nicht der wirtschaftlich sinnvolle Betrieb der Anlage – Modernisierungen, Stilllegungen –

behindert wird und dadurch zusätzliche Kosten entstehen.[22] Letzteres ist eng mit der Problematik der sehr langen Laufzeit der Verträge verbunden.

aa) Kostenrisiko

Kostenauslösende Umstände könnten in dreierlei Hinsicht entstehen.
- Aufgrund technologischer Entwicklungen kann die Anlage in ihrem ursprünglichen Zustand nicht mehr wirtschaftlich betrieben werden. Es müssten Änderungen an ihr vorgenommen werden. Grundsätzlich können Modifikationen und Verbesserungen nach amerikanischem Recht durchgeführt werden. Da Verbesserungen im Normalfall zu Wertsteigerungen des Objekts führen, sollten sie auch im Interesse des Trusts sein.
- Bei Unwirtschaftlichkeit der Anlage oder technischen Mängeln besteht für die Kommune auch die Möglichkeit, die Anlage zu verkaufen und somit die Transaktion zu beenden. Dabei ist sie gehalten, den Termination Value und die Differenz zwischen dem Verkaufspreis und dem Termination Value an den Trust zu überweisen. Die Zahlung des Termination Value wird zum Teil aus den Mietvorauszahlungen geleistet, die in den Depots bei den erfüllungsübernehmenden Banken eingezahlt sind und den Großteil des Termination Value abdecken. Die gestaffelte Festlegung des Termination Value führt dazu, dass die Deckungslücke[23], der sogenannte «strip», zu Beginn der Vertragslaufzeit erheblich ist. Mit zunehmender Laufzeit schrumpft die Deckungslücke, bis der über die Jahre aufgezinste Barwertvorteil den Termination Value übersteigt.[24] Es kann davon ausgegangen werden, dass nach ca. zwei Dritteln der Vertragslaufzeit der «strip» den aufgezinsten Barwertvorteil nicht mehr übersteigt. Smeet u.a. stellen in diesem Zusammenhang fest, dass erst nach Erreichen dieses Break-even-Zeitpunkts ein Teil des Barwertvorteils und erst nach Ablauf des Sublease der gesamte Barwertvorteil wirklich verdient ist, da bei vertragswidrigem Handeln durch die Kommune und anschließender Zahlung des Termination Value dieser gänzlich oder zu Teilen verloren geht. Die Zahlung von Vertragsstrafen bei Zuwiderhandlungen ist allerdings kein besonderes Merkmal von CBL-Verträgen.[25]

---

22 *Heidorn (2003)*, S. 24.
23 Zwischen Termination Value und den in den Depots der Banken geparkten Fremd- und Eigenkapitalanteilen der von der deutschen Kommune zu leistenden Mietzahlungen.
24 *Geerling (2003)*, S. 18; *Sester (2003b)*, S. 1837.
25 *Smeets u.a. (2003)*, S. 1067.

- Außerdem bestehen Möglichkeiten, die Anlage ohne Gefährdung des Vertrags zu verkaufen bzw. die rechtliche Organisation teilweise umzustrukturieren. Dabei muss die Kommune regelmäßig sicherstellen, dass die sich aus den Verträgen ergebenden Pflichten weiterhin erbracht werden und der neue Vertragspartner eine gewisse Mindestbonität aufweist. Im Falle einer solchen gesellschaftsrechtlichen Änderung bleibt die Haftung der Kommune im Regelfall bestehen. Privatisierungen und Veränderungen der Gesellschafterstruktur können demnach realisiert werden. Erfahrungen mit existierenden Verträgen zeigen, dass hinsichtlich dieser Veränderungen die Verträge ausreichend Flexibilität garantieren bzw. US-amerikanische Vertragspartner zu Anpassungen der Verträge bereit sind.[26] Dies könnte bei Privatisierungen jedoch die Gefahr einer Erlösschmälerung in sich bergen, da die Belastung der Anlage mit einem CBL-Geschäft für den neuen Betreiber möglicherweise ein negativer Aspekt ist und der neue Betreiber keinerlei Vorteile aus dem CBL-Geschäft ziehen kann, da der Barwertvorteil in den meisten Fällen bereits für bestimmte Zwecke von der Stadt eingesetzt wurde.[27]
- Ein letzter denkbarer Fall ist, dass die Anlage zwar technologisch auf dem neuesten Stand und auch wirtschaftlich arbeitet, dass sie aber nicht mehr benötigt wird. Um Schadenersatzforderungen aus dem Weg zu gehen, müsste die Anlage, wenn eine Privatisierung nicht gewünscht wird, betriebsbereit gehalten werden. Das Eintreten dieses Falls würde jedoch von einer schlechten Auswahl des zu verleasenden Objekts bzw. einer Fehlentscheidung zum Bau der Anlage zeugen, da sie vor Ablauf des Sublease und somit im Regelfall vor Ablauf des vorgesehenen Abschreibungszeitraums nutzlos geworden wäre.[28]

bb) Risiko der Einschränkung der Daseinsvorsorge

Die Tatsache, dass ein wirtschaftlicher Betrieb der Anlage nicht gefährdet ist, sollte aber nicht die Frage verdrängen, ob dieser Betrieb überhaupt gewollt ist. An dieser Stelle muss auf die lange Laufzeit der Verträge und die notwendige sorgfältige Auswahl der Objekte verwiesen werden. Es muss Sicherheit bestehen, dass die Anlage lange benötigt wird und eine ausreichende Dispositionsfreiheit über das Objekt durch die Verträge gesichert ist.

---

26 *Bausch (2001)*; *Flatten/Melzer (2003)*, S. 30; *Melzer (2003)*; *Smeets u.a (2003)*, S. 1065.
27 *Geerling (2003)*, S. 18.
28 *Smeets u.a. (2003)*, S. 1065.

Die vorangegangenen Ausführungen zeigen jedoch, dass Risiken für die Daseinsvorsorge bei sorgfältiger Prüfung vor Eingehen der Transaktion nicht bestehen. Notwendige Modernisierungen können vorgenommen werden. Für den Fall, dass das Objekt für die Wahrnehmung der öffentlichen Daseinsvorsorge nicht mehr benötigt wird, besteht zwar die Frage, wie der Vertrag beendet wird, aber die grundsätzliche Entscheidung für die Errichtung einer neuen Anlage müsste auch ohne eine CBL-Verpflichtung getroffen werden und würde in jedem Fall Kosten nach sich ziehen.

c) **Leistungsstörungen und Untergang der Anlage**

Während der Vertragslaufzeit können diverse Pflichtverletzungen auf US-amerikanischer und deutscher Seite auftreten. Es werden sogenannte Events of Default (Leistungsstörungen) und Events of Loss (Beschädigung oder Untergang der Anlage) unterschieden. Im Rahmen der Leistungsstörungen spielt der Zahlungsverzug die wichtigste Rolle. Sonstige Pflichtverletzungen beziehen sich hauptsächlich auf die allgemeinen Sorgfaltspflichten der Kommune, die mit dem Betrieb der Anlage in Verbindung stehen und in den meisten Fällen auch ohne eine CBL-Transaktion von der Gemeinde zu erfüllen wären.

aa) Kostenrisiko

Bei Vorliegen einer der beschriebenen Leistungsstörungen[29] und angesichts der Tatsache, dass die Kommune gehalten ist, die Anlage in ihrem Bestand zu erhalten, muss die Kommune den Mangel beheben bzw. veranlassen, dass die ausstehenden Mietzahlungen unverzüglich geleistet werden. Im ersten Fall wird eine Frist (grace period) gesetzt, innerhalb derer auf deutscher Seite entschieden werden muss, ob der Mangel behoben bzw. die gesamte Anlage wieder aufgebaut wird. Diese Frist ist bei einem Event of Loss mit i.d.R. 60 bis maximal 180 Tagen großzügig bemessen. Bei einer einfachen Leistungsstörung stehen der Gemeinde zwischen 30 und 60 Tage zur Verfügung. Entscheidet sich der deutsche Eigentümer für die Behebung des Mangels, er-

---

29 Von einem Event of Default wird erst gesprochen, nachdem der Investor die Kommune davon in Kenntnis gesetzt hat und die Frist verstrichen ist. Eine ähnliche Vorgehensweise wird beim Event of Loss angewendet. Nach Eintritt der Beschädigung bzw. des Untergangs des Objekts und nach der Feststellung dieser Tatsache (prompt notice) durch den Investor setzt besagte Frist ein. Es existiert demzufolge in beiden Fällen ein Frühwarnmechanismus, bevor die Zahlung des Termination Value fällig ist.

hält er einen angemessenen Zeitraum zu seiner Behebung. Der Vertrag läuft ohne Modifikationen weiter.[30]

Sollte sich die Kommune bei einer Leistungsstörung gegen die Wiederherstellung des vertragsgemäßen Zustands entscheiden, besteht ein Kündigungsrecht des Rückmietvertrags einhergehend mit einem Schadenersatzanspruch für den Trust. Der Schadenersatzanspruch entspricht dem Termination Value und setzt sich aus den ausstehenden Mietzahlungen, den Zinsen und einer Rendite zusammen. Wie bereits vorhergehend erläutert, wird die Höhe des Termination Value bereits zu Beginn festgelegt und nimmt mit fortschreitender Vertragslaufzeit ab.

Neben dieser Option – Kündigung durch den Trust bei Zahlung des Termination Value und bei der deutschen Kommune verbleibender Eigentümerschaft – bestehen noch zwei weitere Alternativen. Zum einen kann der Trust kündigen und die Nutzungsrechte an der Anlage verkaufen. Liegt der Verkaufserlös unter dem vereinbarten Termination Value, ist der deutsche Eigentümer verpflichtet, den Fehlbetrag auszugleichen.

Das Eintreten dieses Falls scheint jedoch sehr theoretischer Natur zu sein, da die Entscheidung gegen die Wiederherstellung einerseits der Hoheitsaufgabe der Kommune zur Gewährleistung der Daseinsvorsorge widerspricht und andererseits von ungenauer Auswahl des zu verleasenden Objekts zeugt. Bei mehrteiligen und mobilen Objekten wie Straßenbahnen besteht bei Beschädigung und Entscheidung gegen den Wiederaufbau die Möglichkeit eines Austauschs einzelner Bahnen bzw. die Zahlung eines Termination Value für sie. Weiterhin räumen die Verträge die Möglichkeit ein, dass bei Verzicht auf Zahlung des Termination Value die Anlage durch den Trust betrieben wird.[31,32]

Im Fall des Untergangs des Objekts und der Entscheidung der Kommune gegen die Wiedererrichtung bestehen Schadenersatzansprüche gegen sie. In der Folge würden die Verträge aufgelöst und der Termination Value gezahlt werden.[33]

In beiden Fällen, Event of Default und Event of Loss, besteht das Risiko der Zahlung des Termination Value mit dem einhergehenden Risiko der Finanzie-

---

30 *Busch (2003)*, S. 12; *Güpner (2003)*, S. 22; *Sester (2003a)*, S. 100 f.; *Sester (2003b)*, S. 1836; *Smeets u.a (2003)*, S. 1066.
31 *Sester (2003b)*, S. 1837.
32 Für den Fall, dass der Trust kein qualifizierter Betreiber für die betroffene Anlage ist, kann der Trust seine erworbenen Nutzungsrechte verkaufen oder einen qualifizierten Betreiber einsetzen.
33 *Güpner (2004)*, S. 22.

rung des „strip". Bei genauerer Betrachtung sollte dieser Fall jedoch nicht eintreten, da Störungen in Form der Events of Default von der Kommune bzw. unterstützt durch ihre Berater vermeidbar sind und die Entscheidung für den Wiederaufbau einer Anlage den gesetzlichen Pflichten zur Erfüllung öffentlicher Aufgaben entsprechen sollte.[34]

bb) Risiko der Einschränkung der Daseinsvorsorge

Da im Allgemeinen bei nicht im Verantwortungsbereich des Betreibers liegenden Schäden der Anlage ein großes Interesse gegeben sein sollte, die öffentliche Versorgung aufrecht zu erhalten, stellen Events of Default und Loss keine Gefahr für die Daseinsvorsorge dar. Die entstehenden Kosten eines Wiederaufbaus sind nicht an die CBL-Transaktion gebunden und würden auch bei ihrer Nichtexistenz und dem Eintreten z.B. einer Überschwemmung getragen werden müssen. Weiterhin ist es fraglich, wie groß das Interesse des Finanzinvestors bei Eintreten des Falls der Nichtbehebung einer Störung ist, eine entsprechende Anlage in Deutschland zu betreiben.

d) Insolvenzrisiko

aa) Kostenrisiko

Eine Insolvenzgefahr des Eigenkapitalgebers besteht grundsätzlich, wird aber durch die Einrichtung des Trusts als Risiko ausgeschaltet. Die Insolvenz des Investors hat somit keine Folgen für den Fortbestand des Trusts.[35]

Dieser wiederum ist so konzipiert, dass er als nicht insolvenzfähig gilt. Es besteht im Allgemeinen kein Recht, auf das Trustvermögen durchzugreifen, und seine Teilnahme am Geschäft durch passive Verwaltungstätigkeit ist als Grundlage für eine Insolvenzfähigkeit gemäß US-Bankruptcy Code nicht hinreichend.[36] Es ist aber nicht bis ins letzte Detail geklärt, ob der Trust nicht doch in bestimmten Situationen insolvenzfähig ist. So kann eine fehlerhafte Strukturierung der Verträge theoretisch zu einer Insolvenz führen.[37]

---

34 *Smeets u.a. (2003)*, S. 1066.
35 Ebenda, S. 1064.
36 Ebenda. Vgl. dort auch Ausführungen zu möglichen Insolvenzrisiken aufgrund von Forderungen Dritter.
37 *Günther/Niepel (2003)*, S. 605; *Güpner (2003)*, S. 20; *Link (2004)*, S. 16; *Sester (2003a)*, S. 102; *Sester (2003b)*, S. 1840.

Weitaus kritischer ist die Möglichkeit der Insolvenz einer der beteiligten Banken zu betrachten. Bereits die Verschlechterung der Bonität einer Bank muss zu Gegenmaßnahmen seitens des deutschen Vertragspartners führen. Grundsätzlich kann dieser Situation durch die Auswahl von Banken mit erstklassigem Rating entgegengewirkt werden. In Anbetracht der Laufzeit der Verträge ist hier aber auch die Möglichkeit einer Verschlechterung des Ratings zu berücksichtigen, ein von der Kommune zu tragendes Risiko. Im Vertrag werden dementsprechend Mindestratings vereinbart, die Signalwirkung ausüben sollen und die Kommune verpflichten, einen Bankwechsel vorzunehmen. Die Verschlechterung der Bonität räumt dem Trust i.d.R. noch kein Kündigungsrecht ein, die Kommune ist jedoch gehalten, eine neue Bank zu verpflichten. Die Überführung des Depots ist mit Kosten verbunden. Da die Kommune weiterhin für Mietzahlungen haftbar ist und im sehr unwahrscheinlichen Fall, dass ein Bankwechsel nicht möglich ist, die Mietraten ersetzen müsste, ist eine laufende Beobachtung der Entwicklung der entsprechenden Ratings unabdingbar.

Die Insolvenz der Kommune ist als hypothetischer Fall zu betrachten. Es wäre jedoch denkbar, dass ein Unternehmen mit kommunalen Beteiligungen, das privatrechtlich organisiert ist, insolvent wird.

bb) Risiko der Einschränkung der Daseinsvorsorge

Es bestehen keine Gefahren der Einschränkung der Daseinsvorsorge. Selbst wenn der Insolvenzverwalter des Trusts einen der Verträge – head- oder sublease – kündigt, würden sich keine nachteiligen Folgen für die Gewährleistung der öffentlichen Versorgung ergeben. Im Fall der Kündigung des Hauptmietvertrags bleibt die Stadt Eigentümer. Sollte der Untermietvertrag aufgelöst werden, ändert sich nach US-amerikanischem Recht solange nichts, wie die deutsche Vertragsseite die Zahlung der Mietraten gewährleistet.[38] Es stellt sich jedoch die Frage nach den Beweggründen des Insolvenzverwalters des Trusts, auf die bestehenden Verträge Einfluss auszuüben.

---

38 *Sester (2003a)*, S. 102.

3. Risiken bei Beendigung des Vertrags

a) Kostenrisiko

Bei normaler Beendigung des Vertrags entstehen keine zusätzlichen Kosten. Die bei Vertragsschluss festgelegte Rückkaufsumme wird im Auftrag des deutschen Eigentümers durch die Bank an den Trust überwiesen.

b) Risiko der Einschränkung der Daseinsvorsorge

Bei Bezahlung des Optionspreises bleibt der deutsche Eigentümer weiterhin zivilrechtlicher und wirtschaftlicher Eigentümer und somit Betreiber der Anlage.

Der theoretische Fall der Nichtausübung der Rückkaufoption[39] stellt ebenfalls keine Gefährdung der Daseinsvorsorge dar, da die Anlage offensichtlich nicht mehr zur Wahrnehmung öffentlicher Aufgaben benötigt wird und diese in anderer Form erfüllt werden müssten.

Viel schwerwiegender scheint der Fall, dass die Kommune das Auslaufen des Untermietvertrags vergisst und somit den Termin der Ausübung der Option verpasst. In Anbetracht der Länge der Verträge ist dies nicht unwahrscheinlich und muss beim Vertragsmanagement berücksichtigt werden.

IV. Weitergehende finanzwissenschaftliche Fragestellungen

1. Vereinbarkeit mit geltenden Haushaltsgrundsätzen[40]

Analog den auf Bundesebene geltenden Haushaltsgrundsätzen existieren auf Ebene der Kommunen ebenfalls rechtlich festgelegte und ungeschriebene

---

39 Dieser Fall ist dahingehend ökonomisch nicht sinnvoll, dass zum einen der Optionspreis ohnehin in den Depots vorliegt und die Kommune den Rückkauf ausüben könnte, um anschließend einen anderen Käufer zu finden. Zum anderen wäre die Durchführung des Service Contract für die Kommune nachteilig, da die in seinem Verlauf anfallenden Zahlungen so gestaltet sind, dass die in diesem Fall der Kommune zufallenden Depots diese i.d.R. nicht vollständig abdecken würden. Der Kommune steht somit immer die Möglichkeit offen, die im Rahmen des Hauptmietvertrags bestehenden Nutzungsrechte an dem Objekt zurückzukaufen und anschließend das Objekt weiterzuverkaufen, wenn es nicht mehr benötigt wird. Sie ist nicht gezwungen, die Anlage weiterhin zu betreiben.
40 Zu einer übersichtlichen Darstellung der auf Bundesebene gültigen Haushaltsgrundsätze vgl. *Blankart (2001)*, S. 417-420.

Prinzipien für die Haushaltsführung.[41] Insbesondere bei neuen Finanzierungsformen stellt sich die Frage der Einhaltung dieser Prinzipien und, bei Feststellung großer Diskrepanzen, ihrer Eignung.

Das Prinzip der temporären Spezialität wird durch CBL-Geschäfte genauso durchbrochen wie durch mehrjährige Investitionen. Für letztere sind Ausnahmen vorgesehen, so dass die Regelung, dass Haushaltsansätze nur für die Zeiträume der beschlossenen Haushalte gelten, außer Kraft gesetzt werden kann. Ähnliche Ausnahmen könnten auch im Fall von CBL angewendet werden.

Gegen die Grundsätze der Vollständigkeit, Klarheit und Wahrheit, die besagen, dass alle Einnahmen, Ausgaben und Verpflichtungsermächtigungen in den Haushaltsansätzen erscheinen und keine Neben- oder Schattenhaushalte existieren, wird verstoßen. Dies ist auf die Rolle der erfüllungsübernehmenden Banken zurückzuführen. Bis auf Ausnahme des Barwertvorteils werden alle Zahlungen außerhalb des kommunalen Haushalts durch die Banken gewährleistet und erscheinen somit nicht als Haushaltsansätze.[42]

Die Konstruktion von CBL-Transaktionen verstößt gegen geltende Haushaltsgrundsätze, ein Phänomen, dass auch bei anderen Finanzierungsformen zu verzeichnen ist. Ein Verweis auf bestehende Probleme beim herkömmlichen Leasing scheint an dieser Stelle angebracht. Für die haushaltstechnische Erfassung von Leasinggeschäften wurden bisher keine einheitlichen Regelungen erlassen. So bleibt z.B. unterschiedlich geregelt, wie Leasingraten und am Ende der Vertragslaufzeit zu leistende Optionspreise erfasst werden sollen. In den meisten Fällen sollen erstere im Verwaltungs- und letztere im Vermögenshaushalt berücksichtigt werden. Es existieren Vorschläge, Kaufpreise über Restwerte ab dem 4. Jahr vor ihrer Fälligkeit als Verpflichtungsermächtigung im Vermögenshaushalt zu verzeichnen. Der grundsätzlichen Forderung, alle relevanten finanziellen Belastungen darzustellen, kann aber nur Rechnung getragen werden, wenn gesetzliche Regelungen dementsprechend geändert werden.[43]

Während beim Leasing oftmals Unklarheit über abschließend zu leistende Kaufpreise herrscht, stehen beim CBL alle Zahlungen, die im Rahmen des Vertrags geleistet werden müssen, mit dem Zeitpunkt des Vertragsschlusses fest. Dieser Aspekt könnte eine Erfassung in Haushaltsansätzen durch Ver-

---

41 Vgl. z.B. Sächsische Gemeindeordnung §§ 72-75.
42 Weitere Grundsätze wie Vorherigkeit, Einheit, Öffentlichkeit, Haushaltsausgleich und Non-Affektation werden nicht direkt tangiert und daher außen vorgelassen. Das Prinzip der qualitativen Spezialität könnte im Zusammenhang mit der Verwendung des Barwertvorteils untersucht werden (vgl. IV.2). Aufgrund fehlender eindeutiger gesetzlicher Regelungen wird darauf verzichtet.
43 *Binus (2003)*, S. 230-239.

pflichtungsermächtigungen einerseits erleichtern, andererseits werden die Zahlungen gegenwärtig und aktuell nicht kassenwirksam und dürfen nicht im Haushalt erscheinen. Es bestünde die Möglichkeit, CBL-Geschäfte in speziell dafür eingerichteten Anhängen zu verzeichnen, um den Grundsätzen der Vollständigkeit, Wahrheit und Klarheit gerecht zu werden. Der offensichtliche Verstoß gegen diese Prinzipien muss aber abgemildert werden, da CBL-Geschäfte in ihrer grundsätzlichen Konstruktion auf privaten Märkten durch private Akteure betreut werden und dadurch, abgesehen von der Realisierung des Barwertvorteils und seiner Verausgabung, bei der natürlich alle Haushaltsgrundsätze eingehalten werden sollten, keine Zahlungen über den Haushalt laufen.

2. Haushaltstechnische Behandlung des Barwertvorteils

Bis zum jetzigen Zeitpunkt wurde bezüglich der Frage, wie mit dem Barwertvorteil verfahren werden soll, keine höchstrichterliche Entscheidung getroffen.[44] Daher besteht Unsicherheit, und unabhängig von der Entscheidung der Kommune müssen eventuelle Klagen einkalkuliert werden. Zur Zeit ist es eine politische Entscheidung für eine Gebührensenkung bzw. ihre Konstanthaltung oder für eine Erweiterung des Haushaltshandlungsspielraums.

Befürworter der Einstellung des Barwertvorteils in den Gebührenhaushalt argumentieren, dass kommunale Eigenbetriebe gesellschaftsrechtlich gesehen zwar unselbständig sind, aus rechenwesentechnischer Sicht aber als Sondervermögen geführt werden; daher müssen die Erträge, die mit Hilfe der Anlage erzielt werden, dem Betrieb zufließen. Ein Urteil des Oberverwaltungsgerichts Nordrhein-Westfalen vom 15. Dezember 1994 unterstützt diese Position. Demnach sollen Veräußerungsgewinne durch den Verkauf von Anlagevermögen dem Gebührenhaushalt zugute kommen, auch wenn diese nicht direkt aus dem Betrieb der Anlage resultieren. Begründet wurde das Urteil damit, dass alle Kosten, die mit der Anlage verbunden sind, u.a. Abschreibungen, durch den Gebührenzahler getragen werden. Ein späterer Transfer an den allgemeinen Haushalt wird jedoch nicht ausgeschlossen.[45]

Dieser Argumentationsweise stehen Vorschriften des Gebührenrechts gegenüber. Diesen zufolge müssen nur betriebsbedingte Einnahmen dem Gebührenhaushalt zufließen. Ebenso gehen nur betriebsbedingte Kosten in die Kalkulation der Gebühren ein. In diesem Sinne ist der Barwertvorteil keine betriebs-

---

44 *Neubauer (2004a).*
45 *Bausch (2001); Güpner (2004), S. 23; Landtag NRW (2001); Landtag Baden-Württemberg (2003).*

bedingte Einnahme. Die Anlage dient in diesem Fall lediglich als Mittel zum Zweck der Erlangung des Barwertvorteils.[46] Weiterhin müssten unerwartete finanzielle Belastungen, die aus dem Vertragsschluss entstehen, auch durch den Gebührenhaushalt ausgeglichen werden. In diesem Zusammenhang urteilt das Verwaltungsgericht Gelsenkirchen am 27. November 2003, dass die Einnahmen aus der CBL-Transaktion keine Folge, in diesem Fall der Abwasserbeseitigung, sind und demzufolge keine Zweckbindung an den Gebührenhaushalt besteht.[47] Die Bürger würden durch das CBL-Geschäft weder Vor- noch Nachteile erleiden. Außerdem könne das Kostendeckungsprinzip nicht zur Anwendung kommen, da der Barwertvorteil als außerordentlicher Ertrag gelten muss, dem keine Kosten gegenüberstehen. Die den Gebühren als Einnahmeart zugrunde liegende Definition, dass eine Beziehung zwischen Leistung und Gegenleistung besteht, kann in dieser Form auch nicht für das Verleasen der Anlage und den Erhalt des Barwertvorteils gelten.[48] Vertreter von Anwaltskanzleien argumentieren, dass „keine Gebühren eingesetzt werden [müssen], um Einnahmen aus CBL Transaktionen zu erzielen [und] demzufolge Einnahmen aus diesen Projekten auch nicht zur Gebührenstabilisierung herangezogen werden [müssen]"[49].

Als erstes Bundesland hat der Freistaat Sachsen eine Verwaltungsvorschrift[50] zur Durchführung von CBL-Transaktionen erlassen. Demnach soll mindestens die Hälfte des entstehenden Barwertvorteils in eine zweckgebundene Rücklage einfließen[51] oder alternativ zur außerplanmäßigen Schuldentilgung verwendet werden. Der restliche Betrag darf nur für Investitionen i.S.v. Nr.15 der Anlage zur KomHVO[52] eingesetzt werden. Weitere Regelungen sehen vor, dass die Zinsersparnis über die gesamte Laufzeit des Vertrags ebenfalls zweckgebunden in eine Rücklage eingestellt wird. Damit besteht keine Vorschrift zur Berücksichtigung des Barwertvorteils im Gebührenhaushalt. Es wird jedoch dar-

---

46 *Güpner (2004)*, S. 23.
47 *Neubauer (2003)*; *NWSTGB (2004)*.
48 *Neubauer (2003)*.
49 *Neubauer (2004a)*.
50 Gemeinsame Verwaltungsvorschrift des Sächsischen Staatsministeriums des Innern und des Sächsischen Staatsministeriums der Finanzen zur kommunalwirtschaftlichen und rechtsaufsichtlichen Beurteilung von Cross-Border-Leasing-Transaktionen (SächsVwV CBL).
51 Eine Rücklagenbildung scheint sinnvoll, jedoch sollte über die Höhe nachgedacht werden, da eine 50-prozentige Einstellung in Rücklagen dem Ziel der teilweisen Haushaltskonsolidierung bzw. Durchführung von Investitionsprojekten entgegensteht. Anders stellt sich die Situation bei kommunalen Unternehmen dar. Sie müssen den gesamten Barwertvorteil versteuern. Das Handelsrecht sieht bei diesem Tatbestand keine Verpflichtung zur Rücklagenbildung vor.
52 Kommunale Haushaltsverordnung.

auf verwiesen, dass die Rechtsaufsichtsbehörde über mögliche Klagen seitens der Gebührenzahler informiert.[53]

Es ist offensichtlich, dass eine vollständige Haushaltssanierung durch die Erzielung von Barwertvorteilen nicht möglich ist. Bei der Beurteilung ihrer Verwendung sollte jedoch trotzdem der Nachhaltigkeitscharakter im Vordergrund stehen. Diese Betrachtungsweise spricht zum einen für die Verwirklichung von Investitionen und zum anderen für die Tilgung eines Teils der Schulden. Die Verwendung der Gelder zur Senkung bzw. Konstanthaltung von Gebühren, grundsätzlich gesetzlich gestattet, wirft die Frage auf, ob wirklich alle Haushalte in gleichem Maße davon profitieren können. Dies müsste aufgrund der Argumentation, dass die Gebührenzahler an der Finanzierung der Anlage indirekt beteiligt sind, gewährleistet sein. Weiterhin existieren vielfältige Gründe für die Gebührenentwicklung, und die Vermutung liegt nahe, dass durch temporäres Entgegenwirken eine Erhöhung der Gebühren nicht gestoppt werden kann. Es könnten außerdem verzerrende Wirkungen entstehen, die sich auf zwei Aspekten begründen. Einerseits unterliegt die öffentliche Daseinsvorsorge einer zunehmenden Privatisierung, so dass durch öffentliche Unternehmen erzielte Barwertvorteile, die von rein privaten Unternehmen nicht realisiert werden können, Wettbewerbsverzerrungen verursachen könnten. Andererseits besteht die Möglichkeit, dass falsche Anreize zur effizienten Bereitstellung der entsprechenden Dienstleistung gesetzt werden, da Bemühungen zu Kostensenkungen geringer ausfallen könnten.

3. Rolle der Kommunalaufsicht

Auch bei Fragen der Genehmigungspflicht von CBL-Geschäften besteht zurzeit, mit Ausnahme von Sachsen, Rechtsunsicherheit, da keine Regelungen, die eine Rechtsaufsicht befürworten oder ausschließen, existieren.

Grundsätzlich spricht gegen eine Genehmigungspflicht die durch Art. 28 Abs. 2 GG festgeschriebene kommunale Selbstverwaltungsgarantie. Kritiker befürchten durch die Festlegung der Genehmigungspflicht einen zu starken Eingriff in die Selbstverwaltung und Wettbewerbsverzerrungen zwischen den Bundesländern.[54] Diese Argumente führten auch zum Scheitern des bayerischen Gesetzesvorschlags, der ein Verbot von CBL-Transaktionen aufgrund von besonderen finanziellen Risiken, besonders hohen Risiken durch die An-

---

53 SächsVwV CBL, Pkt. 6.3.6 „Verwendung des Barwertvorteils"; *Reichenbach (2004)*, S. 33.
54 *Landtag NRW (2003)*.

wendung ausländischen Rechts und der Tatsache, dass durch diese Geschäfte Dritten Steuervorteile verschafft werden, vorsah.[55]

Allgemein kann festgehalten werden, dass der Abschluss eines CBL-Geschäfts nicht zu den laufenden Geschäften gehört und daher in den Zuständigkeitsbereich des Oberbürgermeisters fällt. Der Gemeinderat muss regelmäßig über die Geschäfte informiert werden und stimmt über ihre Durchführung ab.[56] Ob zusätzlich noch eine Genehmigungspflicht durch die Kommunalaufsicht besteht, hängt von der Auslegung des Rechtsbegriffs „kreditähnliches Geschäft" ab. Werden CBL-Transaktionen darunter subsumiert, müssen sie vor Abschluss durch die Aufsicht genehmigt werden. Bislang wurde dies nur in Sachsen bejaht und in der entsprechenden Verwaltungsvorschrift niedergeschrieben. Demnach sind CBL-Transaktionen genehmigungspflichtig, da einzelne Teile des Vertrags genehmigungspflichtige Sachverhalte repräsentieren. Darunter fallen z.b. die Zahlungsverpflichtungen im Rahmen des Rückmietvertrags, die einer Kreditaufnahme gleichkommen, sowie die Stellung von Akkreditiven und Verpflichtungen im Rahmen von Gewährverträgen und gewährvertragsähnlichen Rechtsgeschäften[57].[58]

In den anderen Bundesländern gilt jedoch weiterhin der Grundsatz, dass die Gemeinden in Selbstverwaltung über ein zu tätigendes CBL-Geschäft entscheiden. Dabei kann die Kommunalaufsicht als Berater fungieren, muss aber die Entscheidung des Rates akzeptieren.[59] Auf Seiten der Kommunalaufsicht besteht unabhängig von der aktuellen Rechtslage ein großes Interesse zu beraten und eventuell auch abzuraten, da ein Urteil des Bundesgerichtshofs vom 12. Dezember 2002 Haftungsansprüchen einer Gemeinde gegenüber der Kommunalaufsicht, die ein letztendlich nicht erfolgreiches Leasinggeschäft genehmigte, bejahte. Auch wenn das „Oderwitz-Urteil" nicht auf CBL-Geschäfte übertragen werden kann und bis heute eine eindeutige Rechtsprechung diesbezüglich fehlt, so sind die betroffenen Institutionen doch bemüht, vor den Risiken zu warnen und auf die Selbstverwaltung der Kommunen zu verweisen.

---

55 *Bayerischer Städtetag (2003)*; *IW (2003)*; *o.V. (2003)*; *Sester (2003a)*, S. 103.
56 *Landtag Baden-Württemberg (2003)*.
57 Hierunter fallen Freistellungsverpflichtungen für das Quellen- und Umsatzsteuerrisiko, Freistellungsverpflichtungen für das Kostenrisiko der darlehensgewährenden Bank bei veränderten Vorschriften für die Eigenkapitalunterlegung, Verpflichtungen zur Zahlung des Kündigungswerts und des Beendigungswerts an den Investor und zur Leistung jährlicher Zuzahlungen/Kapazitätspauschalen. Vgl. SächsVwV CBL Pkt. 4.3.
58 SächsVwV CBL Pkt. 4. Genehmigungsbedürftigkeit von CBL-Transaktionen.
59 *Beuß (2003)*, S .4 f.; *Innenministerium NRW (2003)*, S. 7.

Zur Lösung des Problems müsste eindeutig definiert werden, ob CBL-Transaktionen, so wie in Sachsen geschehen, in bestimmten Teilen aus genehmigungspflichtigen Geschäften bestehen; dann wäre die Rechtslage eindeutig. Gleichzeitig würde die Pflicht zur Genehmigung bei entsprechender Bejahung eines Geschäfts durch die Behörden zu größerer Akzeptanz in der Bevölkerung führen. Wenn insgesamt allerdings die Tendenz zur Verneinung der Genehmigungspflicht und zur Betonung der Selbstverwaltung der Kommunen besteht, sollte auch dies mit Bezug zu CBL-Geschäften explizit festgeschrieben werden, um die Länder vor Haftungsansprüchen durch Gemeinden zu bewahren.

Sester verweist auf die Maßstäbe „sparsame Haushaltsführung" und „Erhaltung der wirtschaftlichen Leistungsfähigkeit", an denen sich eine Genehmigung, wenn denn gesetzlich gefordert, orientieren sollte.[60]

Bei der Diskussion dieses Aspekts sollte die Schaffung von Rechtssicherheit im Vordergrund stehen.

V. Auswertung der Ergebnisse

Die nun folgende Gesamtschau soll ein abschließendes Urteil zu den Risiken und ihren Auswirkungen auf finanzwissenschaftliche Problemkreise[61] erleichtern.

Es kann nicht verneint werden, dass mit dem Abschluss eines CBL-Geschäfts verschiedene Risiken eingegangen werden. Die Analyse der einzelnen Fälle zeigte jedoch, dass ein Großteil der möglichen negativen Auswirkungen sehr theoretischer Art ist und weder den Anreizen der Vertragsparteien noch den Pflichten der Kommune im Rahmen der Daseinsvorsorge, die ohnehin bestehen, entspricht.

So zeigt sich, dass die größten Kostenrisiken im Vorfeld der Transaktion, durch einen möglichen Bonitätsverlust einer der beteiligten Banken und durch eventuelle Nachverhandlungen der Verträge zum Zweck der Anpassung an veränderte Umweltbedingungen, bestehen. Tabelle 1 verdeutlicht diesen Sachverhalt.

---

60 *Sester (2003a)*, S. 103; *Landtag Baden-Württemberg (2003)*.
61 Weitere zukünftige Untersuchungsgebiete im Rahmen des Cross Border Leasing sind Aspekte des EU-Vergaberechts, Ausschreibungspflichten und die Gewährung von Fördergeldern.

Tabelle 1: Übersicht zu den Risiken einer CBL-Transaktion

Vertragsphase	Risiko	Kosten	Daseinsvorsorge	Beurteilung des Risikos
Vor Vertragsabschluss	Nichtzustandekommen (Plazierung, Gesetzesänderungen)	abwälzbar auf Arrangeur, Kosten bei Fehlverhalten	---	geringes bis mittleres Risiko (erstklassiger Berater muss gefunden werden)
Während Vertragslaufzeit	Rechtsänderungen: Quellensteuer	Kosten der Rechtsberatung bei notwendiger Vertragsumstrukturierung, durch Existenz von Doppelbesteuerungsabkommen sehr unwahrscheinlich	---	geringes Risiko
	Rechtsänderungen: steuerliche Anerkennung in den USA	---	---	kein Risiko (trägt US-amerikanische Vertragsseite)
	Nutzungsrecht	Kosten der allg. Sorgfaltspflichten, Veränderung zur Behebung von Unwirtschaftlichkeit und veralteter Technologie i.R.d. Verträge möglich, durch sorgfältige Auswahl des zu verleasenden Objekts Zahlung des Termination Value zur Auflösung der Verträge vermeidbar	Nutzungsrecht bei deutschem Eigentümer, Flexibilität bei Nutzung und Veränderungen durch professionelle Betreuung bei Vertragsabschlüssen gewahrt, Auflösung der Verträge bei Unwirtschaftlichkeit der Anlage durch Zahlung des Termination Value schränkt Daseinsvorsorge nicht ein, nur Kostenaspekt	geringes Risiko durch nicht sorgfältige Auswahl des zu verleasenden Objekts (liegt bei Einflussbereich der Kommune)
	Leistungsstörungen/ Beschädigung oder Untergang der Anlage	Karenzzeiten zur Behebung der Mängel; Zahlung des Termination Value nur bei Entscheidung gegen Wiederaufbau; bei Anlage zur Daseinsvorsorge, die von großer Wichtigkeit ist, ist dies nur theoretischer Fall	Behebung jeglicher Mängel i.R.d. Verträge gefordert, dadurch Sicherung der Daseinsvorsorge, bei theoretisch möglicher Entscheidung gegen Wiedererrichtung ist Anlage nicht mehr wichtig für die Daseinsvorsorge	kein Risiko
	Insolvenz	Zusatzkosten entstehen bei Austausch der Banken; sorgfältige Auswahl der Banken, kann Risiko mindern	---	mittleres Risiko
Bei Beendigung der Verträge		---	---	kein Risiko

Quelle: Eigene Darstellung

Es ist deutlich geworden, dass der Barwertvorteil in allen Fällen realisiert wird. In einigen sehr unwahrscheinlichen Situationen könnte durch die Zahlung des Termination Value in einem frühen Stadium der Vertragslaufzeit der durch den Barwertvorteil erzielte finanzielle Nutzen erlöschen bzw. der Einsatz zusätzlicher Gelder verlangt werden. Risiken für die Gewährung der Daseinsvorsorge bestehen nicht. Dies ist einerseits darauf zurückzuführen, dass die Interessen der US-amerikanischen Investoren in der Erzielung des Steuervorteils liegen und nicht im Betrieb einer Anlage der öffentlichen Daseinsvorsorge in Deutschland. Andererseits muss das im Vorfeld der Verträge gründlich ausgewählte Objekt, dessen notwendiger Betrieb demzufolge für die Laufzeit des sublease gewährleistet ist, während der Vertragslaufzeit immer betriebsbereit gehalten werden. Die Sicherung der kaufmännischen Sorgfaltspflichten erfolgt somit nicht nur durch das deutsche BGB, sondern auch durch die Bestimmungen der Verträge. Der mögliche Fall des Verlusts der Anlage könnte einerseits durch Vertragsverletzungen auf deutscher Seite, deren Verhinderung in ihrem Ermessen liegt, oder durch die Nichtausübung der Rückkaufoption entstehen. In ersterem Fall wird der Investor auf die Zahlung des Termination Value drängen. Letzterer Fall stellt keine Einschränkung der Daseinsvorsorge dar, da die Anlage zur Sicherstellung der öffentlichen Aufgabe offensichtlich nicht mehr benötigt wird.

Bezüglich der Fragen der haushaltstechnischen und kommunalaufsichtlichen Behandlung bestehen noch keine eindeutigen Regelungen mit Ausnahme der sächsischen Verwaltungsvorschrift. Grundsätzlich sollten die Mittel zur Tätigung von Investitionen und zur Haushaltskonsolidierung eingesetzt werden. Die Einführung einer allgemeinen Genehmigungspflicht verstärkt den Schutz der Gemeinden, die gehalten werden sollen, erstklassige Berater zur Ausarbeitung der Verträge zu Rate zu ziehen, und sorgt ebenfalls für eine eindeutige rechtliche Fundierung der Geschäfte in der Öffentlichkeit. Die Genehmigung eines Geschäfts durch die Behörde sollte eine positive Außenwirkung entfalten. Der Blick auf die schleppende Genehmigungspraxis bei anderen neuartigen Finanzierungsformen wie z.B. dem Kommunalleasing legt die Forderung nahe, eine Genehmigungspflicht von vornherein auszuschließen, um zu entbürokratisieren. Angesichts der öffentlichen Debatte ist jedoch erstere Variante zu befürworten.

Es bleibt festzuhalten: Zur Handhabung der Risiken sollten die Kommunen vor Vertragsabschluss erfahrene Berater engagieren und eine wohl überlegte Auswahl des zu verleasenden Objekts treffen. Bestehende Risiken sind bekannt und können quantifiziert und minimiert werden. Smeets u.a. kommen nach vergleichender Analyse verschiedener neuer Finanzierungsmethoden wie

Public-Private-Partnership, Finanzierungsleasing und Betreibermodellen zu dem Schluss, dass CBL-Geschäfte keine größeren Risiken mit sich bringen.[62]

In der aktuellen Entwicklung[63] des CBL zeichnet sich eine Gesetzesänderung in den USA ab, die CBL-Geschäfte für US-amerikanische Investoren unattraktiv machen würde. Es ist jedoch nicht auszuschließen, dass CBL-Geschäfte aufgrund der kritischen Finanzlage der Kommunen in Zukunft u.a. im Bereich mobiler Objekte mit Partnern in Schweden, Japan, Frankreich oder Großbritannien[64] und zu einem späteren Zeitpunkt eventuell auch wieder im wesentlich attraktiveren US-amerikanischen Markt eine Rolle spielen werden. Daher sollte das Thema finanzwissenschaftliches Forschungsgebiet bleiben.

---

62 *Smeets u.a. (2003)*.
63 Vgl.: *Wex/Jung (2004)*.
64 Jedoch aufgrund der zum jetzigen Zeitpunkt schon großen Anzahl der in US-Lease gebundenen Anlagen vom Volumen her in sehr begrenzter Form.

Anhang: Referenzen der East Merchant GmbH

Gegenstand	Leasingnehmer	Jahr	Transaktionsvolumen in Mio. €
Klärwerk	Herforder Abwasser GmbH	1999	90
Klärwerk	Kommunale Wasserwerke Leipzig GmbH	2000	214
Klärwerk	Stadt Dresden	2000	372
Klärwerk	Stadt Köln	2000	1.242
Müllverbrennungsanlage	RBB Böblingen	2000	214
Straßenbahnen	Stuttgarter Straßenbahnen AG	2000	79
Müllverbrennungsanlage	Stadtwerke Düsseldorf AG	2001	401
Immobilie	Messe Frankfurt GmbH	2001	643
Kläranlage	Emschergenossenschaft	2001	542
Kläranlage	Erftverband	2001	203
Kläranlage	Ruhrverband	2001	194
Kläranlage	Wupperverband	2001	248
Kläranlage	Stadt Bonn	2001	609
Kläranlage	Ruhrverband Essen	2001	839
Kläranlagen	Erftverband	2002	630
Kläranlagen	Wupperverband	2002	315
Straßenbahnen	Magdeburger Verkehrsbetriebe GmbH	2002	105
Straßenbahnen	Jenaer Nahverkehrsgesellschaft mbH	2002	42
Straßenbahnen	Hallesche Verkehrs AG	2002	105
Kläranlagen	Lippeverband	2002	341
Schienennetz	Stadt Düsseldorf/Rheinbahn	2002	1.731
Straßenbahnen	Kasseler Verkehrs-Gesellschaft AG	2002	52
Straßenbahnen	Regionalbahn Kassel GmbH	2002	73
Krankenhaus	Städtisches Klinikum St. Georg	2002	362
Straßenbahnen	Erfurter Verkehrsbetriebe AG	2002	54
Straßenbahnen	Dresdner Verkehrsbetriebe AG	2002	136
Abwasseranlagen	Stadt Heidenheim	2002	119
Abwasseranlagen	Stadt Schwäbisch Gmünd	2003	126
Abwasseranlagen	Stadt Aalen	2003	108
Kläranlage	Lippeverband	2003	483
Schienennetz	Stadt Duisburg/DVG	2003	1.300
Abwasseranlagen	Stadt Königswinter	2004	93
Abwasseranlagen	Stadt Eitorf	2004	70

Quelle: *East Merchant (2004)*

Literaturverzeichnis

Bausch (2001): Eleonore Bausch, Wie funktioniert Cross-Border-Leasing bzw. U.S. Lease?, in:
http://www.berlin.ihk24.de/BIHK24/BIHK24/produktmarken/index.jsp?url=http%3A//www.berlin.ihk24.de/BIHK24/BIHK24/produktmarken/standortpolitik/finanzen/crossborderleasing.jsp
(28.05.2004).

Bayerischer Städtetag (2003): Cross-Border-Leasing: Städte gegen bayerischen Sonderweg, Pressemitteilung v. 13.02.2003, in:
http://www.bay-staedtetag.de/pm2003/pm0213c.htm
(28.05.2003).

Beuß (2003): Hartmut Beuß, Kommunalaufsichtliche Bewertung der neuen Finanzierungsmodelle, in: *Die Grünen (2003)*.

Binus (2003): Karl-Heinz Binus, Leasing im Haushaltsrecht – Leasing im Haushaltsrecht der Kommunen, in: *Kroll (2003)*, S. 230-249.

Blankart (2001): Charles B. Blankart, Öffentliche Finanzen in der Demokratie, München 2001.

Busch (2003): Manfred Busch, „Manna vom Himmel" oder „globaler Steuerbetrug"?, in: *Die Grünen (2003)*.

Die Grünen (2003): Cross-Border-Leasing: Chance oder Risiko für die Kommunen, Ergebnisse des Fachgesprächs v. 14.11.2002, in:
http://www.gruene-duesseldorf.de/daten/download/GrueneNRW_zu_CBL_2003.pdf
(28.05.2004).

East Merchant (2004): East Merchant GmbH, Referenzen US-Leases, in:
http://www.eastmerchant.de/artikel/?rubrik=6b74b0ed-307a-4ebe-badd-d8b7f8a59953
(25.06.2004).

Flatten/Melzer (2003): Thomas Flatten u. Wolfgang Melzer, US-Cross-Border-Leasing, in: Nahverkehrspraxis, H. 1-2/2003, S. 29-31.

Geerling (2002): Tobias Geerling, U.S. Lease für kommunale Infrastruktur, in: *Die Grünen (2003)*.

Günther/Niepel (2002): Thomas Günther u. Mirko Niepel, Aufbau und Risiken des kommunalen US-Lease-in/Lease-out in Deutschland – Beratungsbedarf durch rechts- und steuerberatende Berufe, in: Deutsches Steuerrecht (DStR), Jg. 2002, H. 14, S. 601-608.

Güpner (2004): Renate Güpner, Cross Border Leasing-Transaktionen – Chancen und Risiken aus Sicht des Deutschen Städte- und Gemeindebundes, in: *SPD (2004)*.

Heidorn (2003): Thomas Heidorn, Cross Border Leasing – Ökonomische und rechtliche Risiken, in: *Die Grünen (2003).*

Innenministerium NRW (2003): Innenministerium des Landes Nordrhein-Westfalen, Informationen zu Cross-Border-Leasing Geschäften von Kommunen, in: *http://www.bergischgladbach.de/downloads/CBLStellungnNRW24012003.pdf* (28.05.2004).

IW (2003): Institut der deutschen Wirtschaft, Cross-Border-Leasing: Cash für Kommunen, Informationsdienst des Instituts der deutschen Wirtschaft (iwd), Nr.31/2003, S. 3.

Kroll (2003): Michael Kroll (Hrsg.), Leasing-Handbuch für die öffentliche Hand, Lichtenfels 2003.

Landtag Baden-Württemberg (2003): Antrag der Fraktion GRÜNE und Stellungnahme des Innenministeriums: Cross-Border-Leasing, Drucksache 13/1885.

Landtag NRW (2001): Antwort der Landesregierung auf die kleine Anfrage 490 des Abgeordneten Hans Peter Lindlar CDU, Drucksache 13/1530.

Landtag NRW (2003): Antwort der Landesregierung auf die Kleine Anfrage 1213 des Abgeordneten Hubert Schulte CDU, Drucksache 13/3896.

Lenk/Köpping (2004): Thomas Lenk u. Heide Köpping, Cross Border Leasing: Eine finanzwissenschaftliche Analyse, in: Institut für Finanzen, Universität Leipzig, Wirtschaftswissenschaftliche Fakultät (Hrsg.), Arbeitspapier Nr. 31, Leipzig 2004.

Link (2004): Thomas Link, US-Cross Border Lease Transaktionen – Eine Einführung, in: *SPD (2004).*

Melzer (2003): Wolfgang Melzer, Kein „Ausverkauf deutscher Kommunen", in: Handelsblatt, 23.04.2003.

Neubauer (2003): Ralf Neubauer (Hrsg.), Barwertvorteil fließt nicht ins Abwasser, in: Kommunalfinanzierung heute, Nr. 6, Dezember 2003, S. 7.

Neubauer (2004a): Ralf Neubauer (Hrsg.), Wohin mit den Erträgen aus der Leasing-Transaktion?, in:
http://www.kommunalfinanzierung-heute.de/archiv/0304/news0304_04.shtml
(28.05.2004).

Neubauer (2004b): Ralf Neubauer (Hrsg.), US-Kongress forciert Leasing-Gesetz, in:
http://www.kommunalfinanzierung-heute.de
(31.08.2004).

NWSTGB (2004): Städte- und Gemeindebund Nordrhein-Westfalen, Einnahmen aus Cross-Border-Leasing und Gebührenhaushalt, in:
http://intern.nwstgb.de/mitteilungen/archiv/2004/januar/n_n_2003_einnahmen_ aus_cross_border_leasing_und_gebuehrenhaushalt/index.phtml
(28.05.2004).

o.V. (2003): Risiko durch US-Leasing überschaubar, in: Zeitung für Kommunale Wirtschaft, Nov. 2003, S. 28.

o.V. (o.J.): Klarstellungen zum Thema Cross-Border-Lease-CBL – Stellungnahme der vier führenden Rechtsanwaltskanzleien, die sich seit zehn Jahren intensiv und führend mit dem CBL befassen, in:
http://www.bergischgladbach.de/downloads/CBLStellungnAnwaelte.pdf
(11.06.2004).

Reichenbach (2004): Gerold Reichenbach, Zusammenfassung und Schlussfolgerungen, in: *SPD (2004).*

Rügemer (2003): Werner Rügemer, Schmutzige Peanuts aus der globalen Steuerflucht, in: *Die Grünen (2003).*

Schmidt (2003): Tom Schmidt, Cross Border Lease – Organisierte Steuerflucht mit unkalkulierbaren Risiken, in: *Die Grünen (2003).*

Scholz u.a. (2003): Ottilie Scholz u.a., US Cross-Border Lease: Dichtung und Wahrheit, in:
http://www.privatisierungswahn.de/assets/att00003.pdf
(11.06.2004).

Sester (2003a): Peter Sester, Tatbestand und rechtliche Struktur des Cross-Border-Leasings, in: Zeitschrift für Bankrecht und Bankwirtschaft, 15. Jg. (2003), H. 2, S. 94-106.

Sester (2003b): Peter Sester, US-Cross-Border-Leasing: Eine Riskoanalyse – unter besonderer Berücksichtigung der Risiken aus einer Insolvenz des US-Trusts und aus deliktsrechtlichen Klagen in den USA –, in: Zeitschrift für Wirtschafts- und Bankrecht, 57. Jg., 20.09.2003, S. 1833-1842.

Smeets u.a (2003): Peter Smeets, Herfried Schwarz u. Daniel Sander, Ausgewählte Risiken und Probleme bei US-Leasingfinanzierungen, in: NVwZ Neue Zeitschrift für Verwaltungsrecht, H. 9/2003, S. 1061-1070.

SPD (2004): Werkstattgespräch der SPD-Fraktion: Cross Border Leasing – Risiken und Chancen einer transnationalen Finanzierungsform für Kommunen, dokumente, Nr. 03/04, März 2004, in:
http://www.spdfraktion.de/cnt/rs/rs_datei/0,,3356,00.pdf
27.05.2004.

Tilch/Arloth (2001): Horst Tilch u. Frank Arloth, Deutsches Rechtslexikon in 3 Bänden, 3. Aufl., München 2001.

Wex/Jung (2004): Corell Wex u. Rainer Jung, US-Kongress stoppt Cross-Border-Leasing-Geschäfte, in: Frankfurter Rundschau v. 22.06.2004.

Anhang:

Positionspapier des Wissenschaftlichen Beirats
der Gesellschaft für öffentliche Wirtschaft
zu Public Private Partnership

Public Private Partnership

**Positionspapier des Wissenschaftlichen Beirats
der Gesellschaft für öffentliche Wirtschaft**

Adressaten und Zielsetzung

Mit dem vorliegenden Positionspapier sollen Akteure und Entscheidungsträger in Politik und Verwaltungen der Gebietskörperschaften, aber auch Berater und Finanzierungsträger für die Chancen, Risiken, Anwendungsfelder und Handlungsbedarfe von Public Private Partnership (PPP) sensibilisiert werden. Es geht darum, einerseits PPP und die hiermit verbundenen Potenziale sinnvoll für Innovationen und zur Förderung der Wettbewerbsfähigkeit der deutschen Gebietskörperschaften und Regionen zu nutzen, andererseits aber auch die Grenzen und Probleme von PPP nicht zu verkennen.

1. Ausgangssituation

(1) Die aktuelle – teilweise euphorische – Diskussion um Public Private Partnership vollzieht sich vor dem Hintergrund einer wachsenden Marktorientierung und Hinwendung zum Gewährleistungsstaat für bisher öffentlich wahrgenommene Aufgaben. Die Diskussion ist durch unterschiedliche Interessen und Einflussgrößen geprägt. Dominanter Einfluss für die wachsende Bedeutung von PPP ist die Finanzkrise der Gebietskörperschaften. Offen dabei ist die Frage, inwieweit es sich hierbei um eine dauerhafte neue Form öffentlicher Aufgabenwahrnehmung handelt oder nur um ein Übergangsstadium zur vollständigen Privatisierung. Unabhängig von den unterschiedlichen Einflussgrößen ist unverkennbar, dass PPP für die Erhaltung und Erneuerung der öffentlichen Infrastruktur zunehmend an Bedeutung gewinnt. Die klassischen Formen der Organisation und Finanzierung öffentlicher Aufgaben werden immer weniger realisierbar.

(2) Vor dem Hintergrund der Finanzkrise ist es ein weit verbreitetes Missverständnis, PPP sei ein neues Finanzierungsinstrument, mit dessen Hilfe auf Dauer die öffentlichen Haushalte entlastet werden können. Die von privaten Partnern häufig über komplizierte Vertragsstrukturen eingebrachten Finanzmittel haben in der Regel den Charakter einer Vor- oder Zwischenfinanzierung. PPP ist weder ein Instrument zur Lösung der Finanzprobleme der Gebietskörperschaften, noch kann PPP dazu dienen, die Politik in Deutschland vor einer notwendigen Umorientierung zu entlasten.

2. Inhaltliche Kennzeichnung

(3) PPP ist nicht klar definiert. Es handelt sich um einen unstrukturierten Sammelbegriff für unterschiedliche Formen der Zusammenarbeit von öffentlichen Einheiten mit privaten Wirtschaftssubjekten. Wesentliche Merkmale sind eine längerfristige Zusammenarbeit sowie ein aus der Art der Aufgabenwahrnehmung resultierender Abstimmungsbedarf im Zeitablauf. Von daher umfasst PPP sowohl die klassische gemischtwirtschaftliche Unternehmung (Organisations-PPP/Institutionelle PPP) als auch die Einbeziehung privater Unternehmen in zeitlich befristete Projekte und Aufgabenfelder (Projekt-PPP/Vertrags-PPP). Unter PPP können nur solche Kooperationsformen subsumiert werden, bei denen die Leistungen und Gegenleistungen der privaten und öffentlichen Partner nicht bereits mit Einrichtung der PPP klar definiert und festgelegt sind. Klassische Verträge zwischen öffentlichen und privaten Vertragspartnern stellen keine PPP dar. Allerdings ist auch hier eine Abgrenzung nicht immer trennscharf möglich. Soweit erreichbar, sollten die Leistungen und Gegenleistungen der Partner bei Vertragsabschluss klar vorgegeben werden.

(4) Bei der Organisations-PPP/Institutionellen PPP handelt es sich in der Regel um ein unbefristet angelegtes gemeinsames Betreiben eines Unternehmens mit dem Ziel einer dauerhaften Wahrnehmung einer bestimmten Aufgabe. Der Koordinations- und Kooperationsbedarf zwischen den Anteilseignern resultiert aus Anpassungsmaßnahmen an geänderte Umweltbedingungen im Zeitablauf, wie sie sich in jedem Unternehmen stellen. Es existiert eine – z.B. durch das GmbH-Gesetz und den Gesellschaftervertrag festgelegte – Kooperationsverfassung. Erfolgspotenziale sind im Zeitablauf gemeinsam zu entwickeln und zu erarbeiten. Der Einsatz des öffentlichen Kapitals muss legitimiert und kontrolliert werden.

(5) Bei der Projekt-PPP/Vertrags-PPP geht es um die Einbeziehung von Privaten in ein abgegrenztes öffentliches Projekt, das sich durchaus über einen längeren Zeitraum (z.B. 30 Jahre) erstrecken kann. Dabei liegt das Problem darin, dass bei Vertragsbeginn nicht sämtliche Leistungen und Kosten sowie Risiken eindeutig geregelt werden können (relationale Verträge). Bereits bei Vertragsabschluss besteht ein für beide Vertragspartner erkennbarer Koordinations- und Kooperationsbedarf während der Vertragslaufzeit. Von daher ist eine Festlegung der Kooperations- und Konfliktlösungsmechanismen bereits bei Vertragsabschluss notwendig.

3. Chancen und Risiken

(6) Die Chancen von PPP liegen darin, dass sich durch die Einbeziehung von Privaten eine bisher öffentlich erstellte Leistung effizienter erstellen lässt. Dies dürfte in der Regel der Fall sein, wenn bei einer Vertrags-PPP über den gesamten Lebenszyklus das Projekt geplant, finanziert, betrieben und erfolgsabhängig gesteuert wird. Ein besonderer Vorteil des Lebenszykluskonzepts resultiert daraus, dass sämtliche Kosten für eine bestimmte Leistung über die gesamte Projektlaufzeit erfasst und transparent gemacht werden.

(7) Die Effizienzvorteile Privater bei der Projektplanung und Projektrealisation erfordern nicht zwingend PPP-Konstruktionen. Sie lassen sich generell auch durch das Konzept des Generalunternehmers realisieren. Synergien und die Nutzung privater Kreativität durch PPP können aber besonders dann erreicht werden, wenn auch der Output und damit die Ressourcennutzung als variable Größe einbezogen wird. Das kann etwa durch funktionale Ausschreibungen und/oder einen wettbewerblichen Dialog zwischen privaten Anbietern und öffentlichen Auftraggebern erreicht werden. Es ist zu vermuten, dass sich durch PPP leistungsfähigere Nutzungskonzepte etwa für Hochschulen, für Schulen oder für öffentliche Freizeitanlagen erschließen lassen, die zu einer besseren kapazitätsmäßigen Auslastung und Verwendung der verfügbaren Gebäude und Anlagen führen.

(8) Mit PPP kann ein nicht zu unterschätzendes Innovations- und Managementpotenzial in die öffentlichen Verwaltungen transferiert werden. Zugleich lösen PPP eine Art Wettbewerbsdruck gegenüber den weiterhin rein öffentlich erstellten Leistungen aus. PPP erfordert eine Risikoverteilung zwischen den beteiligten Partnern. Allerdings sollte nicht die Diskussion um die Risikoteilung im Vordergrund stehen, sondern die Vermeidung von Risiken. Geboten ist die Implementierung von Risikomanagementinformationssystemen einschließlich von Frühwarnsystemen zur Identifikation, Vermeidung und Handhabung unterschiedlicher Risiken. Die aktuelle Entwicklung ist auf diesem Gebiet noch ausgesprochen defizitär.

(9) Ein gravierendes Problem für erfolgreiche PPP besteht darin, dass die öffentliche Seite ihre Aufmerksamkeit auf die rechtliche Absicherung von PPP konzentrieren muss und weniger die Festlegung und die Kontrolle quantifizierbarer Ziele verfolgen kann. Demgegenüber kann sich der private Partner auf die Erreichung von Gewinn- bzw. Rentabilitätszielen konzentrieren.

(10) Die mit PPP möglicherweise verbundenen langfristig wirksamen Verpflichtungen und Folgewirkungen für die öffentliche Hand sind bei dem derzeitigen Rechnungswesen nicht erkennbar. So kann es sich bei PPP um eine verdeckte Erweiterung der Verschuldung der öffentlichen Gebietskörper-

schaften handeln. PPP kann den Intentionen der Maastricht-Kriterien zuwider laufen.

(11) Aufgrund der nicht für die gesamte Vertragslaufzeit eindeutig definierten Leistungen, Kosten und Risiken sowie der Komplexität von Vertragswerken ist bereits bei Vertragsabschluss ein systematisches Vertragsmanagement festzulegen. Es muss vermieden werden, dass PPP als komplexe und intransparente Konstrukte in Form vielschichtiger und interdependenter nicht mehr zu handhabender Vertragsverbünde entstehen.

4. Anwendungsfelder

(12) PPP lassen sich weitgehend bei allen öffentlichen Aufgabenfeldern anwenden. Die derzeitige Konzentration der Diskussion und praktischen Ausgestaltung von PPP auf öffentliche Bauprojekte (z.B. Autobahn, Schulgebäude, Tunnel, Justizvollzugsanstalten) ist zu eng, einseitig und interessenorientiert ausgerichtet. Potenziale von PPP liegen in gleichem Maße im Gesundheits-, Bildungs-, Sozial- und Kulturbereich. Vor allem sollten PPP-Lösungen für den Hochschulbereich, auf dem Gebiet von Forschung und Entwicklung sowie für E-Government im weitesten Sinne zur Anwendung kommen – Gebiete, die für die zukünftige Wettbewerbs- und Leistungsfähigkeit von entscheidender Bedeutung sind.

(13) Der Grundgedanke von PPP, Kooperationen zur Nutzung der Potenziale in einer Region unabhängig von den jeweiligen Eigentumsverhältnissen zu schaffen, sollte nicht nur auf Unternehmen und öffentliche Einheiten beschränkt werden. Vielmehr ist dieser Ansatz auch auf das bürgerliche Engagement auszudehnen, etwa auf eine Kooperation zwischen Vereinen und öffentlichen Einrichtungen. Erstes anschauliches Beispiel hierfür ist das Betreiben von Schwimmbädern.

5. Handlungsempfehlungen

(14) PPP erfordert unabdingbar vor Vertragsabschluss Transparenz und Festlegung der Zielsetzungen des öffentlichen und privaten Partners. Dabei ist zu beachten, dass der Private ein vergleichsweise operationales, d.h. nachprüfbares Zielsystem verfolgt. Die öffentliche Hand sollte möglichst quantitativ und qualitativ die mit der PPP angestrebten Ziele fixieren.

(15) Für komplexe PPP-Konstruktionen sind ein systematisches Vertragscontrolling, ein Risikomanagementsystem und ein Frühwarnsystem einzurichten.

(16) Komplexe PPP-Konstruktionen bedingen bei Vertragsabschluss die Festlegung eines verbindlichen und leistungsfähigen Verfahrens zur Lösung von Konflikten während der Projektlaufzeit.

(17) Haushaltsrecht, Vergaberecht, Steuerrecht, Planungsrecht und Zuwendungsrecht sind an die Funktionsweisen und Erfordernisse von PPP anzupassen.

(18) Die durch das Grünbuch der EU-Kommission zu öffentlich-privaten Partnerschaften (ÖPP) angestoßene Diskussion über die Potenziale von PPP und die Frage eines EU-weiten Regelungsbedarfs sind zu unterstützen und zu fördern. Hierbei ist einerseits der Regelungsbedarf zu klären, andererseits die Institutionalisierung neuer bürokratischer Hemmnisse und Inflexibilitäten durch EU-Regelungen zu verhindern.

(19) Über bisherige Pilotprojekte und das Potenzial von PPP-Lösungen sollten möglichst bald empirische Daten ermittelt werden. Dies gilt insbesondere auch für Wirtschaftlichkeits- und Wirkungsvergleiche unterschiedlicher Formen und Regelungen. Insofern erfordert die PPP-Diskussion und Entwicklung eine fundierte wissenschaftliche Begleitung der PPP-Projekte, möglichst bereits in der Phase der Vorbereitung. Hierfür müssen sowohl auf EU-Ebene als auch auf nationaler Ebene entsprechende Mittel bereit gestellt werden.

Berlin, August 2004

Der Wissenschaftliche Beirat der Gesellschaft für öffentliche Wirtschaft e.V.

Prof. Dr. Dr. mult. h.c. Peter Eichhorn, Universität Mannheim (Vorsitzender)
Prof. Dr. Helmut Cox, Universität Duisburg-Essen (Stellv. Vorsitzender)
Prof. Dr. Wolf Gottschalk, Universität Göttingen, Humboldt-Universität Berlin
  (Stellv. Vorsitzender)
Prof. Dr. Dr. h.c. Günter Püttner, Universität Tübingen (Stellv. Vorsitzender)
Prof. Dr. Gerold Ambrosius, Universität Siegen
Dr. Heinz Bolsenkötter, WIBERA Wirtschaftsberatung AG, Düsseldorf
Prof. Dr. Günther E. Braun, Universität der Bundeswehr München
Prof. Dr. Helmut Brede, Universität Göttingen
Prof. Dr. Dietrich Budäus, Universität Hamburg
Prof. Dr. Dr. Giacomo Corneo, Universität Osnabrück (jetzt Freie Universität Berlin)
Prof. Dr. Dietrich Dickertmann, Universität Trier
Prof. Dr. Werner Wilhelm Engelhardt, Universität Köln
Prof. Dr. Dr. h.c. Peter Friedrich, Universität der Bundeswehr München
Prof. Dr. Jens Harms, Rechnungshof Berlin
Dr. Ulrich Kirchhoff, Landesbank Hessen-Thüringen, Frankfurt/M.
Prof. Dr. Thomas Lenk, Universität Leipzig

Prof. Dr. Holger Mühlenkamp, Deutsche Hochschule für Verwaltungswissenschaften Speyer
Prof. Dr. Werner Noll, Universität Würzburg
Prof. Dr. Dres. h.c. Karl Oettle, Universität München
Prof. Dr. Christoph Reichard, Universität Potsdam
Prof. Dr. Frank Schulz-Nieswandt, Universität Köln
Prof. Dr. Helmut Siekmann, Ruhr-Universität Bochum
Prof. Dr. Dieter Tscheulin, Universität Freiburg

Autorenverzeichnis

Prof. Dr. *Dietrich Budäus*, Universität Hamburg, Fakultät für Wirtschafts- und Sozialwissenschaften, Public Management, Rentzelstraße 7, 20146 Hamburg
E-Mail: *dietrich.budaeus@wiso.uni-hamburg.de*

Dr. *Tim Eberhardt*, Universität Hamburg, Institut für öffentliche Wirtschaft und Personalwirtschaft, Von-Melle-Park 5, 20146 Hamburg
E-Mail: *Eberhardt@uni-hamburg.de*

Prof. Dr. Dr. h.c. mult. *Peter Eichhorn*, Universität Mannheim, Lehrstuhl für Allgemeine Betriebswirtschaftslehre, Public & Nonprofit Management, L 5, 4 am Schloss, 68131 Mannheim
E-Mail: *oebwl@bwl.uni-mannheim.de*

Prof. Dr. *Jens Harms*, Rechnungshof von Berlin, An der Urania 4-10, 10787 Berlin
E-Mail: *JHarms@rhvb.verwalt-berlin.de*

Prof. Dr. *Thomas Lenk*, Universität Leipzig, Wirtschaftswissenschaftliche Fakultät, Institut für Finanzen, Jahnallee 59, 04109 Leipzig
E-Mail: *lenk@wifa.uni-leipzig.de*

Prof. Dr. *Holger Mühlenkamp*, Deutsche Hochschule für Verwaltungswissenschaften Speyer, Lehrstuhl für öffentliche Betriebswirtschaftslehre, Freiherr-vom-Stein-Straße 2, 67346 Speyer
E-Mail: *muehlenkamp@dhv-speyer.de*

Prof. Dr. Dres. h.c. *Karl Oettle*, Sandstraße 11, 82110 Gemering-Unterpfaffenhofen (Universität München, Wirtschaftsgeographisches Institut)
E-Mail: *goew.dsceep@t-online.de*

Birgit Ortlieb, Rechtsanwälte Bethge.Reimann.Stari, Cicerostraße 2, 10709 Berlin
E-Mail: *ortlieb@brs-rechtsanwaelte.de*

Prof. Dr. *Andreas Pfnür*, Technische Universität Darmstadt, Fachgebiet Immobilienwirtschaft und BauBWL, Hochschulstraße 1, 64289 Darmstadt
E-Mail: *pfnuer@bwl.tu-darmstadt.de*

Prof. Dr. Dr. h.c. *Günter Püttner*, Schwerdstraße 3, 67346 Speyer (Universität Tübingen, Juristische Fakultät)
E-Mail: *goew.dsceep@t-online.de*

Prof. Dr. *Christoph Reichard*, Universität Potsdam, Wirtschafts- und Sozialwissenschaftliche Fakultät, Lehrstuhl für Betriebswirtschaftslehre (Public Management), Postfach 900327, 14439 Potsdam
E-Mail: *reichard@rz.uni-potsdam.de*

Dr. *Detlef Sack*, Universität Kassel, Fachbereich Gesellschaftswissenschaften, Nora-Platiel-Straße 1, 34127 Kassel
E-Mail: *desack@uni-kassel.de*

Prof. Dr. *Hans-Peter Schwintowski*, Institut für Energie- und Wettbewerbsrecht in der Kommunalen Wirtschaft e.V. an der Humboldt-Universität zu Berlin, Unter den Linden 6, 10099 Berlin
E-Mail: *hps@rewi.hu-berlin.de*

Prof. Dr. *Martin Weber*, PricewaterhouseCoopers AG, Marie-Curie-Straße 24-28, 60439 Frankfurt am Main, und Fachhochschule Mainz
E-Mail: *martin.weber@de.pwc.com*

Das gesamte **Nomos** Programm ▸ suchen ▸▸ finden ▸▸ bestellen unter **www.nomos.de**

Schriftenreihe der Gesellschaft für öffentliche Wirtschaft

Um den optimalen Anbieter zu finden, sollen öffentliche Dienstleistungen nach den Vorstellungen der Europäischen Kommission künftig im Ausschreibungswettbewerb vergeben werden. Öffentliche Unternehmen dürften damit ihre bisherigen Privilegien verlieren. Die Publikation diskutiert in Expertenbeiträgen die Vor- und Nachteile der angestrebten Regelungen.

Finanzierung des Mittelstandes vor neuen Herausforderungen: Basel II

Herausgegeben von Prof. Dr. Dr. h.c. mult. Peter Eichhorn, Universität Mannheim und Prof. Dr. Gebhard Zimmermann mit Beiträgen von: Peter Eichhorn, Bruno Klein, Ulrich Kirchhoff, Gerd Knischewski, Mario Ohoven, Klaus Rathert, Hannes Rehm, Gebhard Zimmermann

2003, Band 51, 103 S., brosch., 22,– €, ISBN 3-8329-0188-4

Ausschreibungswettbewerb bei öffentlichen Dienstleistungen

Herausgegeben von Prof. Dr. Helmut Cox, Universität Duisburg mit Beiträgen von: Christoph Andersen, Helmut Cox, Heinrich Decker, Karl Oettle, Rainer Plaßmann, Günter Püttner, Klaus Rabolt, Christoph Reichard

2003, Band 52, 159 S., brosch., 29,– €, ISBN 3-8329-0233-3

Mit dem als »Basel II« bezeichneten Regelwerk will der in Basel tagende Ausschuss für Bankenaufsicht die Eigenkapitalunterlegung und die Zinsen von Bankkrediten stärker nach dem Kreditrisiko differenzieren. Es stellt sich die Frage, ob diese neuen Eigenkapitalregelungen den Mittelstand benachteiligen; denn es besteht die Gefahr, dass der Mittelstand aufgrund höherer Risiken Kredite nur zu deutlich schlechteren Konditionen erhält. Basel II stellt den Mittelstand folglich vor neue Herausforderungen.

Die Ökonomisierung des öffentlichen Sektors: Instrumente und Trends

Herausgegeben von Jens Harms und Prof. Dr. Christoph Reichard, Universität Potsdam

2003, Band 50, 296 S., brosch., 38,– €, ISBN 3-7890-8212-0

Informieren Sie sich im Internet unter **www.nomos.de** über die früher erschienenen und noch verfügbaren Bände dieser Schriftenreihe.

Schriftenreihe der Gesellschaft für öffentliche Wirtschaft

Zur Reform des Gemeindewirtschaftsrechts

Herausgegeben von Günter Püttner

2002, Band 49, 256 S., brosch., 33,– €,
ISBN 3-7890-7806-9

Infolge der Liberalisierung in Versorgung und Verkehr ist das Gemeinschaftswirtschaftsrecht reformbedürftig geworden. Es muß den neuen Herausforderungen angepaßt werden. Geeignete Vorschläge dafür unterbreiten im vorliegenden Sammelband Experten aus Wissenschaft und Praxis.

Kommunale Wirtschaft im Wandel – Chancen und Risiken

Herausgegeben von Prof. Dr. Dr. h.c. mult. Peter Eichhorn, Universität Mannheim, Prof. Dr. Christoph Reichard, Universität Potsdam und Prof. Dr. Gunnar Folke Schuppert

2000, Band 48, 184 S., brosch., 25,– €,
ISBN 3-7890-6871-3

Früher durch Alleinrechte geschützt, müssen kommunale Unternehmen sich heute verstärkt den Herausforderungen des Wettbewerbs und einem gewandelten Nachfrageverhalten der Bürger stellen. Chancen und Risiken dieser Entwicklung sind Gegenstand der Beiträge von Ökonomen, Juristen, Fachleuten aus Politik und Verwaltung sowie Managern kommunaler Unternehmen.

Wettbewerb in Europa und die Erfüllung öffentlicher Aufgaben

Herausgegeben von Helmut Brede

2001, Band 47, 202 S., brosch., 25,– €,
ISBN 3-7890-6891-8

Welche Chancen und welche Risiken birgt die Förderung des Wettbewerbs in der EU für die Erfüllung öffentlicher Aufgaben? In z. T. branchenbezogenen Analysen setzen sich renommierte Wirtschaftswissenschaftler und Juristen mit dieser umstrittenen Fragestellung auseinander.

ÖPNV in Bewegung. Konzepte, Probleme, Chancen

Herausgegeben von Günter Püttner

2000, Band 46, 143 S., brosch., 18,50 €,
ISBN 3-7890-6582-X

Der veränderte Ordnungsrahmen und sinkende Zuflüsse aus traditionellen Finanzierungsquellen fordern die ÖPNV-Unternehmen zu neuen Strategien vor allem bei der Finanzierung heraus. Der Band gibt einen Überblick über mögliche Lösungsansätze.